Beck-Rechtsberater

Meine Rechte bei Trennung und Scheidung

dtv

Beck-Rechtsberater

Meine Rechte bei Trennung und Scheidung

Unterhalt · Ehewohnung · Sorge
Zugewinn- und Versorgungsausgleich

Von Prof. Dr. Dr. h. c. Dieter Schwab,
Universität Regensburg und
Rechtsanwältin Dr. Monika Görtz-Leible,
Bayreuth

5. Auflage
Stand: 1. November 2005

Deutscher Taschenbuch Verlag

Im Internet:

dtv.de

beck.de

Originalausgabe
Deutscher Taschenbuch Verlag GmbH & Co. KG,
Friedrichstraße 1 a, 80801 München

Druck und Bindung: Druckerei C. H. Beck, Nördlingen
(Adresse der Druckerei: Wilhelmstraße 9, 80801 München)
Satz: Fotosatz Otto Gutfreund GmbH, Darmstadt
Umschlaggestaltung: Agentur 42 (Fuhr & Partner), Mainz,
unter Verwendung eines Fotos von Birgit Koch, München

ISBN-10 3-423-05647-9 (dtv)
ISBN-10 3-406-54330-8 (C. H. Beck)
ISBN-13 978-3-423-05647-2 (dtv)
ISBN-13 978-3-406-54330-2 (C. H. Beck)

Vorwort: Partnerkrisen und das Recht

Scheiden tut weh. Geschiedenwerden meist auch. Scheidung und Tennung von Ehen und die Auflösung von Partnerschaften bilden einschneidende Wendepunkte im Leben der Partner und ihrer Kinder: Meist bedeuten sie den Ausstieg aus der bisherigen Lebensform. Solche Zäsuren sind zumeist mit heftigen Emotionen verbunden, die die betroffenen Personen seelisch stark beanspruchen und oft in eine Lebenskrise stürzen. Das gilt vor allem für den Partner, der gegen seinen Willen aus der bisherigen Lebensgemeinschaft gestoßen wird.

Bei diesen schmerzlichen Vorgängen wird leicht übersehen, dass die Partnerkrisen auch ihre *rechtliche* Seite haben. Dabei hängt eine zufriedenstellende Bewältigung der Krise davon ab, dass die Rechtsverhältnisse in einer fairen Weise mit einem für alle Beteiligten annehmbaren Ergebnis geklärt werden. Denn Trennung und Scheidung zerreißen die bestehenden Bande ja nicht völlig, besonders zwischen geschiedenen Ehegatten bleiben rechtliche Verbindungen oft lebenslang. Das liegt auf der Hand, wenn die Partner gemeinsame Kinder haben. Aber auch sonst löst die Scheidung die rechtlichen Bezüge nicht einfach auf: Die Ehe besteht zwar nicht mehr, zeitigt aber langfristige Folgewirkungen. Möglicherweise muss ein Ehegatte dem anderen auch nach der Scheidung Unterhalt zahlen. Vielleicht wohnt ein Partner aufgrund gerichtlicher Entscheidung in der bisherigen Wohnung, die dem anderen gehört. Unter Umständen muss ein Geschiedener seine Altersversorgung ergänzen, weil er durch den Versorgungsausgleich einen Teil seiner Anrechte verloren hat, und so weiter.

Wenn die Rechtsprobleme, die bei Trennung und Scheidung entstehen, nicht von Beginn an zufriedenstellend gelöst sind, droht eine endlose Fortsetzung der bitteren Gefühle und bei jeder sich bietenden Gelegenheit das Wiederaufflackern des Streits. Die befreiende Wirkung, die die Scheidung einer unglücklich gewordenen Ehe haben kann, tritt dann nicht ein: Der „unglücklichen Ehe“ folgt eine „unglückliche Scheidung“, die das Leben weiter belastet.

Die rechtzeitige und befriedigende Klärung der mit Scheidung und Trennung verbundenen Rechtsfragen ist für die Beteiligten also außerordentlich wichtig. Es geht nicht bloß um finanzielle Interessen, sondern auch um die psychische Basis des weiteren Lebens. Eheleute, deren Partnerkrise sich zuspitzt und die mit einer Trennung rechnen, sollten sich daher alsbald um die nötigen Informationen darüber bemühen, was ihre Rechte und Pflichten sind und was die Trennung und Scheidung für sie rechtlich bedeutet. Das gilt schon für den Fall, dass ein Ehegatte die Aufhebung der häuslichen Gemeinschaft erwägt oder die Initiative des anderen erwartet. Denn schon die häusliche Trennung ist vielfach eine Art „Vorscheidung", die Fakten, die jetzt geschaffen werden, bestimmen oft auch die Rechtsverhältnisse nach der Scheidung.

Mangelndes Wissen über die Rechtslage kann vor allem dann verheerend wirken, wenn der eine Partner rechtlich informiert oder gar professionell beraten wird, während der andere ahnungslos in die ihm gestellten Fallen tappt. Wie oft kommt es vor, dass bei den Verhandlungen über Trennungs- und Scheidungsvereinbarungen der gutwillige, aber uninformierte Teil „über den Tisch gezogen" wird!

Auch bei der Auflösung einer nichtehelichen Lebensgemeinschaft können sich wichtige Rechtsfragen stellen. Zwar bestehen für ehelos zusammenlebende Paare keine speziellen Rechtsvorschriften nach Art des Eherechts. Doch leben sie nicht in einem rechtlosen Raum. Das gilt insbesondere, wenn sie gemeinsame Kinder haben; rechtliche Fragen können sich aber auch im Bereich des Vermögens ergeben.

Das vorliegende Buch, das im Zusammenhang mit der Sendereihe „Wie würden Sie entscheiden?" im ZDF entstanden ist, möchte Basisinformationen zu den wichtigsten Rechtsfragen bei Trennung und Scheidung bieten. Wir wenden uns nicht an Fachleute, sondern an juristische Laien, die möglicherweise von solchen Problemen betroffen sind oder in deren Familie oder Bekanntenkreis derartige Fragen auftauchen. Viele Beispiele sollen die Darstellung anschaulich machen, wichtige Tipps werden im Druck besonders hervorgehoben. Auch haben wir uns bemüht, das „Juristendeutsch" so weit wie möglich zu vermeiden, damit das Buch auch zur Unterhaltung gelesen werden kann. Im Krisenfall ersetzt das Buch natürlich nicht die fachliche Beratung durch Anwalt oder Notar. Den Leserinnen und Lesern soll gerade begreiflich gemacht werden, in welchen Situationen professionelle Hilfe unerlässlich ist – oft geht es darum, *rechtzeitig* zu handeln.

Wir wünschen unseren Leserinnen und Lesern eine unterhaltsame Lektüre und den erhoffen Nutzen.

Bayreuth/Regensburg im September 2005 *Monika Görtz-Leible*
Dieter Schwab

Inhaltsübersicht

Inhaltsverzeichnis

I. Das Getrenntleben von Ehegatten

1. Bedeutung

Bevor es zu einer Scheidung kommt, haben sich die Eheleute meist schon faktisch getrennt. Gewöhnlich zieht einer der Partner, der es nicht mehr aushält, aus der ehelichen Wohnung aus und lebt bei Verwandten oder Bekannten oder mietet für sich ein Appartement. Das Gesetz nennt den Zustand der faktischen Trennung „Getrenntleben". Das Getrenntleben ist das typische Vorstadium der Scheidung. Manchmal ziehen es die Partner gestörter Ehen aus gesellschaftlichen oder religiösen Gründen vor, von der Scheidung abzusehen, und machen das „Getrenntleben" zu einem Dauerzustand.

Obwohl es sich um ein bloß tatsächliches Geschehen handelt, kommt dem Getrenntleben erhebliche rechtliche Bedeutung zu, über die man sich von vornherein Gedanken machen sollte.

(a) Eine wichtige Rolle spielt das Getrenntleben im – meistens folgenden – **Scheidungsverfahren**. Im Regelfall kann eine Ehe erst geschieden werden, wenn die Ehegatten schon ein Jahr getrennt leben (§ 1565 Abs. 2 BGB); nur in Ausnahmefällen darf das Gericht von diesem Erfordernis absehen (dazu S. 22 ff.). Darüber hinaus erleichtert das Getrenntleben die Scheidung: Wenn die Ehegatten drei Jahre getrennt leben, wird das Scheitern, d. h. die unheilbare Zerrüttung der Ehe unwiderleglich vermutet (§ 1566 Abs. 2 BGB). Die gleiche Vermutung gilt, wenn beide Partner die Scheidung wollen und mindestens ein Jahr getrennt leben (§ 1566 Abs. 1 BGB). Generell ist Getrenntleben ein Indiz dafür, dass das eheliche Verhältnis tief greifend gestört ist.

(b) Das Getrenntleben ist ein **scheidungsähnlicher Zustand**. Es ergeben sich daher ganz ähnliche **Regelungsbedürfnisse** wie bei der Scheidung: Wer soll die Ehewohnung weiter bewohnen dürfen? Wie wird die Benutzung des Hausrats geregelt? Bei welchem Elternteil leben die Kinder, wer hat das Sorgerecht? Wer muss für den Kindesunterhalt aufkommen? Hat ein Ehegatte einen Unterhaltsanspruch für seinen eigenen Lebensbedarf gegen den anderen, da ja nun nicht mehr aus einem Topf gewirtschaftet wird? Gibt es schon bei Getrenntleben eine Möglichkeit, vom Partner Vermögensausgleich zu verlangen?

Diese Fragen werden wir im Zusammenhang mit den einzelnen Trennungs- und Scheidungsfolgen näher behandeln. Wichtig ist, dass man von vornherein daran denkt. Denn oft bestimmen die Verhältnisse, die sich während des Getrenntlebens ergeben, auch die Scheidungsfolgen: Es werden Fakten geschaffen, die später schwer aus der Welt zu bringen sind.

Beispiel: Das Ehepaar Rühmann hat zwei Kinder von 11 und 8 Jahren. Der Mann zieht nach einem Streit aus der ehelichen Wohnung aus und wohnt bei seinen Eltern, in deren Haus genügend Platz ist. Die Kinder bleiben bei der Mutter und werden von ihr versorgt. Nach zwei Jahren wird Scheidungsantrag gestellt. Im Scheidungsverfahren beansprucht der Mann die Ehewohnung. Er möchte auch, dass die Kinder statt bei ihrer Mutter bei ihm leben.

Der Mann hat schon deshalb juristisch schlechte Karten, weil die Lebensverhältnisse sich in bestimmter Weise verfestigt haben. Es müssten schon außergewöhnliche Gründe vorliegen, die jetzt noch einen Wechsel in der Kindesbetreuung rechtfertigen könnten; auch ein Wohnungswechsel wird der Frau kaum zugemutet werden, schon wegen der Kinder, die nicht aus ihrem sozialen Bezugsfeld gerissen werden sollen.

Weiteres Beispiel: Frau Schmolke war vor ihrer Eheschließung mit Herrn Schmolke als Grundschullehrerin tätig, nach der Heirat hat sie die Berufstätigkeit aufgegeben. Nach 20 Ehejahren erfolgt die Trennung. Frau Schmolke nimmt nun eine Tätigkeit als Verkäuferin in einer Boutique auf. Diese Tatsache kann für ihren Unterhaltsanspruch bei einer späteren Scheidung von Bedeutung sein. Wenn Frau Schmolke in ihrem erlernten Beruf als Lehrerin keinen Arbeitsplatz findet, so wird es um die Frage gehen, ob ihr auch eine Tätigkeit als Verkäuferin zugemutet werden kann. Dabei kommt es auf die Ausbildung und Fähigkeiten, aber auch auf die „ehelichen Lebensverhältnisse" an (§ 1574 Abs. 2 BGB). Dass Frau Schmolke schon während der Ehe die Tätigkeit als Verkäuferin aufgenommen hat, kann nun als Argument dafür dienen, ihr diese Tätigkeit auch nach der Scheidung zuzumuten. Denn auch die Zeit des Getrenntlebens gehört noch zur Ehe und den „ehelichen Lebensverhältnissen"!

2. Wann liegt „Getrenntleben“ vor?

Gerade weil das „Getrenntleben“ weitreichende Rechtsfolgen zeitigt, müssen seine Voraussetzungen klar bestimmt sein. Das Gesetz sagt: „Die Ehegatten leben getrennt, wenn zwischen ihnen keine häusliche Gemeinschaft besteht und ein Ehegatte sie erkennbar nicht herstellen will, weil er die eheliche Lebensgemeinschaft ablehnt“ (§ 1567 Abs. 1 S. 1 BGB). Schon die verwickelte Ausdrucksweise des Gesetzes deutet darauf hin, dass die Sache manchmal nicht einfach ist.

Beispiel: Frau Eiermann erkrankt schwer und muss für längere Zeit stationär behandelt werden. Herr Eiermann lebt in dieser Zeit allein in der Ehewohnung. Einmal in der Woche besucht er seine Frau im Krankenhaus und bringt ihr das Nötige, mit der Zeit werden die Besuche etwas seltener.

Es liegt kein „Getrenntleben“ vor. Solange Herr Eiermann noch die Wohnung als das gemeinsame Heim für sich und seine Frau behandelt, kann man noch nicht einmal von einer „Aufhebung der häuslichen Gemeinschaft“ sprechen. Zudem ist der Trennungszustand **von keinem der Ehegatten gewollt**, sondern Folge der unerwünschten Krankheit. Gleiches gilt für sonstige Ereignisse, die ein Ehepaar ungewollt auseinander reißen, wie Krieg, Gefangenschaft oder die Verbüßung einer Freiheitsstrafe.

Doch auch gewollte Trennungen sind nicht immer „Getrenntleben“ im gesetzlichen Sinn.

Beispiel: Herr Müller ist Monteur bei einem Unternehmen, das industrielle Fertigungsanlagen herstellt. Er wird von seinem Arbeitgeber für zwei Jahre nach Kuweit geschickt, um dort am Aufbau großer Anlagen mitzuarbeiten. Während dieser Zeit bleibt Frau Müller in Deutschland in der ehelichen Wohnung zurück. Nach Ende der zwei Jahre will Herr Müller wieder nach Hause und zu seiner Frau zurückkehren.

Selbst wenn Herr Müller während der zwei Jahre nicht zu Besuch nach Hause kommt und selten telefoniert oder schreibt, liegt kein Getrenntleben vor. Zwar kann man zweifeln, ob es sich bei so langer Abwesenheit noch um eine „häusliche Gemeinschaft“ handelt. Möglicherweise ist die zeitweilige Trennung auch gewollt, z. B.

wenn Herr Müller sich freiwillig nach Kuweit gemeldet hat, weil dort mehr verdient werden kann. Es fehlt aber das dritte Element des Getrenntlebens, nämlich die Ablehnung der ehelichen Lebensgemeinschaft – Herr Müller will ja wieder zurückkommen und Frau Müller ihn auch wieder aufnehmen.

Von Getrenntleben kann also nur die Rede sein, wenn die Aufhebung der häuslichen Lebensgemeinschaft gewollt ist und auf einer **Ablehnung des ehelichen Zusammenlebens** beruht. Freilich können auch ungewollte oder eheneutrale Trennungen sich zum Getrenntleben entwickeln. Schreibt im obigen Fall Herr Müller seiner Frau, er werde nicht mehr nach Hause zurückkehren, weil er sich in eine andere Frau verliebt habe, so beginnt damit das Getrenntleben – ebenso wenn Frau Müller ihren Mann wissen lässt, er solle bleiben, wo er ist, sie werde ihn nicht mehr in die Wohnung lassen.

3. Einverständliche und gerichtliche Regelung

Gewöhnlich entsteht das „Getrenntleben“ dadurch, dass ein Partner aus der Wohnung auszieht und der andere darin verbleibt. Die Ehegatten können es einfach dabei belassen, man kann dann annehmen, dass sie – wenigstens vorläufig – mit dieser Lösung einverstanden sind. Sie können auch ausdrücklich vereinbaren, wer die bisher gemeinsame Wohnung benutzt und wer sich ein anderes Zuhause suchen muss.

In Zeiten, in denen preiswerter Wohnraum knapp ist, entsteht freilich häufig Streit darüber, wer in der Wohnung bleiben darf und wer gehen muss. Es kann z. B. sein, dass die Frau zunächst auszieht, weil sie sich von ihrem Mann bedroht fühlt, gleichwohl aber erreichen will, dass der Mann die Wohnung verlässt. Oder ein Ehegatte, der die Trennung wünscht, möchte von vornherein erreichen, dass der andere die Wohnung räumen muss. Einigt man sich darüber nicht, so kann es zu einer gerichtlichen Entscheidung darüber kommen, wie das Getrenntleben durchzuführen ist (§ 1361 b BGB sowie Maßnahmen aufgrund des Gewaltschutzgesetzes). Die Voraussetzungen eines solchen Vorgehens werden wir in dem Kapitel „Der Kampf um die Ehewohnung“ näher schildern. Es ist aber wichtig, von vornherein zu wissen, dass die Möglichkeit einer gerichtlichen

Hilfe in bestimmten Fällen besteht. Bevor man auszieht, sollte man erwägen, ob nicht die Voraussetzungen für eine gerichtliche Regelung gegeben sind, die den anderen Teil aus der Wohnung weist. Das gilt vor allem für Frauen, die misshandelt wurden, namentlich wenn sie vermeiden wollen, dass die Kinder aus ihrer bisherigen Umgebung gerissen werden.

Nicht anzuraten sind eigenmächtige Maßnahmen, etwa das Austauschen der Türschlösser während der Abwesenheit des Partners, um so dessen Zutritt zu unterbinden. Der so „Ausgewiesene" wird die Gerichte anrufen und hat prinzipiell das Recht auf Mitbesitz und Mitbenutzung der Wohnung. Generell gilt: Wer sich ins Unrecht setzt, verschlechtert für die weitere Auseinandersetzung seine Karten.

Auf der anderen Seite ist zu beachten, dass für denjenigen Ehegatten, der zum Zweck des Getrenntlebens die bisherige Ehewohnung verlässt, seit 2002 eine neue gesetzliche Regelung gilt, die manchen überraschen mag: Zu Lasten dieses Ehegatten wird unwiderleglich vermutet, dass er dem anderen das alleinige Nutzungsrecht an der Wohnung überlassen hat, wenn er nicht **binnen sechs Monaten nach seinem Auszug seine ernstliche Rückkehrabsicht** dem anderen Ehegatten gegenüber bekundet (§ 1361 b Abs. 4 BGB).

Beispiel: Herr Sterzl hält es bei seiner Frau, die ihn gleichgültig behandelt, nicht mehr aus. Nach einem Streit packt er das Nötigste und zieht zu seinen Eltern. Er möchte allerdings in die Ehewohnung zurückkehren, freilich erst dann, wenn seine Frau ausgezogen ist. Um die Chancen aufrechtzuerhalten, im Laufe der Trennung die Wohnung zu bekommen, muss Herr Sterzl seiner Frau binnen sechs Monaten nach seinem Auszug erklären (am besten per Einschreiben mit Rückschein), dass er in die Wohnung zurückzukehren beabsichtige. Verstreicht diese Frist ohne eine solche Erklärung, dann wird es so angesehen, als habe er das Nutzungsrecht an der Wohnung **freiwillig** seiner Frau überlassen.

Vieles an dieser missglückten Regelung ist unklar. Wichtig ist jedoch für die Rechtsberatung, die Vorschrift nicht zu übersehen: Wenn die 6 Monate ohne eine solche Erklärung verstrichen sind, gibt es jedenfalls **während des Getrenntlebens** keinen Anspruch mehr darauf, die Wohnung oder einen Teil davon zur alleinigen Nutzung zugewiesen zu bekommen, was immer vorgefallen sein mag und den Auszug veranlasst hat. Bedenklich ist, dass die Vorschrift auch im Falle gewaltsamer Übergriffe gilt.

Beispiel: Frau Meier ist von ihrem Mann schwer misshandelt worden und flieht in ein Frauenhaus. Sie möchte in die Ehewohnung zurück, jedoch erst, wenn ihr Mann ausgezogen ist und wenn rechtlich einigermaßen sichergestellt ist, dass ihr keine Gewalt mehr droht (dazu unten S. 43ff.). Zunächst bleibt sie vor ihrem Mann versteckt, weil sie von schweren Angstzuständen betroffen ist. Auch diese Frau muss binnen 6 Monaten nach ihrem Auszug ihrem Mann erklären, dass sie in die Wohnung zurück wolle, wenn sie ihre Chance, die Wohnung allein zu erhalten (siehe § 1361 b Abs. 2 S. 1 BGB) nicht verlieren will.

Was aber muss derjenige, der auszieht, dem in der Wohnung verbleibenden Teil erklären, um seine Rechte an der Wohnung nicht zu verlieren? Das Gesetz spricht von „ernstlicher Rückkehrabsicht“, die bekundet werden muss. Gemeint ist damit nicht die „Rückkehr“ zum Zusammenleben mit dem anderen Ehegatten, sondern **nur die Rückkehr in die Wohnung**. Auch derjenige wahrt also die Frist, der binnen der sechs Monate den anderen auffordert, die Wohnung zu verlassen, weil er selbst die Wohnung haben möchte. Ferner wahrt auch derjenige die Frist, der rechtzeitig erklärt, einen **Teil der Ehewohnung** getrennt vom anderen bewohnen zu wollen.

Dass die bekundete Rückkehrabsicht „**ernstlich**“ sein muss, versteht sich eigentlich von selbst, doch könnte die Wortwahl des Gesetzes zum Legen von juristischen Fallstricken verleiten. So wird z. B. in der Rechtsliteratur gesagt, die Bekundung bloßen Interesses an der Wohnung („ich habe weiterhin Interesse an der Wohnung“, „ich habe weiterhin ein Recht an der Wohnung“) genüge nicht. Wichtig ist also die **eindeutige Erklärung**, dass man in die Wohnung zurückzukehren beabsichtige. Nicht nötig ist die Angabe eines konkreten Einzugstermins.

Die Fälle zeigen, dass schon bei dem Schritt zum Getrenntleben juristischer Rat vonnöten ist. Das Getrenntleben ist zwar ein bloß faktischer Zustand, in dem das Fortbestehen der Ehe noch in der Schwebe ist. Er hat aber bereits gravierende rechtliche Auswirkungen, die auch für Scheidung und Scheidungsfolgen bedeutsam sein können.

4. Getrenntleben in derselben Wohnung

Häufig fehlt den trennungswilligen Ehegatten das Geld, um sich zwei Wohnungen leisten zu können. Deshalb ist nach dem Gesetz ein „Getrenntleben" auch „innerhalb der ehelichen Wohnung" möglich (§ 1567 Abs. 1 S. 2 BGB). Es geschieht dies in der Weise, dass die Räumlichkeiten unter den Eheleuten aufgeteilt werden, etwa in der Form, dass die Frau das Wohn- und Schlafzimmer bewohnt, während der Mann auf sein Arbeitszimmer beschränkt wird, das mit einer Schlafcouch ausgestattet ist. Dass Gemeinschaftsräume wie Küche und Bad von beiden benutzt werden, steht dem Getrenntleben nicht im Wege. Auch dass die Ehegatten sich gelegentlich begegnen oder sogar zur gleichen Zeit in der Küche ihr Frühstück einnehmen, hindert das Getrenntleben nicht, wenn es sich „als bloß räumliches Nebeneinander ohne persönliche Beziehung darstellt".

Bei dem zwangsläufigen Zusammentreffen der Trennungswilligen in der Wohnung ist natürlich oft zweifelhaft, ob man wirklich von Getrenntleben sprechen kann. Getrenntleben scheidet jedenfalls aus, wenn noch ein gemeinsamer Haushalt geführt wird, wenn insbesondere die Frau den Mann noch mitversorgt oder wenn noch aus einer gemeinsamen Haushaltskasse gewirtschaftet wird. Kann sich ein Partner wegen einer Krankheit nicht selbst versorgen, so kann ihm der andere im notwendigen Umfang helfen, ohne das „Getrenntleben" in Frage zu stellen; doch dürfen über die nötigen Hilfsmaßnahmen hinaus keine wesentlichen Beziehungen aufrechterhalten oder wiederhergestellt werden.

Beispiel: Frau Meißner und ihr Mann wollen getrennt leben und teilen die Wohnung unter sich auf. Herr Meißner kommt mit der Situation psychisch nicht zurecht und verfällt dem Alkohol. Er kümmert sich nicht mehr um seine Angelegenheiten, räumt sein Zimmer nicht mehr auf, lässt dort Bierflaschen und Essensreste liegen und droht zu „vermüllen". Um zu vermeiden, dass sich die Verwahrlosung des Zimmers auf die übrige Wohnung auswirkt, räumt Frau Meißner das Zimmer ihres Mannes auf. In solchem Fall kann trotz der Versorgungsleistungen der Frau die Fortdauer des Getrenntlebens bejaht werden.

Schwierig wird das Getrenntleben in derselben Wohnung, wenn gemeinsame Kinder da sind, die sowohl mit der Mutter als auch mit dem Vater weiterhin Beziehungen pflegen wollen. Hier gilt: Kontakte der Eltern mit ihren Kindern, mit denen sie ihrer Elternverantwortung entsprechen wollen, hindern das Getrenntleben nicht, sofern bei den Begegnungen nicht doch noch eine eheliche Beziehung zum Ausdruck kommt. Die Abgrenzungen sind hier im Einzelfall zweifelhaft.

Beispiel: Frau Semmelmeier und ihr Mann leben mit zwei Kindern (6 und 8 Jahre) in der ehelichen Wohnung getrennt. Die Kinder leben in den Räumen der Mutter. Sonntags nimmt die Familie noch gemeinsam das Mittagessen ein. Das geschieht, um zu vermeiden, dass die Kinder zu abrupt mit der Trennung konfrontiert werden; die Kinder sollen schonend auf die beabsichtigte Scheidung vorbereitet werden. Das OLG Köln hat in einem ähnlichen Fall das Getrenntleben bejaht.

Wollen Eheleute in der Ehewohnung getrennt leben, so sollten sie dies klar vereinbaren und dann konsequent durchhalten: Kein gemeinsamer Haushalt, kein Haushaltsgeld mehr für gemeinsame Zwecke, kein Geschlechtsverkehr, auch kein gemeinsames Fernsehen, Beschränkung der Kontakte auf das absolut notwendige Maß!

Viele Ehepartner, darunter gerade die gutwilligen und sensiblen, werden das freilich nicht auf die Dauer eines Jahres oder länger aushalten. Das ist aber dann auch ein Zeichen dafür, dass vielleicht die Ehe noch nicht unheilbar zerstört ist.

5. Versöhnungsversuche

Das Gesetz möchte verhindern, dass die zerstrittenen Ehegatten mögliche Versöhnungsversuche nur deshalb unterlassen, weil damit das Getrenntleben unterbrochen würde. Denn das hieße: Misslingt der Versöhnungsversuch, so finge das Trennungsjahr neu zu laufen an, die Ehegatten müssten also wieder ein ganzes Jahr mit der Scheidung warten (§ 1565 Abs. 2 BGB). Darum ist bestimmt: Ein Zusammenleben auf kürzere Zeit, das der Versöhnung der Ehegatten dienen soll, unterbricht oder hemmt die Getrenntlebensfristen nicht (§ 1567 Abs. 2 BGB).

Beispiel: Herr und Frau Abel haben sich getrennt, Herr Abel ist aus der ehelichen Wohnung am 1. April 2005 ausgezogen. Sie treffen sich gelegentlich in einem Restaurant zum Mittagessen, um ihre Situation zu besprechen. Dabei melden sich die ehelichen Gefühle wieder zurück. Das Ehepaar kommt überein, es noch einmal miteinander zu versuchen, Herr Abel zieht am 1. Dezember 2005 wieder in die eheliche Wohnung ein. Doch schon am 4. Dezember 2005 stellt das Paar fest, dass es nicht geht, Herr Abel zieht wieder aus.

Da nun feststeht, dass der kurzfristige Versöhnungsversuch gescheitert ist, unterbricht er das Getrenntleben nicht. Die vier „Versöhnungstage" werden sogar in die Getrenntlebensfrist eingerechnet, d. h. für das Gesetz haben die Abels auch vom 1. bis 4. Dezember „getrennt gelebt", so dass am 1. April 2006 das Trennungsjahr abgelaufen ist.

Voraussetzung ist allerdings, dass der Versöhnungsversuch nur „kürzere Zeit" gedauert hat. Das kann bis zu wenigen Wochen gehen. Ab zwei oder drei Monaten wird fraglich, ob es sich noch um eine kürzere Zeitspanne handelt. Wenn nicht, so wird die Getrenntlebensfrist unterbrochen, d. h. bei erneuter Trennung beginnt die Frist neu zu laufen.

Das alles gilt übrigens auch, wenn die Ehegatten in derselben Wohnung, wie oben beschrieben, getrennt leben – auch hier kann es zu versöhnungsbedingtem Zusammenleben „über kürzere Zeit" kommen, das bei seinem Scheitern als Getrenntleben angesehen wird. Häufen sich freilich die Versöhnungsversuche, was bei der räumlichen Nähe nicht verwundert, dann wird fraglich, ob es sich überhaupt um ein Getrenntleben oder vielmehr ein krisengeschütteltes Zusammenleben handelt.

6. Weitere Wirkungen des Getrenntlebens

Mit dem Getrenntleben ist die Ehe rechtlich gesehen noch nicht am Ende. Die Partner sollten sich darüber klar sein, dass sie bis zur Rechtskraft der Scheidung noch aneinander gebunden sind. Sie können also durchaus noch gegen eheliche Pflichten verstoßen, z. B. gegen die gegenseitige Pflicht auf Beistand und Rücksicht. Nicht die häusliche Trennung ist die entscheidende Zäsur, sondern die Scheidung!

Trotzdem entfaltet schon das Getrenntleben vielfältige Wirkungen: für die Ausübung der elterlichen Sorge (unten S. 59 ff.), in Bezug auf Wohnung und Hausrat (unten S. 29 ff.), für den Unterhalt (unten S. 86 ff.) und sogar im Rahmen der Vermögensauseinandersetzung (unten S. 174, 183 ff.).

Auf einige weitere Punkte soll schon hier hingewiesen werden. So verlieren die Partner mit Eintritt des Getrenntlebens die Ausübung der **„Schlüsselgewalt“** (§ 57 BGB).

Was das ist, sei an einem **Beispiel** erläutert: Frau Seidel kauft bei dem Händler Traugott eine neue Waschmaschine, weil die alte schadhaft ist und sich eine Reparatur nicht lohnt. Herr Seidel weiß davon nichts. Bei Abschluss des Kaufvertrags ist Herrn Traugott unbekannt, dass Frau Seidel verheiratet ist, von Herrn Seidel ist nicht die Rede. Trotzdem wird aus dem Kaufvertrag nicht nur Frau Seidel, sondern auch Herr Seidel berechtigt und verpflichtet. Hat also Frau Seidel den Kaufpreis noch nicht bezahlt, so kann der Händler auch Herrn Seidel in Anspruch nehmen.

Die Schlüsselgewalt ist die Befugnis jedes Ehegatten, aus Geschäften, die den angemessenen Lebensbedarf der Familie decken sollen, auch den anderen mitzuberechtigen und mitzuverpflichten. Dieser Effekt tritt ein, auch wenn der andere Ehegatte nichts von dem Geschäft weiß. Auch ist es gleichgültig, ob der Vertragspartner die ehelichen Verhältnisse kennt oder nicht. Grundgedanke des Gesetzes ist: Wer in der ehelichen Konsumgemeinschaft Nutznießer von Leistungen wird, soll auch dafür einstehen!

Vom Getrenntleben an entfällt die Ausübung der Schlüsselgewalt (§ 1357 Abs. 3 BGB). Da kein gemeinsamer Haushalt mehr besteht, wäre sie auch nicht gerechtfertigt.

Beispiel: Das Ehepaar Seidel trennt sich. Frau Seidel kauft nun für ihren Haushalt, in dem sie die Kinder versorgt, bei dem Händler Traugott einen Elektroherd. In diesem Fall ist Herr Seidel gegenüber dem Händler nicht mitverpflichtet, da der Kauf **nach der Trennung** getätigt wurde. **Frau Seidel gegenüber** kann Herr Seidel allerdings unterhaltsrechtlich verpflichtet sein, ihr den Herd zu finanzieren, doch erwächst daraus kein Recht des Händlers, von Herrn Seidel unmittelbar die Bezahlung zu verlangen.

Unter die Schlüsselgewalt fallen von vornherein keine Geschäfte, durch die das Getrenntleben hergestellt werden soll.

Beispiel: Frau Uckermann möchte sich von ihrem Mann trennen. Als dieser sich auf Dienstreise befindet, packt sie ihre Koffer und bestellt einen Spediteur, der ihre Habe zu dem von ihr neu gemieteten Appartement bringt.

Weder die Anmietung des Appartements noch die Bestellung des Spediteurs fallen unter die Schlüsselgewalt, Herr Uckermann ist aus diesen Verträgen nicht verpflichtet.

Wichtiger noch sind die **steuerlichen Konsequenzen** des Getrenntlebens. Ehegatten haben im Rahmen der Einkommensteuer die Wahl zwischen gemeinsamer und getrennter Veranlagung. Die gemeinsame Veranlagung führt vielfach zu erheblich günstigeren Ergebnissen. Die Möglichkeit dazu entfällt für die Jahre, in denen die Ehegatten von Beginn bis Ende dauernd getrennt gelebt haben (siehe S. 93).

II. Die Scheidung

1. Scheidung – kein schmerzloser Schnitt!

Die Ehescheidung löst das Eheband zwischen den Gatten auf: Sie sind wieder „frei“, können sich also jetzt anderweitig verheiraten, wenn sie dies trotz der gemachten Erfahrungen wollen.

Das heißt aber in den meisten Fällen nicht, dass sie nun nichts mehr miteinander zu tun haben. Die rechtliche Verbindung unter Geschiedenen bleibt manchmal noch über Jahrzehnte bestehen. Sind minderjährige Kinder vorhanden, so tragen beide geschiedenen Ehegatten weiterhin die elterliche Verantwortung und es entsteht nur die Frage, welche rechtliche Konstruktion dafür gewählt wird (siehe Kap. IV). Ferner kann es sein, dass ein Ehegatte auch nach der Scheidung für den Unterhalt des anderen aufkommen muss, nicht selten bis zum Lebensende (Kap. V). Und da die Höhe des Unterhalts nach Einkommen und Bedarf schwanken kann, ergeben sich periodische Kontakte (nicht immer freundlicher Natur!). Die Vermögensauseinandersetzung kann sich ebenfalls über den Scheidungszeitpunkt hinziehen. Derjenige, der im Versorgungsausgleich Rentenanwartschaften abgeben muss, merkt möglicherweise erst bei seinem Eintritt in den Ruhestand, welchen Anteil an seiner Altersversorgung er durch die Scheidung verloren hat.

Die Ehescheidung führt also in vielen Fällen nicht zu einem abrupten Schnitt in den Beziehungen. Die Loslösung voneinander bildet oft einen nicht nur psychologisch, sondern auch rechtlich langwierigen Vorgang, der an die Verständigungsbereitschaft und an die Nerven der Beteiligten hohe Anforderungen stellt.

2. Der Gang zum Gericht

Die Ehescheidung geschieht nach deutschem Recht durch **gerichtliche Entscheidung**. Erst wenn ein Scheidungsurteil unanfechtbar („rechtskräftig“) geworden ist, ist das Band der Ehe aufgelöst (§ 1564 Abs. 1 BGB). Manche Scheidungswillige, die schon eine neue Heirat im Auge haben, werden auf eine Geduldsprobe gestellt, wenn sich das Scheidungsverfahren, z. B. durch Einlegung von Rechtsmitteln, hinzieht. Gleichwohl gilt es, die Rechtskraft des Scheidungsurteils abzuwarten.

Zuständig für Scheidungsverfahren ist das **Familiengericht**. Es ist dies eine Abteilung des Amtsgerichts, die mit einem Einzelrichter bzw. einer Einzelrichterin besetzt ist. Die Familiengerichte sind nicht nur für die Scheidung selbst, sondern darüber hinaus für „Familiensachen" zuständig, zu denen die wichtigsten Scheidungsfolgen (elterliche Sorge, Unterhalt der Kinder und der geschiedenen Ehegatten, Wohnung und Hausrat, güterrechtliche Ansprüche, Versorgungsausgleich) gehören. Dadurch ist es möglich, dass die Scheidung und die Scheidungsfolgen durch dasselbe Gericht geregelt werden können. Gegen eine Entscheidung des Familiengerichts kann in zweiter Instanz das Oberlandesgericht, unter besonderen Voraussetzungen in dritter Instanz der Bundesgerichtshof angerufen werden.

Die Scheidung setzt den **Antrag** eines Ehegatten voraus. Es können auch beide Ehegatten die Scheidung beantragen oder es kann ein Ehegatte dem Antrag des anderen zustimmen (§ 630 Abs. 2 ZPO); in diesen Fällen sprechen wir von einverständlicher Scheidung. Im Scheidungsverfahren herrscht **Anwaltszwang**. Wer sich scheiden lassen will, muss also einen Anwalt seines Vertrauens aufsuchen. Auch der andere Ehegatte muss einen Anwalt haben. Zwar ist es, wie wir sehen werden, möglich, eine einverständliche Scheidung mit nur *einem* Anwalt durchzuführen (unten S. 19), doch ist dies die Ausnahme: In der Regel muss jede Partei durch einen Anwalt vertreten sein.

Die **Suche nach einem geeigneten Anwalt** ist nicht immer leicht. Zwar sind die meisten Kanzleien in Familiensachen tätig, doch besteht bei vielen Leuten eine Scheu, mit einem fremden Menschen über ihre Privatsphäre zu reden. Auch weiß man nicht von vornherein, wie kompetent eine Kanzlei in Scheidungssachen ist. Seit einiger Zeit gibt es „Fachanwälte für Familienrecht", die diese Bezeichnung aufgrund einer besonderen Ausbildung und ihrer beruflichen Erfahrung führen dürfen. Doch können auch andere Anwälte in Familiensachen tätig werden. Es kann nützlich sein, im Bekanntenkreis Ausschau zu halten, wer in letzter Zeit in Familienangelegenheiten anwaltliche Hilfe in Anspruch nehmen musste, und nach den Erfahrungen zu fragen. Im Übrigen sollte man darauf achten, ob der Anwalt sich hinreichend Zeit nimmt, um sich die Situation schildern zu lassen und darüber zu sprechen. Auch dringe man auf **klare Rechtsauskünfte!** Redet der Anwalt unverständlich, so kann das an den Eigenheiten der Juristensprache, aber auch daran liegen, dass der Anwalt selbst kein klares Bild hat. Gehen Sie nicht mit vagen Vorstellungen aus der anwaltlichen Beratung, bestehen Sie auf durchsichtiger Rechtsauskunft!

Im Übrigen spricht es nicht unbedingt gegen die fachliche Kompetenz eines Anwalts, wenn er sich bei komplizierteren Problemen erst informieren muss. Der Anwalt, der dies offen zugibt, ist vertrauenswürdiger als jener, der mit einem undurchdringlichen Wortschwall seine Unsicherheit verdeckt.

Eine Eigenart des deutschen Scheidungsverfahrens ist der so genannte **Verbund**: Über die Scheidung und wichtige Scheidungsfolgen kann gleichzeitig und zusammen verhandelt und entschieden werden. Damit will man verhindern, dass zuerst geschieden wird und die Ex-Partner erst nachfolgend in weiteren Prozessen erfahren, was das eigentlich für sie bedeutet. Die Regelung des Versorgungsausgleichs *muss* der Richter sogar von sich aus („von Amts wegen“) in den Verbund nehmen. Bei den anderen Folgesachen kommt es darauf an, ob ein Ehegatte während des Scheidungsverfahrens in 1. Instanz einen entsprechenden Antrag einreicht; hier haben es die Parteien also in der Hand, ob sie die Angelegenheit im Verbund oder in einem späteren, gesonderten Prozess betreiben wollen.

Der Verbund hat übrigens nicht nur positive Wirkungen. Er kann die Scheidung unangemessen lange hinauszögern. Denn die Scheidung wird nicht ausgesprochen, bevor nicht auch die im Verbund stehenden Scheidungsfolgen entscheidungsreif sind. Zum Beispiel kann erhebliche Zeit vergehen, bis das Gericht die Auskünfte eingeholt hat, die zur Entscheidung über den Versorgungsausgleich nötig sind. Für bestimmte Fälle sieht das Gesetz die Möglichkeit vor, eine Folgesache aus dem Verbund herauszulösen (§§ 627, 628 ZPO).

Wegen des Anwaltszwangs, zum Teil auch wegen des Verbunds sind in Deutschland die Scheidungen ausgesprochen teuer. Dabei ist wichtig, dass bei einem erfolgreichen Scheidungsantrag die **Kosten des Rechtsstreits** gegeneinander aufgehoben werden, es gibt also insoweit nicht Sieger und Verlierer; das gilt auch für die im Verbund entschiedenen Folgesachen (siehe § 93a Abs. 1 ZPO). Wird hingegen ein Scheidungsantrag abgewiesen, so bleibt es bei dem Grundsatz: Wer verliert, hat die Kosten zu tragen!

3. Wann kann geschieden werden?

Das deutsche Scheidungsrecht beruht heute auf dem so genannten Zerrüttungsprinzip: Die Ehe wird geschieden, wenn sich das Gericht davon überzeugt hat, dass sie unheilbar zerrüttet ist. Das Gesetz spricht von **Scheitern der Ehe** (§ 1565 Abs. 1 S. 1 BGB). Dieses soll gegeben sein, wenn „die Lebensgemeinschaft der Ehegatten nicht mehr besteht und nicht erwartet werden kann, dass die Ehegatten sie wiederherstellen" (§ 1565 Abs. 1 S. 2). Dabei ist das „Nichtbestehen der Lebensgemeinschaft" nicht schon bei jedem „Getrenntleben" gegeben, sondern setzt die Zerstörung des inneren Verhältnisses der Ehegatten, eben die **unheilbare Zerrüttung**, voraus.

Ob diese Zerrüttung durch Eheverfehlungen von einem Teil verschuldet ist, spielt grundsätzlich keine Rolle. Die Scheidungsreform von 1976 hat Ehebruch und sonstige Verfehlungen als Scheidungsgründe abgeschafft. Das bedeutet: Grundsätzlich kann auch derjenige Partner, der den anderen schwer gekränkt hat oder der untreu geworden ist, die Scheidung durchsetzen.

Beispiel: Herr Wiesner ist seit 20 Jahren mit Frau Wiesner verheiratet und lernt im Ski-Urlaub die Designerin Sibylle kennen. Er möchte sich scheiden lassen und Sibylle heiraten, Frau Wiesner möchte aber an der Ehe festhalten, weil sie ihren Mann immer noch liebt.

Herr Wiesner kann das Scheidungsverfahren betreiben und die Scheidung durchsetzen, auch wenn die Ehe **nur auf seiner Seite** unheilbar zerrüttet ist.

Es gibt also die **einseitige Zerrüttung** der Ehe! Man spricht in solchen Fällen von Verstoßungsscheidung. Dass eine solche möglich ist, ruft bei vielen Erbitterung hervor – wir werden auf diese Fälle zurückkommen.

Bevor das Gericht die Scheidung ausspricht, muss es sich davon überzeugen, dass das eheliche Verhältnis unheilbar zerstört ist. Danach müsste das Gericht bei jedem Scheidungsantrag in die Interna des Ehelebens einsteigen, sie analysieren und eine Prognose darüber anstellen, ob die Abwendung der Eheleute voneinander vorübergehend oder dauerhaft ist – eine schwere Aufgabe, für die Juristen nicht ausgebildet sind!

Deshalb erleichtert das Gesetz die Feststellung des Scheiterns der Ehe durch zwei **unwiderlegliche Vermutungen**:

- Die Ehe gilt als zerrüttet, wenn die Ehegatten schon seit drei Jahren oder länger getrennt leben (§ 1566 Abs. 2 BGB).
- Die Ehe ist auch dann als gescheitert anzusehen, wenn beide Gatten die Scheidung wollen und mindestens seit einem Jahr getrennt leben (§ 1566 Abs. 1 BGB).

In solchen Fällen darf das Gericht gar nicht mehr überprüfen, ob noch Versöhnungschancen bestehen oder nicht, die Scheidung ist grundsätzlich auszusprechen.

Beispiel: Herr und Frau Baier leben getrennt, weil Frau Baier zu ihrem Freund gezogen ist. Vier Jahre nach der Trennung beantragt Herr Baier die Scheidung. Das Gericht muss die Ehe als gescheitert ansehen, es darf nicht recherchieren, wie sehr die Ehe wirklich gestört ist und ob Chancen auf Wiederversöhnung bestehen.

Das Getrenntleben spielt bei der Scheidung eine weitere wichtige Rolle: Grundsätzlich soll eine Ehe erst geschieden werden können, wenn die Ehegatten **mindestens ein Jahr getrennt leben**; nur ausnahmsweise ist die „schnelle Scheidung“ möglich (siehe unten S. 22). Damit will das Gesetz vermeiden, dass Eheleute übereilt einen Scheidungsantrag stellen, noch bevor sie versucht haben, ihre Ehekrise zu verarbeiten.

Überblick

Streitige Scheidung:

- Unter 1 Jahr Getrenntleben: Scheidung nur ausnahmsweise möglich; Gericht muss Scheitern konkret prüfen
- Ab 1 bis 3 Jahre Getrenntleben: Gericht muss Scheitern konkret prüfen
- Ab 3 Jahre Getrenntleben: Die Ehe gilt als gescheitert

Einverständliche Scheidung:
- Unter 1 Jahr Getrenntleben: Scheidung nur ausnahmsweise möglich; Gericht muss Scheitern konkret prüfen
- Ab 1 Jahr Getrenntleben: Die Ehe gilt als gescheitert

Die Erfolgsaussichten eines Scheidungsantrags hängen demnach mit der Zeit des Getrenntlebens zusammen.

4. Einverständlich scheiden – ein Gewinn?

Man könnte sich eine ideale Scheidung, wenn es sie überhaupt gibt, wie folgt vorstellen: Frau und Mann gehen in völliger Einigkeit auseinander, so wie sie bei der Heirat eins waren. Alles ist durch verlässliche Absprachen geregelt: die Sorge für die gemeinsamen Kinder, der Unterhalt für die Kinder und den Ehegatten, der sie hauptsächlich betreut, die Zuteilung von Hausrat und Ehewohnung und schließlich die Auseinandersetzung des Vermögens. Die Scheidung gleicht einem Abschied unter Freunden.

Diese Idylle kann man nicht erzwingen. Das Gesetz tut aber einiges dafür, um die einverständliche Scheidung möglich zu machen. Wir haben schon gesehen, dass die Scheidung erleichtert ist, wenn beide Ehegatten die Scheidung wollen und seit einem Jahr getrennt leben; dann gilt die Ehe als gescheitert und die Ehe muss grundsätzlich geschieden werden (§ 1566 Abs. 1 BGB). Voraussetzung ist, dass entweder

- beide Ehegatten den Scheidungsantrag stellen oder
- einer den Antrag stellt und der andere dem zustimmt. Für die Zustimmung zum Antrag des anderen braucht man keinen Anwalt. Die Zustimmung kann übrigens im Laufe des Verfahrens widerrufen werden (§ 630 Abs. 2 S. 1 ZPO).

Was so leicht aussieht, wird dann aber doch wieder erschwert. Das Gesetz möchte vermeiden, dass die Eheleute schnell auseinander gehen können, ohne sich über die Folgen der Scheidung klar geworden zu sein. Deshalb verlangt die Zivilprozessordnung für die Durchführung der einverständlichen Scheidung, dass sich die Scheidungswilligen zuvor über wichtige Folgen der Scheidung einig geworden sind (§ 630 Abs. 1 ZPO):

- Die gemeinsamen, noch minderjährigen Kinder betreffend müssen die Eltern entweder gemeinsam erklären, dass keine Anträge zum Sorgerecht oder zum Umgang gestellt werden, weil sich die Parteien über diese Punkte einig sind oder, wenn das Gericht entscheiden soll, einen einvernehmlichen Vorschlag hierzu präsentieren. Diese Regelung gilt seit dem Kindschaftsrechtsreformgesetz von 1998, dem zufolge aus Anlass der Scheidung nicht mehr unbedingt eine gerichtliche Entscheidung über die elterliche Sorge ergehen muss (siehe unten S. 59 ff.).
- Ferner muss eine Einigung der Ehegatten über die Regelung des Unterhalts vorgelegt werden, und zwar sowohl des Unterhalts für das Kind als auch der Unterhaltspflicht unter den Partnern für die Zeit nach der Scheidung.
- Schließlich bedarf es einer Einigung über die Rechtsverhältnisse an der Ehewohnung und am Hausrat.

Kann eine einverständliche Scheidung so durchgeführt werden, dass beide Ehegatten **zusammen nur einen Anwalt** in Anspruch nehmen? Das ist dann möglich, wenn ein Ehegatte den Scheidungsantrag stellt (dafür ist unbedingt ein Anwalt erforderlich) und der andere diesem Antrag zustimmt. Diese Zustimmung kann nämlich auch ohne anwaltliche Vertretung zu Protokoll der Geschäftsstelle des Gerichts oder auch in der mündlichen Verhandlung erklärt werden (§ 630 Abs. 2 S. 2 ZPO).

Eine solche Vorgehensweise hilft Kosten sparen, hat aber auch ihre Risiken. Eine faire Regelung der Scheidungsfolgen durch Vertrag setzt voraus, dass beide Seiten über ihre Rechte und Pflichten im Großen und Ganzen informiert sind und daher wissen, welche Kompromisse sie mit der Zustimmung zu einem Scheidungsvertrag eingehen. Ein Anwalt darf aber nur eine Seite vertreten und beraten. Jedenfalls spricht auch bei grundsätzlicher Einigkeit der Ehegatten über die Scheidung vieles dafür, wenn jeder Ehegatte von einem eigenen Anwalt beraten wird.

> Man sollte sich nicht darauf einlassen, wenn der scheidungswillige Partner einen mit ihm befreundeten Anwalt oder den Justitiar seines Betriebes etc. vorschlägt, der „alles veranlassen" soll!

Ist sich das Paar über die Scheidung einig, kann aber über die genannten **Scheidungsfolgen keine Vereinbarung** erzielen, so kann gleichwohl geschieden werden. Freilich gelten dann gegenüber der streitigen Scheidung keine Besonderheiten, das heißt: Auch wenn die Ehegatten schon ein Jahr getrennt leben, wird das Scheitern der Ehe nicht unwiderleglich vermutet, sondern der Richter hat die unheilbare Zerrüttung der Ehe konkret festzustellen.

Die einverständliche Scheidung wird heute stark propagiert. Man erhofft sich von ihr, dass im Verfahren keine „schmutzige Wäsche gewaschen" wird und dass die Eheleute es vermeiden, sich gegenseitig weitere seelische Verletzungen zuzufügen. Vor allem für das Verhältnis der Beteiligten nach der Scheidung wirkt eine fair ausgehandelte Konventionalscheidung befreiend und befriedend. Voraussetzung ist allerdings, dass beide Ehegatten, bevor sie einer Scheidungsvereinbarung zustimmen, deren Bedeutung wirklich begriffen haben und ihren Inhalt akzeptieren. Überrumpelungen des schlechter informierten Teiles bilden Anlass für erneute juristische Kriege. Sie fügen der Trauer über das Ende der Ehe das empörte Gefühl hinzu, über den Tisch gezogen worden zu sein.

Vor allem wenn minderjährige Kinder vorhanden sind, muss der „Verhandlungsscheidung" der Vorzug gegeben werden. Kinder sind nach allgemeiner Überzeugung von der Scheidung ihrer Eltern besonders stark betroffen, droht ihnen doch (zumindest teilweise) der Verlust ihrer bisherigen Lebenswelt und möglicherweise einer vertrauten und geliebten Bezugsperson. Durch „den Kampf um das Kind" wird die seelische Entwicklung des Kindes besonders bedroht. Deshalb sind Verfahrensweisen entwickelt worden, um die mit der Trennung oder Scheidung verbundenen Probleme zunächst **außergerichtlich** und mit dem Ziel der Einigung zu verarbeiten. Diese Verfahrensweisen sind unter dem Begriff **Mediation** („Vermittlung") bekannt. Als Vermittler können Juristen, Psychologen, aber auch ehrenamtliche, in der Eheberatung erfahrene Leute fungieren. Die Kindschaftsrechtsreform von 1998 hat den Gedanken der Mediation besonders im Hinblick auf das Kindeswohl weiter gefördert. Die Jugendämter haben die Eltern im Fall der Trennung oder Scheidung bei der Entwicklung eines einverständlichen Konzepts für die Wahrnehmung der elterlichen Sorge zu unterstützen (§ 17

Abs. 2 KJHG). Gelingt eine solche Übereinstimmung, so kann sie als Grundlage gerichtlicher Entscheidungen über die elterliche Sorge dienen (soweit derartige Entscheidungen überhaupt noch vonnöten sind, dazu unten S. 66 ff.). Das gilt in gleicher Weise für Einigungen, die durch private Mediation erzielt wurden. Jedenfalls kann durch eine fachkundige und einfühlsame Vermittlung viel Streit vermieden und Leid abgemildert werden.

Man könnte sogar davon träumen, dass künftig eine Scheidung gänzlich ohne Gerichtsverfahren möglich sein wird: Die Scheidungswilligen wenden sich an einen Mediator, der in einer Reihe von Sitzungen mit dem Paar und seinen Kindern die Scheidungsprobleme verarbeitet: Am Ende steht entweder die Versöhnung des Paares oder eine komplette Scheidungsvereinbarung, die dann nur mehr dem Gericht oder einer Behörde mitgeteilt werden müsste – und die Scheidung wäre vollzogen! Eine solche „Privatscheidung" ist in Deutschland derzeit (noch?) nicht möglich.

Bei all dem dürfen die Grenzen der Mediation nicht übersehen werden. Das Ziel einer „harmonischen" Scheidung ist namentlich um der Kinder willen hoch zu veranschlagen. Doch darf die Harmonie nicht auf Kosten einseitiger Verteilung der Scheidungslasten gehen, schon deshalb, weil die erzielte Einigung dann nicht lange anhält. Das Recht der Scheidungsfolgen ist so kompliziert, dass **juristische Beratung** der Parteien unverzichtbar erscheint. Es muss sichergestellt werden, dass die erzielten Einigungen wenigstens den Mindeststandards einer fairen Regelung entsprechen. Bei güterrechtlichen Verträgen muss ohnehin der Notar hinzugezogen werden (§ 1410, § 1378 III 2 BGB), Vereinbarungen über den Versorgungsausgleich im Zusammenhang mit der Scheidung bedürfen darüber hinaus der Genehmigung des Gerichts (§ 1587 o BGB). Es sind also Verfahren anzustreben, in denen außerjuristische Mediation und Rechtsberatung so zusammenwirken, dass der Trennungsprozess in einer auf Dauer befriedenden Weise bewältigt wird.

Freilich – wer streiten will, dem kann man es nicht verbieten. Oft beginnen Scheidungsverfahren als „streitige", führen aber dann mit der Zeit zu einvernehmlichen Regelungen. Etwa 10 % der Scheidungen enden allerdings streitig.

5. Die schnelle Scheidung

Oft will ein Ehegatte nach dem plötzlichen Ausbruch einer Ehekrise möglichst sofort geschieden werden. Der Wunsch, „reinen Tisch“ zu machen, ist eine verständliche Reaktion auf unerwartete Störungen des ehelichen Verhältnisses.

Beispiel: Frau Demmel erfährt, dass ihr Mann seit vielen Jahren ein Liebesverhältnis mit einer Arbeitskollegin hat. Sie empfindet es als schweren Vertrauensbruch, dass der Mann seine Untreue so lange Zeit mit allerlei Unwahrheiten vertuscht hat und möchte sogleich geschieden werden.

Das Gesetz möchte derart schnellen Scheidungsentschlüssen nicht ohne weiteres nachgeben. Oft bestehen gerade bei plötzlich ausbrechenden Krisen noch Versöhnungschancen, die vertan werden, wenn einmal in der ersten Erregung der Scheidungsantrag gestellt worden ist. Daher ist **Regelvoraussetzung** der Scheidung ein **mindestens einjähriges Getrenntleben** der Ehegatten.

Nun gibt es aber Fälle, in denen die Fortsetzung der Ehe – auch nur für ein Trennungsjahr – **unzumutbar** ist (§ 1565 Abs. 2 BGB). Deshalb gestattet das Gesetz eine Scheidung auch ohne (einjähriges) Getrenntleben, „wenn die Fortsetzung der Ehe für den Antragsteller aus Gründen, die in der Person des anderen Ehegatten liegen, eine unzumutbare Härte darstellen würde.“

Beispiel: Herr Eigenbrot verfällt mehr und mehr dem Alkohol. Wenn er getrunken hat, neigt er immer häufiger dazu, Frau und Kinder körperlich zu misshandeln und zu bedrohen.

Es kann Frau Eigenbrot hier nicht angesonnen werden, erst ein Jahr getrennt zu leben, bis sie ihren Scheidungswunsch verwirklichen kann.

Die Praxis hatte mit den Ausnahmefällen, in denen eine „schnelle Scheidung“ möglich ist, anfangs große Probleme. Vor allem war unklar, ob die Untreue eines Teils dem anderen die Fortsetzung der Ehe unzumutbar und daher das Trennungsjahr entbehrlich macht. Die Praxis ist auch heute noch nicht ganz einheitlich, doch herrscht eine strenge Linie vor. Aus einem Ehebruch allein kann der Härtegrund noch nicht abgeleitet werden, es müssen erschwerende Umstände hinzukommen.

Beispiele: Frau Fasolt ist aus der ehelichen Wohnung ausgezogen und wohnt nun bei ihrem Freund. Für Herrn Fasolt ist die Fortsetzung der Ehe unzumutbar hart, weil seine Frau über die Untreue hinaus das eheliche Zusammenleben aufgekündigt hat. Auch das ist aber nicht unumstritten, es kommt also auf die örtliche Gerichtspraxis an!

Frau Gebhardt fährt nach einem Ehestreit für einige Tage zu ihrer Mutter, Herr Gebhardt nimmt sogleich seine Freundin in die Ehewohnung auf. Hier kommt zur ehelichen Untreue hinzu, dass Herr Gebhardt die Privatsphäre seiner Frau und ihr Recht an der Ehewohnung schwer verletzt.

Vor allem kann rücksichtsloses Verhalten die schwere Härte begründen.

Beispiel: Herr Heilmeier verlässt seine Frau kurz nach der Geburt ihres gemeinsamen Kindes.

In unserem Ausgangsfall (S. 22) ist hingegen recht zweifelhaft, ob Frau Demmel die Scheidung auch ohne einjähriges Getrenntleben erreichen kann; sie riskiert die Abweisung ihres Scheidungsantrags, wenn das Gericht befindet, ein „gewöhnliches“ Liebesverhältnis ihres Mannes zu einer Arbeitskollegin mache die Fortsetzung der Ehe noch nicht unzumutbar. Es kommt aber – wie gesagt – auf die Einstellung des zuständigen Gerichts zu diesen Fragen an.

Der Härtegrund muss in der Person des anderen Ehegatten liegen, muss aber nicht unbedingt verschuldet sein. So kommen auch schwere, insbesondere ansteckende und schwer heilbare Krankheiten in Frage.

Das Erfordernis einjährigen Getrenntlebens steht der „schnellen Scheidung“ selbst dann im Wege, wenn beide Ehegatten sich über die Scheidung einig sind. Das erscheint verwunderlich, ist aber herrschende Gerichtspraxis. Will sich also ein Ehepaar **einvernehmlich** vor Ende des Trennungsjahres scheiden lassen, so muss derjenige, der den Scheidungsantrag stellt, in der Person des anderen einen Umstand finden, der für ihn die Fortsetzung der Ehe unzumutbar macht; der andere braucht dann dem Scheidungsantrag nur zuzustimmen. Stellen beide den Scheidungsantrag, so muss jeder in der Person des anderen einen entsprechenden Härtegrund finden.

Beispiel: Der Mann hat die Frau schwer misshandelt. Sie wiederum hat ohne Wissen des Mannes als Callgirl gearbeitet.

Dass sich die Ehegatten gegenseitig mit Vorwürfen eindecken, ist, wenn es zum Streit kommt, nicht selten. Dann ergibt sich z. B. die schwer lösbare Frage, ob derjenige aus dem Ehebruch des anderen eine „unzumutbare Härte“ herleiten kann, der selbst „fremdgegangen“ ist. Das Problem wird uns beim Unterhalt wieder begegnen.

6. Widerstand gegen die Scheidung – zwecklos?

Eine Ehe kann auf Antrag eines Ehegatten auch dann geschieden werden, wenn der andere noch an ihr festhalten will – einseitige Zerrüttung genügt! Das wird von manchen Betroffenen, die nicht aus der Ehe gedrängt werden wollen, als bitter empfunden, und es gibt Stimmen, die das gegenwärtige Scheidungsrecht als „Scheidungsunrecht“ brandmarken.

Auch der Gesetzgeber nimmt an, dass es ausnahmsweise Fälle gibt, in denen eine Ehe **aufrechterhalten** werden soll, **obwohl** sie – zumindest einseitig – **gescheitert** ist (§ 1568 BGB). Das Gesetz nennt zwei Gründe:

(1) Es kann **im Interesse der gemeinsamen minderjährigen Kinder** aus besonderen Gründen ausnahmsweise geboten sein, eine gescheiterte Ehe aufrechtzuerhalten;

(2) auch für den die Scheidung ablehnenden Ehegatten kann die Scheidung aufgrund außergewöhnlicher Umstände eine so **schwere Härte** darstellen, dass es geboten erscheint, das Scheidungsbegehren abzuweisen (beide Fälle in § 1568 BGB).

Maßgebend war die Überlegung, dass auch eine zerrüttete Ehe für die Kinder oder einen der Ehegatten noch bestimmte soziale Aufgaben erfüllen kann, deren Wegfall sich katastrophal auszuwirken vermag.

Danach scheint es, als ob der Ehegatte, der nicht geschieden werden will, gute Chancen hätte, die Abweisung des Scheidungsantrags zu erreichen. Weiß nicht jedermann, dass die Kinder am stärksten unter der Scheidung ihrer Eltern leiden? Kann sich die Verstoßung aus der durch die Ehe vermittelten sozialen Stellung nicht zur sozialen Katastrophe entwickeln?

Doch allzu große Hoffnungen sollten sich die an der Ehe festhaltenden Partner nicht machen. Zu sehr beschränkt man die Anwendung der Härteklausel auf ganz extreme Fälle.

Zu (1): Die **Kinderschutzklausel** wird praktisch nicht angewendet. Obwohl das Gericht von Amts wegen untersuchen müsste, ob das Wohl der Kinder durch die Scheidung gefährdet ist, spielt dieser Gesichtspunkt in der Praxis kaum eine Rolle. Man nimmt allgemein an, dass es für die Kinder besser sei, ihre Eltern würden geschieden als weiterhin in einer unglücklichen Familiengemeinschaft zu leben. Außerdem sagt man, Nachteile, welche die Kinder schon durch die Trennung erlitten hätten, könnten bei der Scheidung nicht mehr berücksichtigt werden. Dazu ließe sich viel sagen – es ist aber sinnlos, gegen den Zeitgeist anzugehen. Die Fälle, in denen eine zerrüttete Ehe um der Kinder willen aufrechterhalten wird, sind daher außerordentlich selten.

Beispiel: Ein Kind droht ernsthaft, sich umzubringen, wenn sich die Eltern scheiden lassen.

Zu (2): Soweit die Härteklausel die **Interessen des Ehegatten** berücksichtigt, der die Scheidung ablehnt, sind gleichfalls übertriebene Hoffnungen nicht am Platz. Zwar gelingt es einem Partner im Kampf gegen die Scheidung in einzelnen Fällen, die Scheidung zu verhindern, doch ist dies ein vorläufiger Sieg. Denn der andere kann jederzeit erneut einen Scheidungsantrag einreichen, das Gericht muss dann prüfen, ob die „schwere Härte" noch vorliegt oder sich die Situation verändert hat. Das ist vor allem in den Fällen bedeutsam, in denen die schwere Härte aus der Krankheit des Antragsgegners hergeleitet wird. Bessert sich der Gesundheitszustand, so kann nun geschieden werden! Die Härteklausel wirkt dann eher wie die Gewährung einer „Gnadenfrist".

Die zur Abwendung der Scheidung verlangte „schwere Härte" muss nach dem Gesetz auf **außergewöhnlichen Umständen** beruhen – schon dadurch verliert die Härteklausel an Gewicht! Außerdem sagt man auch hier, Härten, die schon mit der Zerstörung des ehelichen Verhältnisses und dem Getrenntleben gegeben seien, könnten nicht mehr berücksichtigt werden. Immerhin wird die Härteklausel zugunsten des scheidungsunwilligen Teils in gewissen Fällen angewendet, vor allem bei schweren Erkrankungen zur Zeit des Scheidungsprozesses.

Beispiel: Ein Ehegatte ist zur Zeit des Scheidungsverfahrens an Krebs oder an Multipler Sklerose erkrankt.

Andererseits: **Nicht jede Krankheit** genügt, noch nicht einmal unbedingt die Suizidgefahr bei schweren Depressionen, solange der Betreffende für sein Verhalten noch als verantwortlich angesehen werden kann!

Wer sich gegen einen Scheidungsantrag des Partners zur Wehr setzen will, sollte mit seinem Anwalt sorgfältig beraten, inwieweit der Widerstand Aussicht auf Erfolg hat und welche Auswirkungen die Verlängerung der Ehe gegebenenfalls zeitigen kann. Es kann sein, dass das Hinausschieben der Scheidung günstig ist, z. B. weil sich für die Vermögensauseinandersetzung und den Versorgungsausgleich die „Ehezeit" verlängert; es kann aber auch die Lage gegeben sein, dass der Ehegatte, der an der Ehe festhält, für seine Treue schließlich bezahlt, z. B. wenn er jetzt beruflich aufsteigt und ein späterer Unterhaltsanspruch danach bemessen wird.

Über eines sollte man sich klar sein: Wenn ein Partner die Scheidung unbeirrt erstrebt, wird er schließlich Erfolg haben, es geht dann meist nur um den Zeitpunkt. Dass sich ein Ehegatte Gedanken darüber macht, wie er diesen Zeitpunkt zu seinen Gunsten beeinflussen kann, ist durchaus verständlich und legitim.

III. Das Schicksal der Ehewohnung

1. Wohnung und Ehe

Eheleute pflegen in einer Wohnung oder einem Haus miteinander zu leben. Solange die Ehe besteht, haben die Partner ein **Recht auf Mitbesitz und Mitbenutzung** des Familienheims, gleichgültig wer von ihnen die Wohnung gemietet hat oder wer von ihnen Eigentümer ist. Dieses Recht können sie auch gegenüber dritten Personen geltend machen, die den räumlichen Bereich des Ehelebens stören.

Beispiel: Herr und Frau Knabl leben in einer Eigentumswohnung, die Herrn Knabl gehört. Frau Knabl erleidet einen Verkehrsunfall und muss für zwei Wochen ins Krankenhaus. Währenddessen lädt Herr Knabl „sein Verhältnis", Frau Lehner, zu sich ein, die in der ehelichen Wohnung auch einige Male übernachtet.

Frau Knabl kann ihrem Mann, obwohl dieser Wohnungseigentümer ist, verbieten, Frau Lehner in die Wohnung zu lassen. Das kann, wenn Wiederholungen drohen, auch gerichtlich durchgesetzt werden. Frau Knabl kann sich auch unmittelbar an Frau Lehner wenden und ihr untersagen, künftig die Ehewohnung zu betreten.

Insgesamt gesehen kann die Rechtslage an der Ehewohnung unterschiedlich sein:

a) Mietwohnungen

- Haben **beide Ehegatten den Mietvertrag geschlossen**, dann sind sie dem Vermieter gegenüber gemeinsam daraus berechtigt und verpflichtet. Das bedeutet: Beide schulden die Miete, sie können nur gemeinsam kündigen, so wie ihnen auch nur gemeinsam gekündigt werden kann. Diese Rechtslage kann natürlich auch dadurch eintreten, dass zunächst nur ein Partner den Mietvertrag abgeschlossen hat und der andere später dem Vertrag beitritt.

Beispiel: Eine Frau lebt als Junggesellin in einer 3-Zimmer-Wohnung, die sie gemietet hat. Dann heiratet sie, der Ehemann zieht in die Wohnung ein. Auf Bitten des Vermieters unterschreiben beide und der Vermieter einen Zusatzvertrag, wonach auch der Ehemann auf der Mieterseite in den Vertrag eintritt.

- Hat **nur einer der Ehepartner** den Mietvertrag geschlossen, so bleibt er **dem Vermieter gegenüber** grundsätzlich allein berechtigt und verpflichtet. Er darf zwar seinen Ehepartner in die Wohnung aufnehmen, doch wird dieser durch den bloßen Einzug nicht Vertragspartei und haftet daher auch nicht für die Mietschulden.

Beispiel: Ein Mann hat eine Wohnung gemietet, in die nach der Heirat auch seine Frau einzieht. Der Mann kann eines Tages die Miete nicht mehr zahlen. Der Vermieter kann dann nicht etwa von der Frau die Zahlung der Mietrückstände verlangen.

Im **Verhältnis unter den Ehegatten** ist freilich, wie eingangs gesagt, auch derjenige, der nicht Mieter ist, zu Mitbesitz und Mitgebrauch berechtigt; der Vermieter hat das auch zu respektieren. Er hat dem hinzugezogenen Ehepartner gegenüber sogar gewisse vertragliche Sorgfaltspflichten, etwa Treppenhaus und Flur gefahrenfrei zu halten.

Beispiel: Das Ehepaar Maier wohnt in der von Herrn Maier gemieteten Wohnung. Frau Maier kommt im Treppenhaus zu Fall, weil dieses unzureichend beleuchtet ist. Frau Maier kann hier Schadensersatzansprüche aus dem Mietvertrag gegen den Vermieter haben: Die Rechtsprechung nimmt an, dass der Vermieter eine sorgfältige Verkehrssicherung nicht nur dem Mieter, sondern auch den bei ihm wohnenden Angehörigen vertraglich schuldet.

b) Eigentumswohnungen

Haben die Ehegatten die Wohnung als **Miteigentümer** (meist zu Bruchteilen von je $^1/_2$) erworben, so sind sie schon kraft ihres Eigentums beide zu Mitbesitz und Mitnutzung berechtigt. Ist ein Ehegatte **Alleineigentümer**, so ist er rein sachenrechtlich gesehen „Herr" der Wohnung, doch ergibt sich, wie erläutert, aus dem Gedanken der ehelichen Gemeinschaft das Recht des anderen Ehegatten, die Ehewohnung mitzubesitzen und zu nutzen.

2. Der Streit um die Wohnung bei Getrenntleben

Aus Anlass des (beabsichtigten) Getrenntlebens ergibt sich häufig Streit, welcher Ehegatte in der bisher gemeinsamen Wohnung bleiben darf und wer ausziehen soll, bzw. wie die Wohnung aufgeteilt werden soll, um ein „Getrenntleben in der Ehewohnung“ durchzuführen. Findet man keine Einigung, so gibt es Möglichkeiten, den Streit vor dem Familiengericht auszutragen.

Seit Inkrafttreten des Gewaltschutzgesetzes zum 1. Januar 2002 ist diese schwierige Materie neu geregelt. Um eine gerichtliche Regelung der Wohnungsfrage bei Getrenntleben herbeizuführen, gibt es nun zwei Rechtsgrundlagen:

- **für Ehegatten** findet sich eine **spezielle Regelung** in § 1361 b BGB, die durch das genannte Reformgesetz wesentlich umgestaltet wurde;
- daneben tritt eine **allgemeine Regelung** einer möglichen Wohnungszuweisung für alle Personen, die einen **auf Dauer angelegten gemeinsamen Haushalt** geführt haben, nach § 2 des Gewaltschutzgesetzes.

Obwohl der allgemeine Gewaltschutz auch für Ehegatten gilt, spielt hier die spezielle Regelung des § 1361 b BGB in der Praxis die Hauptrolle.

Auch nach der Reform ist es für einen Ehepartner aber keineswegs leicht, bei einem Streit ums Getrenntleben die Ehewohnung für sich zu bekommen. Denn § 1361 b BGB gibt dem Gericht nicht allgemein die Möglichkeit, die Ehewohnung demjenigen zuzuweisen, der die Wohnung dringender benötigt oder sonst die besseren Gründe auf seiner Seite hat. Vielmehr kann ein Ehegatte vom anderen die Überlassung der Wohnung zur alleinigen Nutzung nur verlangen, soweit dies notwendig ist, um **eine unbillige Härte zu vermeiden**. Dabei sollen auch die Belange des anderen Ehegatten berücksichtigt werden.

Wer im Trennungsstreit die Wohnung für sich haben will, muss also vortragen

- dass er und sein Partner getrennt leben oder zumindest einer von ihnen sich vom anderen trennen will und
- dass die Überlassung der alleinigen Wohnungsnutzung an ihn notwendig ist, um eine unbillige Härte zu vermeiden. Dabei kann es

sich um eine Härte für den Antragsteller selbst oder für die mit ihm zusammenlebenden Kinder handeln (§ 1361 b Abs. 1 S. 2 BGB).

Zum Verständnis des § 1361 b BGB ist noch wichtig, dass die Überlassung der Wohnung zur alleinigen Nutzung nicht unbedingt bedeutet, dass der andere die Wohnung verlassen muss; es kommt auch die Zuweisung **eines Teils der Wohnung** an einen der Ehegatten in Betracht. Dann führt die gerichtliche Regelung zu einem Getrenntleben innerhalb der Wohnung (siehe oben S. 7).

Die entscheidende Frage ist nun, wann eine „**unbillige Härte**" gegeben ist, die durch Überlassung der Wohnung an einen der Ehegatten vermieden werden kann. Es handelt sich um einen ziemlich vagen Begriff, der von den einzelnen Gerichten unterschiedlich aufgefasst wird. Wichtig ist also, dass man sich über die Gepflogenheiten des zuständigen Gerichts informiert, bevor man einen Antrag auf Überlassung der Wohnung einreicht. Auch muss beachtet werden, dass die Rechtsprechung aus der Zeit vor 2002 wegen der genannten Gesetzesänderung nicht mehr aktuell ist; man konsultiere also keine veralteten Bücher.

Den Hauptgrund für unbillige Härte bilden **schwere körperliche Misshandlungen**, die ohne weiteres begreiflich machen, dass das Opfer mit dem Täter nicht länger zusammenleben will, weil es um seine Gesundheit, vielleicht sogar um sein Leben fürchten muss.

Beispiel: Der Ehemann ist häufig betrunken, in diesem Zustand neigt er zu schweren körperlichen Gewalttätigkeiten gegenüber seiner Frau. Anzeichen für eine Veränderung dieses Verhaltens sind nicht zu erkennen. Die Frau kann nach § 1361 b BGB erreichen, dass das Gericht ihr die Ehewohnung zur alleinigen Nutzung zuweist.

Es genügt schon, wenn eine Ehegatte den anderen zwar noch nicht körperlich verletzt hat, aber ernsthaft mit derartigen Übergriffen droht.

Für derartige **Gewaltfälle** trifft das Gesetz weitere wichtige Bestimmungen. Vor allem ist dem Opfer **in der Regel die gesamte Wohnung** zuzuweisen. Der Täter hat also die Wohnung zu verlassen (§ 1361 b Abs. 2 S. 1 BGB), eine Wohnungsteilung kommt in aller Regel nicht in Frage. Das ist ohne weiteres einsichtig: Denn ein „Getrenntleben in der Ehewohnung“ würde die Bedrohung durch den gewalttätigen Ehegatten fortbestehen lassen.

Beispiel: Würde das Gericht im obigen Fall der Frau nur einen Teil der Wohnung zur alleinigen Nutzung zuweisen, während der Mann weiter in einem anderen Zimmer der Wohnung bleibt, so würde die Frau weiterhin von Gewaltübergriffen bedroht sein. Das Gericht wird also der Frau die **gesamte Wohnung** überlassen, der Mann muss ausziehen und sich eine andere Bleibe suchen.

Diese Regel – Zuweisung der gesamten Wohnung – gilt in allen Fällen, in denen sich die unbillige Härte auf eine vorsätzliche Verletzung des Körpers, der Gesundheit, der Freiheit oder auf eine Drohung mit solchen Verletzungen oder gar eine Todesdrohung gründet.

Beispiele: Der Mann sperrt seine Frau nach einer Auseinandersetzung um ihre langen Telefonate mit einer Freundin in das Bad ein, um sie zu bestrafen (vorsätzliche Verletzung der Freiheit).
Oder: Die Frau droht dem Mann ernsthaft an, sie werde ihn umbringen („Wenn du dich noch einmal mit dieser Frau triffst, vergifte ich dich“).

In anderen Fällen ist konkret zu prüfen, ob die Härte schon dadurch vermieden werden kann, dass dem Ehegatten, der den Antrag stellt, **ein Teil** der Wohnung zugewiesen wird. Das wird allerdings selten der Fall sein: Unzuträglichkeiten des Zusammenlebens werden in der Regel nicht dadurch vermieden, dass die Wohnung unter den Eheleuten aufgeteilt wird – die räumliche Nähe und die tägliche Begegnung werden immer wieder Anlass für Auseinandersetzungen bieten.

Für die **Gewaltfälle** bestimmt das Gesetz ferner, dass der Anspruch des Opfers auf Überlassung der Wohnung ausgeschlossen ist, wenn keine weiteren Verletzungen und widerrechtlichen Drohungen zu besorgen sind. Doch kann die begangene Tat so schwerwiegend sein, dass der verletzten Person selbst dann, wenn die Gefahrenlage aufhört, ein weiteres Zusammenleben mit dem Täter nicht zuzumuten ist. Dann wird oder bleibt die Wohnung dem Opfer zur alleinigen Nutzung zugewiesen, obwohl keine Gefahrenlage mehr besteht (§ 1361 b Abs. 2 S. 2 BGB).

Es genügt, wenn die unbillige Härte für die **Kinder** gegeben ist, wenn nämlich ohne die begehrte Wohnungszuweisung das Wohl der im Haushalt lebenden Kinder beeinträchtigt wäre.

Beispiel: Ein Ehepaar lebt mit den Kindern Benjamin (6) und Detlef (8) in einer gemeinsam gemieteten Wohnung zusammen. Dem psychisch labilen Ehemann gehen die Kinder häufig auf die Nerven, öfters schlägt und bedroht er sie. Auch dann kann die Ehefrau nach § 1361 b Abs. 1 BGB erreichen, dass ihr die Wohnung zur alleinigen Nutzung zusammen mit den Kindern überlassen wird.

In solchen Fällen ist allerdings darauf zu achten, dass möglichst gleichzeitig die rechtliche Situation in Bezug auf die Kinder geklärt wird. Denn es ist ja nicht ohne weiteres gesagt, dass die Kinder nach der Trennung des Ehepaares bei der Mutter leben werden. Wenn darüber kein Einvernehmen zwischen den Eltern erzielt wird, ist auch in diesem Punkt eine gerichtliche Entscheidung anzustreben. Der Ehefrau ist also zu empfehlen, aufgrund der Vorfälle, die das Wohl der Kinder gefährden, beim Familiengericht zu beantragen, ihr die Wohnung allein zu überlassen und ihr allein die elterliche Sorge oder zumindest das Aufenthaltsbestimmungsrecht zu übertragen (dazu unten S. 67 ff.).

In den Fällen, in denen familiäre Gewalt eine Rolle spielt, sind, wie schon gesagt, gerichtliche Maßnahmen auch nach dem **Gewaltschutzgesetz** möglich. Die Zuweisung der Ehewohnung betreffend bietet § 1361 b BGB für misshandelte Ehegatten jedoch meist die günstigere Regelung. Maßnahmen nach dem Gewaltschutzgesetz können aber ergänzend notwendig werden, z. B. das Verbot an den Täter, sich in einem bestimmten Umkreis der Wohnung aufzuhalten, dem Opfer am Arbeitsplatz aufzulauern und anderes mehr (dazu unter S. 43 ff.).

Nun mag der Eindruck entstanden sein, dass es eine gerichtliche Zuweisung der Ehewohnung nach § 1361 b nur in Fällen häuslicher Gewalt gibt. Das trifft aber nicht zu. Das Gesetz gibt einem Ehegatten, der getrennt lebt oder sich trennen will, bei **jeder Art von drohender „unbilliger Härte"** den Anspruch auf Überlassung der Wohnung. Gewalt muss nicht immer im Spiel sein.

Beispiel: Der Ehemann ist arbeitslos, die Ehefrau berufstätig. Der Mann weiß sich nicht recht zu beschäftigen, bald findet er einen Freundeskreis, der für die Frau recht unangenehm wird: Der Mann bringt seine Freunde häufig mit nach Hause, wo getrunken und gelärmt wird und alsbald eine kaum erträgliche Unordnung herrscht. Die „Kumpels“ übernachten auch unangemeldet in der Wohnung. Die Frau fühlt sich in der Wohnung bald nicht mehr heimisch. Da ernsthafte Bitten der Frau nichts nützen, stellt sie beim Familiengericht den Antrag, ihr die Wohnung zur alleinigen Nutzung zu überlassen. Wenn der Mann nicht einsichtig ist, erscheint die Wohnungsüberlassung an die Frau als notwendig, um eine unbillige Härte für sie zu vermeiden.

Weiteres Beispiel: Die nicht berufstätige Ehefrau Maier unterhält ein intimes Verhältnis mit ihrem Golflehrer Bob. Da dieser seinerseits verheiratet ist und auch Hotelkosten vermieden werden sollen, trifft sich das Liebespaar regelmäßig während der Dienstzeiten des Ehemannes in der Maier'schen Ehewohnung. Dort breitet sich Bob allmählich aus. Er benutzt zum Beispiel auch den Bademantel des Ehemannes, mit dem bekleidet Herr Maier seinen Nebenbuhler eines Tages – verfrüht von einer Dienstreise zurückkehrend – vorfindet.

Wir haben bereits gesehen, dass Herr Maier von Bob verlangen kann, die Ehewohnung zu verlassen und künftig nicht mehr zu betreten, auch seiner Frau kann er untersagen, ihren Liebhaber in die Ehewohnung zu lassen. Zeigt sich die Frau uneinsichtig („Es ist auch meine Wohnung, in der kann ich machen, was ich will“), so kann Herr Maier darüber hinaus möglicherweise auch verlangen, ihm die Wohnung zur alleinigen Nutzung zuzuweisen, wenn er sich von seiner Frau trennen will. Denn dies erscheint dann erforderlich, um für ihn eine unbillige Härte zu vermeiden, nämlich sich selbst eine andere Wohnung suchen zu müssen, obwohl ihm eigentlich die Ehewohnung zur Verfügung stehen müsste.

Wir haben gesagt: möglicherweise! Warum diese (bei Juristen so häufige!) Einschränkung? Das Gesetz sagt, dass bei der Entscheidung „die Belange des anderen Ehegatten“ zu berücksichtigen sind. Das ist wie folgt zu verstehen: Jeder Ehegatte hat kraft Eherechts ein Recht auf Mitbesitz und Mitbenutzung der Ehewohnung, gleichgültig welcher Ehegatte die Wohnung gemietet oder zu Eigentum erworben hat. Will man ihn zwingen, die Wohnung (oder Teile von ihr) zu verlassen und seinen bisherigen Lebensmittelpunkt aufzugeben, so bedarf es gewichtiger Gründe, eben der drohenden „unbilligen Härte“. Bei einer solchen Billigkeitsentscheidung sind die **berechtigten Interessen beider Seiten** abzuwägen. Das Gericht prüft die Alternativen: Welche Möglichkeiten gibt es, die Härte zu vermeiden und das Getrenntleben durchzuführen? Wem ist es eher zuzumuten, sich eine andere Wohnung zu suchen? Ist z. B. der Ehegatte, der die Wohnung verlassen soll, körperlich behindert, so mag es ihm schwer fallen, eine andere behindertengerechte Bleibe zu finden. Dann kann es sein, dass trotz der Härte, die dem Antragsteller droht, eine Wohnungszuweisung unterbleibt. Das heißt dann eben, dass sich Antragsteller, wenn er sich trennen will, selbst um eine neue Wohnung bemühen muss. Außer in den Fällen schwerer Gewalt ist der Erfolg eines Antrags auf Wohnungszuweisung nach § 1361 b BGB also nicht sicher, viel kommt auf die Einstellung des jeweiligen Familienrichters an.

Unter den Gesichtspunkten, die das Gericht zu bedenken hat, nennt das Gesetz (§ 1361 b Abs. 1 S. 3) ausdrücklich die **Eigentumslage**: Wenn ein Ehegatte allein oder zusammen mit Dritten Eigentümer oder sonst dinglich Berechtigter der Wohnung ist, so ist dies besonders zu berücksichtigen. Das bedeutet im Klartext:

- Ist ein Ehegatte alleiniger Eigentümer der Wohnung, so müssen besonders triftige Gründe vorliegen, wenn dem anderen die Wohnung zur alleinigen Nutzung zugewiesen werden soll.
- Umgekehrt ist die Schwelle niedriger, wenn der Alleineigentümer seinen Ehepartner aus der Wohnung haben will.

Nach unserer Auffassung darf die Bedeutung der Eigentumslage nicht überschätzt werden. Vor allem in den Gewaltfällen lassen sich aus dem Alleineigentum des Täters keine Argumente gegen die Interessen des Opfers gewinnen.

Gleichgültig ist hingegen, wer von den Ehegatten die Wohnung gemietet hat, ob einer von ihnen allein oder beide zusammen. Der Ehegatte, der dem anderen das Leben zur Hölle macht, kann im Streit um die Wohnung nicht für sich ins Feld führen, er habe den Mietvertrag allein unterschrieben – das ist kein Gesichtspunkt, der beim Kampf um die Ehewohnung eine Rolle spielt.

Zweifellos bleiben viele Fälle, in denen die Regelung des § 1361 b BGB mit seiner Voraussetzung der „unbilligen Härte" keine befriedigende Lösung bietet. Nicht selten können sich Eheleute, etwa nach plötzlichen Enttäuschungen, buchstäblich „nicht mehr riechen". Es fällt ihnen schwer, die Nähe des anderen zu ertragen, sie befinden sich in einem Zustand ständiger Gereiztheit und Aggressionsbereitschaft. Die Durchführung des „Getrenntlebens in der Ehewohnung" bis zur Scheidung bedeutet dann eine harte Geduldsprobe, der nicht jeder gewachsen ist. Die Alternative ist der Auszug eines der Partner, die jedoch oft auf psychische Hindernisse stößt: „Warum soll gerade ich mir eine neue Wohnung suchen?" Es liegt dann der Versuch nahe, den anderen aus der Wohnung „zu klagen". Hier ist zur Vorsicht zu raten: **Bloße Spannungen** unter Ehegatten, der tägliche Kleinkrieg oder wachsende Gleichgültigkeit begründen im Allgemeinen **noch keine unbillige Härte**, so bedrückend das Leben unter einem Dach mit dem nun ungeliebten Menschen auch sein mag. Den Gerichten wäre zu raten, die Anforderungen an die „unbillige Härte" nicht zu übertreiben. Das gilt besonders, wenn **Kinder** tangiert sind: Der Spannungszustand zwischen den Eltern kann sich so steigern, dass die Kinder psychisch schwer leiden, ja sogar gesundheitliche Schäden erfahren (Wachstumshemmnisse und anderes). In solchen Fällen reichen die Gründe des Kindeswohls aus, um eine Wohnungszuweisung zu rechtfertigen; wie oben gesagt, muss dann aber auch die sorgerechtliche Lage geklärt werden.

Der Kampf um die Ehewohnung kann auch dann noch ausgetragen werden, wenn ein Ehegatte **schon aus der gemeinsamen Wohnung ausgezogen** ist, aber wieder in sie zurückkehren möchte. Will er sich wieder versöhnen, so kommt es darauf an, ob der andere dazu bereit ist – eine Versöhnung kann nicht aufgezwungen werden. Will der „Rückkehrer" hingegen weiterhin getrennt leben, so kann er sich – wenn keine Einigung unter den Parteien erzielt wird – an das Familiengericht wenden und Zuteilung der Ehewohnung nach § 1361 b BGB beantragen. Dabei kann sein Ziel sein

- entweder die Wohnung zwischen den beiden Ehegatten aufteilen zu lassen, um ein „Getrenntleben in der Ehewohnung" zu ermöglichen;
- oder die Wohnung allein zugewiesen zu erhalten, den bisher in der Wohnung verbliebenen Partner also zu verdrängen.

Beispiel: Die Ehefrau ist, nachdem der Mann sie und die Kinder schwer misshandelt hat, mit den Kindern in ein Frauenhaus geflohen. Von dort aus verlangt sie, dass ihr die gesamte Wohnung für sich und die Kinder zur alleinigen Nutzung zugewiesen wird und der Mann die Wohnung räumen muss. Diesem Antrag ist in aller Regel stattzugeben (siehe § 1361 b Abs. 2 S. 1 BGB).

Wer also die Situation in der Ehe nicht mehr aushält und auszieht, verliert dadurch allein nicht seine Rechte an der Wohnung. Die Wohnung bleibt nach wie vor „seine“ Wohnung, zumindest bis die Ehegatten über die künftige Nutzung der Wohnung eine Vereinbarung getroffen haben oder das Gericht die Wohnung einem von ihnen zuweist. Gleichwohl ist anzumerken, dass derjenige, der **freiwillig die Ehewohnung verlässt**, seine Chancen im Wohnungsstreit verschlechtert. Denn er hat zunächst einmal gezeigt, dass er sich anderweit behelfen kann. Es fällt ihm dann schwerer, das Gericht später davon zu überzeugen, dass ihm eine unbillige Härte droht, wenn er nicht wieder in die Ehewohnung zurückkehren kann. Um Missverständnissen vorzubeugen: Wer vor Gewalt und Drohung fliehen muss, verlässt die Wohnung nicht „freiwillig“, für diese Fälle gilt das eben Gesagte nicht. Was wir meinen, lässt sich an folgendem Fall erklären:

Beispiel: Die Ehefrau kann ihren Mann nicht mehr ertragen und zieht zu ihren Eltern, wo sie ein Zimmer für sich bewohnen kann. Später will sie in die komfortablere Ehewohnung zurück; sie stört sich auch daran, dass sie im Elternhaus kein eigenes Bad hat. Nach drei Monaten beantragt sie bei Gericht, ihr die Ehewohnung allein zuzuweisen. Der Antrag hat wenig Aussicht auf Erfolg. Von vornherein ist zweifelhaft, ob das „Nicht-mehr-Ertragen“ des Partners eine „unbillige Härte“ begründet. Zudem aber hat die Ehefrau gezeigt, dass sie das gewünschte Getrenntleben auch anders organisieren kann als durch Zuweisung der Ehewohnung.

In diesem Zusammenhang ist erneut und eindringlich auf die Regelung des § 1361 b Abs. 4 BGB hinzuweisen: **Wer aus der Ehewohnung auszieht, muss binnen sechs Monaten** dem anderen Ehegatten gegenüber erklären, dass er ernstlich beabsichtigt, in die Wohnung zurückzukehren; tut er dies nicht, so wird unwiderleglich vermutet, dass der Ausziehende dem in der Wohnung Verbleibenden das alleinige Nutzungsrecht an der Wohnung überlassen hat. Näheres zu dieser Regelung ist im Kapitel „Getrenntleben“ nachzulesen (S. 6).

3. Was bedeutet die gerichtliche Zuweisung der Wohnung bei Getrenntleben?

Entscheidet das Gericht, wie oben geschildert, über die Nutzung der Ehewohnung aus Anlass des (gewünschten) Getrenntlebens, so wird nur eine **Zwischenlösung** gefunden, nicht aber ein endgültiger Zustand geschaffen. Die Regelung, z. B. Zuweisung von bestimmten Räumen an Frau und Mann zum Zweck des Getrenntlebens, betrifft vor allem das Verhältnis unter den Ehegatten, nicht die Rechtsbeziehungen zu dritten Personen.

Beispiel: Frau Ludwig möchte von ihrem Mann in der Ehewohnung getrennt leben; die beiden können sich aber über die Aufteilung der Räume nicht einigen. Die Wohnung ist von Herrn Ludwig allein vom Hauseigentümer Mauser gemietet. Auf Antrag von Frau Ludwig weist ihr das Gericht zur Vermeidung einer unbilligen Härte das Wohn- und Schlafzimmer zur alleinigen Benutzung für sich und die 6-jährige Tochter zu, während Herr Ludwig auf das bisherige Kinderzimmer verwiesen wird. Im Verhältnis zu Herrn Mauser bleibt Herr Ludwig der alleinige Mieter der gesamten Wohnung und ist auch allein zur Mietzahlung verpflichtet.

Derjenige, dem die Wohnung gerichtlich zugewiesen wird, erhält ein Nutzungsrecht im Verhältnis zum anderen Ehegatten. Die Rechtsverhältnisse zu Dritten, etwa dem Vermieter, bleiben hingegen unverändert.

Die Wohnung behält, solange die Ehe besteht, auch noch ihren **Charakter als Ehewohnung**, gleichgültig, welche Nutzungsregelung das Gericht getroffen hat. Deshalb kann der Ehegatte in den ihm vom Gericht zugewiesenen Räumen auch nicht machen, was er will. Insbesondere ist es ihm – anders als nach der Scheidung – nicht erlaubt, einen neuen Partner in die Ehewohnung aufzunehmen, wenn der andere Teil nicht einverstanden ist. Das gilt nach unserer Auffassung sogar dann, wenn einem Ehegatten die Wohnung allein zugewiesen ist. Natürlich bedeutet dies eine Einschränkung der freien Lebensentfaltung des in der Ehewohnung verbliebenen Partners. Diese ist jedoch gerechtfertigt: Noch besteht die Ehe und es ist nicht unzumutbar, mit der Gestaltung einer neuen Lebensgemeinschaft im bisherigen Familienheim zu warten, bis die Ehe geschieden ist. Die Zuweisung der Ehewohnung für die Zwecke des Getrenntlebens muss ja auch nicht endgültig sein – es kann sein, dass der Ehegatte, der zunächst im Kampf um die Wohnung unterlag, nun aufgrund veränderter Umstände die „unbillige Härte" auf seiner Seite geltend machen kann.

Die gerichtliche Wohnungszuweisung nach § 1361 b BGB gilt **nur bis zur Rechtskraft des Scheidungsurteils**. Es ist also, sofern keine Vereinbarung geschlossen wird, wichtig, für die Zeit danach rechtzeitig im Scheidungsprozess eine Anschlussregelung zu erreichen; diese kann im Verbund mit dem Scheidungsantrag verfolgt werden (oben S. 15).

Außerdem ist zu beachten, dass eine **Wiederversöhnung** die bisherige Wohnungsregelung hinfällig macht.

Beispiel: Herr und Frau Sauer leben getrennt, Herr Sauer hat bei Gericht die Zuweisung der Ehewohnung zur alleinigen Nutzung erreicht. Nach einem halben Jahr trifft sich das Ehepaar wieder und merkt, dass die ehelichen Gefühle noch nicht ganz erloschen sind. Frau Sauer zieht wieder in die Ehewohnung ein. Indes kommt es nach vier weiteren Monaten erneut zum Streit, die Eheleute wollen sich wieder trennen und streiten darum, wer in der Wohnung bleiben darf. Dafür ist die frühere Gerichtsentscheidung nicht maßgebend, es muss nach der jetzigen Sachlage neu entschieden werden.

Wenn ein Ehegatte durch gerichtlichen Beschluss dem anderen die Wohnung überlassen muss, so kann der andere Teil verpflichtet werden, ihm eine **Nutzungsvergütung** zu zahlen, soweit dies der Billigkeit entspricht (§ 1361 b Abs. 3 S. 2 BGB). Das kommt vor allem dann in Frage, wenn derjenige Ehegatte, der zugunsten des anderen aus der Wohnung weichen soll, Allein- oder Miteigentümer dieser Wohnung ist. Oft ist allerdings der in der Wohnung verbleibende Ehegatte zugleich unterhaltsberechtigt, so dass die Nutzungsvergütung mit dem Unterhaltsanspruch verrechnet zu werden pflegt.

Das Gesetz verpflichtet denjenigen Ehegatten, der dem anderen die Wohnung überlassen musste, **alles zu unterlassen**, was das **Nutzungsrecht des anderen erschweren oder vereiteln** könnte (§ 1361 b Abs. 3 S. 1 BGB). Er darf die Wohnung also nicht beschädigen oder untervermieten und dergleichen mehr. Das Wohlverhaltensgebot wird vor allem im nächsten Kapitel relevant.

4. Verfügungen über die Ehewohnung

Die Frage, wer über die Ehewohnung verfügen kann, hängt von den konkreten Rechtsverhältnissen ab.

- Oft sind die Ehegatten **gemeinsam Mieter** der Wohnung. Dann können sie über ihr Mietrecht nur gemeinsam verfügen. Einer allein kann dann z. B. die Wohnung nicht kündigen, sie müssen zusammenwirken. Das gilt auch, wenn bei Getrenntleben nur ein Ehegatte die Wohnung allein nutzt; die Nutzungsüberlassung hat mit dem Mietverhältnis nichts zu tun.
- Es kann sein, dass einer der Ehegatten **alleiniger Mieter** der Wohnung ist. Dann hat der andere keine Leistungsrechte aus dem Mietvertrag, beim Mieter allein liegt die Befugnis, das Mietverhältnis zu kündigen.
- Ist ein Ehegatte **Alleineigentümer** der Ehewohnung, so ist er im Verhältnis zu dritten Personen auch allein verfügungsbefugt. Er kann z. B. die Wohnung veräußern, ohne dass ihn der andere Ehegatte grundsätzlich daran hindern könnte. Die Interessen des anderen Ehegatten am Familienheim sind im deutschen Recht, wie wir sehen werden, nicht zureichend geschützt. Ein klare Schranke ergibt sich nur aus dem Güterrecht: Leben die Ehegatten im gesetzlichen Güterstand der Zugewinngemeinschaft, so bedürfen sie der Zustimmung des jeweiligen Partners, wenn sie über einen Gegenstand verfügen wollen, der **(fast) ihr gesamtes Vermögen** ausmacht (§ 1365 BGB). Hat also der Wohnungseigentümer sonst kein nennenswertes Vermögen, so kann er die Wohnung während bestehender Ehe weder verkaufen noch übereignen, ohne den anderen zu fragen. Das gilt aber nur bis zur Scheidung. Hat der Eigentümer außer der Wohnung noch bedeutendes anderes Vermögen, so besteht diese Schranke nicht.
- Sind beide Ehegatten **Miteigentümer** der Wohnung, so kann jeder von ihnen jederzeit die Aufhebung dieser Eigentumsgemeinschaft verlangen (§ 749 Abs. 1 BGB), mit der Folge, dass die Wohnung nach § 180 des Zwangsversteigerungsgesetzes versteigert wird. In diesem Fall nimmt das Gesetz auf die familiären Interessen eine gewisse Rücksicht: Beantragt einer der Ehegatten die Versteigerung, so kann der andere die einstweilige Einstellung des Verstei-

gerungsverfahrens erreichen, wenn dies zur Abwendung einer ernsthaften Gefährdung des Wohles eines gemeinschaftlichen Kindes erforderlich ist (§ 180 Abs. 3 Zwangsversteigerungsgesetz). Zudem ist auch hier die erwähnte güterrechtliche Schranke zu beachten: Leben die Ehegatten in Zugewinngemeinschaft, so bedarf während bestehender Ehe derjenige Miteigentümer, für den der Wohnungsanteil (fast) das ganze Vermögen darstellt, für einen Versteigerungsantrag der Zustimmung des anderen Ehegatten.

Der Trennungsstreit mag denjenigen Ehegatten, der über die Ehewohnung allein verfügen kann (alleiniger Eigentümer, alleiniger Mieter) auf den Gedanken bringen, die Wohnung einfach „aufzugeben" und die Sache damit zu erledigen. Inwieweit das möglich ist, stellt ein noch wenig geklärtes Problem dar.

Wie schon gesehen verpflichtet das Gesetz aus Anlass einer Wohnungsüberlassung die Ehegatten zur Fairness: Wenn einem Ehegatten die Ehewohnung ganz oder zum Teil überlassen wurde, so hat der andere alles zu unterlassen, was geeignet ist, die Ausübung dieses Nutzungsrechts zu erschweren oder zu vereiteln (§ 1361 b Abs. 3 S. 1 BGB). Aus dieser Pflicht kann man ein Verfügungsverbot herleiten.

Beispiel: Herr Meisel ist alleiniger Mieter der Ehewohnung. Er trennt sich von seiner Frau. Die Wohnung wird durch Gerichtsbeschluss nach § 1361 b Abs. 1 Frau Meisel zur alleinigen Nutzung überlassen. Daraufhin kündigt Herr Meisel die Wohnung durch Schreiben an den Vermieter Nachtmann zum nächst möglichen Termin.

Das Mietverhältnis würde mit Ablauf der im Mietvertrag vereinbarten oder der gesetzlichen Frist (siehe § 573 c BGB) enden. Zu diesem Zeitpunkt verlöre auch Frau Meisel das Recht, in der Wohnung zu bleiben. Denn ihr Nutzungsrecht ist vom Mietrecht ihres Mannes abgeleitet. Die Frage ist aber, ob die Kündigung des Mietverhältnisses durch Herrn Meisel wirksam war. Mit der Kündigung verstieß er gegen die Pflicht, alles zu unterlassen, was das Nutzungsrecht seiner Frau beeinträchtigen oder vereiteln könnte. Dieser Verstoß hat nach leider umstrittener Auffassung die Folge, dass Herr Meisel die Wohnung gar nicht kündigen konnte: Er traf nämlich damit verbotenerweise eine Verfügung über die Wohnung, welche die Nutzungsrechte seiner Frau, die ihr gerichtlich zugewiesen waren, vereiteln würden. Das Mietverhältnis besteht also in diesem Fall fort und die Frau kann in der Wohnung bleiben.

Was aber, wenn verfügt wird, **bevor eine gerichtliche Wohnungsüberlassung ausgesprochen** ist? Dann gilt § 1361 b Abs. 3 S. 1 BGB nach seinem Wortlaut nicht. Das gefährdet die Interessen des anderen, nicht verfügungsbefugten Ehegatten, in eklatanter Weise.

Beispiel: Herr und Frau Geißler leben in einer von Herrn Geißler allein gemieteten Wohnung. Sie möchten sich trennen. Frau Geißler sagt ihrem Mann, dass sie die Wohnung für sich allein möchte. Herr Geißler, der kurzfristig bei einem Freund unterkommen kann, rechnet sich vor Gericht wenig Chancen aus und schließt mit dem Vermieter Krause einen sofort wirksamen Mietaufhebungsvertrag. Herr Krause ist umso mehr damit einverstanden, als er nun die Wohnung teurer vermieten kann. Damit ist eine Ehewohnung, die Frau Geißler zugeteilt werden könnte, nicht mehr vorhanden: Frau Geißler kann von ihrem Mann die Überlassung der Wohnung nicht verlangen, weil dieser selbst kein Mietrecht mehr daran hat.

Wie in solchem Fall dem anderen Ehegatten geholfen werden kann, ist juristisch noch nicht ausdiskutiert. § 1361 b Abs. 3 S. 1 BGB ist zumindest seinem Wortlaut nach nicht anwendbar, denn noch ist die Wohnung Frau Geißler nicht zugewiesen. Im oben geschilderten Fall ist der Mietaufhebungsvertrag sicher dann unwirksam, wenn der Vermieter Krause und Herr Geißler bewusst zum Nachteil von Frau Geißler zusammenwirken. Denn Herr Geißler begeht gegenüber seiner – noch mit ihm verheirateten! – Frau eine grobe Rücksichtslosigkeit, indem er ihre Interessen an der Ehewohnung ohne triftigen Grund vereitelt; Herr Krause macht sich diese Rücksichtslosigkeit für seine eigenen Zwecke zunutze.

Wie aber, wenn Herrn Krause der familiäre Hindergrund des Wunsches nach Mietaufhebung nicht bekannt ist? Oder wenn Herr Geißler Alleineigentümer der Wohnung ist und diese ganz einfach an einen Dritten verkauft und veräußert? Gerichtsentscheidungen, die freilich schon recht lange zurückliegen, haben in einzelnen Fällen ausgesprochen, eine Ehefrau habe einen Anspruch darauf, dass eine Verfügung über das Familienheim unterbleibt, durch die sie gehindert würde, sich „als Ehefrau und Mutter" im räumlichen Bereich der Ehe so zu bewegen und zu betätigen, „dass ihre Frauenwürde, ihr Persönlichkeitsrecht und ihre Gesundheit unangetastet bleiben". Ob diese Rechtsprechung von den Gerichten heute noch fortgeführt würde, erscheint offen.

> Ist ein Ehegatte Alleinmieter oder Alleineigentümer der Wohnung, so kann es für den anderen, dem die „unbillige Härte" droht, ratsam sein, möglichst bald eine Überlassung der Wohnung zur alleinigen Nutzung zu verlangen und ein Gerichtsverfahren anhängig zu machen. Denn das Gericht kann in Eilfällen durch eine einstweilige Anordnung eingreifen. Das gilt vor allem, wenn der Verdacht besteht, dass der andere über sein Recht an der Wohnung verfügen will.

5. Vereinbarungen über die Ehewohnung

Besser als der Kampf um die Ehewohnung vor Gericht ist natürlich eine Einigung der Ehegatten darüber, wie das Getrenntleben durchgeführt werden soll. Es empfiehlt sich, vor Abschluss derartiger Vereinbarungen fachlichen Rat einzuholen. Denn die Frage, wer in der Wohnung bleiben darf, hängt mit vielen anderen Fragen zusammen, vor allem dem Unterhalt und der Kindesbetreuung. Am besten werden die Dinge im Zusammenhang miteinander geregelt.

Auch muss klar zum Ausdruck gebracht werden, ob die vereinbarte Regelung über die Wohnung

- **nur vorläufig** für den Fall des Getrenntlebens gelten soll und daher mit der Scheidung ihre Grundlage verliert,
- **oder** als **endgültige**, auch nach Scheidung maßgebliche Regelung der Verhältnisse an der bisherigen Ehewohnung gedacht ist.

Regelt die Vereinbarung die Nutzung der Wohnung **nur während des Getrenntlebens**, so ist noch keine endgültige Entscheidung darüber getroffen, wer die Wohnung nach der Scheidung erhalten soll. Selbst für den Zustand des Getrenntlebens ist die Vereinbarung nicht stets als endgültig zu betrachten: Eine wesentliche Änderung der Verhältnisse kann den einen Teil dazu berechtigen, vom Vertrag Abstand zu nehmen und gegebenenfalls das Gericht nach § 1361 b BGB anzurufen.

Beispiel: Das Ehepaar Adam trennt sich. Vereinbarungsgemäß bleibt Frau Adam mit den Kindern während des Getrenntlebens in der Wohnung und betreut die Kinder Max (4) und Moritz (5). Herr Adam stellt nach einem halben Jahr fest, dass seine Frau die Kinder vernachlässigt. Er erreicht beim Familiengericht, dass ihm das Aufenthaltsbestimmungsrecht allein übertragen wird. Nun möchte er mit den Kindern in der Ehewohnung leben. Hier liegt zwar eine Vereinbarung vor, nach der Frau Adam die Wohnung nutzen soll, doch ist durch die Änderung der Kindesbetreuung die Geschäftsgrundlage der Vereinbarung entfallen (§ 313 BGB).

Schließt die Vereinbarung auch **die Zeit nach der Scheidung** mit ein, so muss beachtet werden, dass die Ehegatten nicht in Rechtsverhältnisse Dritter eingreifen können. Soll z. B. das von beiden Ehegatten begründete Mietverhältnis vom (geschiedenen) Ehemann allein fortgesetzt werden, so bedarf diese Umgestaltung des Vertrags der Zustimmung des Vermieters. Ist diese nicht zu erhalten, so können die Ehegatten eine Umgestaltung des Mietverhältnisses für die Zeit nach der Scheidung durch Gerichtsbeschluss erreichen (siehe unten Kapitel 7).

6. Gewaltschutz

Leider ist häusliche Gewalt weit verbreitet. Die Opfer von körperlichen Übergriffen scheuen sich häufig, sich anderen Personen anzuvertrauen oder Polizei und Gerichte anzurufen. Nicht selten ist es ein schwer erklärbares Schamgefühl, das den verletzten Personen den Mund verschließt, manchmal ist es die Hoffnung, den Partner durch Wohlverhalten bessern zu können, oft aber die blanke Angst. Derart bedrängten Personen muss gesagt werden: Es hat keinen Sinn, die Übergriffe zu ertragen, durch Duldsamkeit bessert sich nichts. Auch der gewalttätige Partner kann nur zu sich kommen, wenn er sieht, dass sein Verhalten nach außen bekannt und von außen beurteilt wird. Man scheue sich also nicht, zur Polizei zu gehen und anwaltliche Hilfe in Anspruch zu nehmen. Und wenn gar Kinder von Gewalt betroffen sind, dann wäre es ihnen gegenüber ein Verbrechen, die Augen zu verschließen und sie schutzlos den Misshandlungen preiszugeben. Bei vielen Polizeidirektionen sind inzwischen Mitarbeiter/innen eingestellt, die auf Fälle häuslicher Gewalt spezialisiert sind und mit der nötigen Umsicht den Opfern helfen können.

Auch zivilrechtlich kann man sich wehren. Dies ergibt sich aus dem schon erwähnten „Gewaltschutzgesetz“, das verletzten oder bedrohten Personen zwei Arten von Maßnahmen zur Verfügung stellt:

- Demjenigen, von dem die Gewalt ausgeht, können durch eine gerichtliche Anordnungen bestimmte Verhaltensweisen untersagt werden, z. B. die Wohnung der verletzten Person zu betreten, sich in ihrem Umkreis aufzuhalten oder Verbindung mit der verletzten Person aufzunehmen (§ 1 Gewaltschutzgesetz).
- Darüber hinaus kann die verletzte Person von dem Täter verlangen, ihr die bisher gemeinsame Wohnung zur alleinigen Nutzung zu überlassen (§ 2 Gewaltschutzgesetz).

Die Möglichkeiten des Gewaltschutzgesetzes sind nicht nur für Eheleute gegeben. Es macht keinen Unterschied, ob das Paar verheiratet ist oder nicht.

Für Ehegatten sind vor allem die Schutzmaßnahmen nach § 1 Gewaltschutzgesetz von Bedeutung. Sie setzen im Allgemeinen voraus, dass ein Partner **vorsätzlich** den Körper, die Gesundheit oder die Freiheit des anderen verletzt oder mit einer solchen Verletzung oder gar mit Tötung gedroht hat. Dann erlässt das Gericht auf Antrag des Opfers alle Maßnahmen, die zur Abwendung weiterer Verletzungen erforderlich sind.

Beispiel: Der Ehemann hat schwere körperliche Übergriffe gegen die Ehefrau begangen. Auf Antrag ist der Frau die Wohnung nach § 1361 b zur alleinigen Nutzung zugewiesen. Der Mann zieht daraufhin aus der Wohnung aus, lauert ihr aber häufig vor der Wohnung und vor ihrem Arbeitsplatz auf, um sie zur Rede zu stellen. Die Frau kann beim Familiengericht Anordnungen erreichen, wonach der Mann einen bestimmten Abstand von der Wohnung halten und ein Zusammentreffen an ihrer Arbeitsstelle unterlassen muss. Ein Abstandsgebot von der Wohnung kann bereits als flankierende Maßnahme zur Wohnungszuweisung ausgesprochen werden. Doch stehen der Ehefrau auch die Möglichkeiten des Gewaltschutzgesetzes zur Verfügung.

Maßnahmen nach dem Gewaltschutzgesetz sind auch möglich, wenn jemand in die Wohnung einer anderen Person eindringt oder eine andere Person dadurch unzumutbar belästigt, dass er ihr gegen ihren ausdrücklich erklärten Willen wiederholt nachstellt. Auch gegen die Verfolgung mit Hilfe von Telefon oder E-Mail kann das Gericht einschreiten.

Beispiel: Im obigen Fall dringt der Ehemann, nachdem er aufgrund des Gerichtsbeschlusses ausgezogen ist, nachts in die Wohnung ein, um die Frau zur Versöhnung zu überreden. Das Gericht kann ihm ein derartiges Verhalten verbieten. Denn im Sinne des Gewaltschutzgesetzes ist die Wohnung nun nach der gerichtlichen Zuweisung die Wohnung der Frau, in die der Mann widerrechtlich eingedrungen ist.
Weiteres Beispiel: Eine getrennt lebende Ehefrau ruft ihren Mann, der sie wegen einer Jüngeren verlassen hat, ständig an, um ihn zu beschimpfen. Er verbittet sich weitere Kontakte dieser Art, gleichwohl ruft die Frau weiterhin, häufig auch nachts an. Der Mann kann erreichen, dass das Gericht der Frau weitere Anrufe dieser Art verbietet, denn das regelmäßige unerwünschte Anrufen nimmt das Ausmaß einer „Verfolgung" an.

Zuständig für solche Schutzmaßnahmen ist das Familiengericht, wenn Täter und verletzte Person einen auf Dauer angelegten Haushalt führen oder innerhalb von sechs Monaten vor Stellung des Antrags geführt haben. Das wird bei Ehegatten überwiegend zutreffen. Mit Schutzanordnungen, die als flankierende Maßnahmen zur Wohnungszuweisung ergehen, sind ohnehin die Familiengerichte befasst.

Bedeutsam ist, dass die gerichtlichen Maßnahmen nach dem Gewaltschutzgesetz eine **Strafdrohung** gegen den Täter auslösen: Wer einer vollstreckbaren Anordnung der geschilderten Art zuwiderhandelt, dem droht Freiheitsstrafe bis zu einem Jahr oder Geldstrafe (§ 4 Gewaltschutzgesetz). Das bedeutet unter anderem, dass die Polizei einschreiten kann, auch wenn das Verhalten des Täters ansonsten nicht strafbar wäre, z. B. bei unerwünschter Kontaktaufnahme am Arbeitsplatz.

Wie gesagt kommt aufgrund des Gewaltschutzgesetzes auch eine **Wohnungszuweisung** an die verletzte Person in Betracht. Für Ehegatten ist diese Möglichkeit im Allgemeinen weniger interessant, weil für sie die besondere Möglichkeit nach § 1361 b BGB in der Regel günstiger ist. Denn die Wohnungszuweisung nach dem Gewaltschutzgesetz wird grundsätzlich **nur befristet** ausgesprochen. Wenn der Täter allein Eigentümer oder Mieter ist, gilt sogar eine absolute Höchstdauer von 12 Monaten (sechs Monate mit einmaliger Verlängerungsmöglichkeit um weitere sechs Monate). Nur wenn die verletzte Person allein Mieter oder Eigentümer ist, entfällt eine zeitliche Beschränkung. Hingegen kann nach § 1361 b BGB die Überlassung der Wohnung generell für das Getrenntleben erreicht werden, gleichgültig wie lange es andauert.

Gleichwohl muss sich der Anwalt des Opfers gut überlegen, ob er den Antrag auf Wohnungszuweisung nicht – zusätzlich zu § 1361 b BGB – auch auf das Gewaltschutzgesetz stützt. Es sind nämlich Fälle denkbar, in denen man mit dem Gewaltschutzgesetz sicherer zum Erfolg kommt. Immerhin verlangt § 1361 b BGB die Vermeidung einer „unbilligen Härte", bei der zudem die Belange des anderen Ehegatten und die Eigentumslage zu berücksichtigen sind (oben S. 29 ff.). Das Gewaltschutzgesetz kennt hingegen die Voraussetzung der „unbilligen Härte" zwar bei bloßer Bedrohung (§ 2 Abs. 6), nicht aber, wenn bereits eine Verletzung geschehen ist: Der Anspruch auf die Wohnung gründet sich allein auf die Tatsache, dass der eine Partner den anderen vorsätzlich an Körper, Gesundheit oder Freiheit verletzt hat, weitere Billigkeitserwägungen werden nicht angestellt!

Ist die **Gewalt** allein **gegen die Kinder** verübt worden, so ist das Gewaltschutzgesetz nicht einschlägig. Zu den in diesem Fall erforderlichen Schutzmaßnahmen ist das Familiengericht aber nach den Vorschriften des Kindschaftsrechts (§ 1666 BGB) ermächtigt und verpflichtet. Wenn das körperliche, geistige oder seelische Wohl des Kindes gefährdet wird, so hat das Gericht die zur Abwendung der Gefahr erforderlichen Maßregeln zu treffen, sofern die Eltern nicht gewillt oder in der Lage sind, die Gefahr abzuwenden. Die Maßnahmen können sich gegen die Eltern oder gegen Dritte richten. Das Gesetz lässt erkennen, dass auch eine Wegweisung des Elternteils, der sich gegen die Kinder vergangen hat, aus der Wohnung notwendig sein kann (§ 1666 a Abs. 1 BGB).

7. Wohnung und Ehescheidung

Für die Zeit nach der Scheidung kann eine endgültige Regelung darüber getroffen werden, welcher Partner die bisherige Ehewohnung künftig bewohnen soll. Dies geschieht am zweckmäßigsten durch eine einvernehmliche Regelung unter den Geschiedenen, zu der aber bei Mietwohnungen auch der Vermieter seine Zustimmung geben muss, wenn Vertragsverhältnisse verändert werden sollen.

Für den Fall, dass eine **Einigung nicht gelingt**, kann das Familiengericht auf Antrag die Rechtsverhältnisse an der Wohnung bestimmen und gestalten. Diese Befugnis der Gerichte ergibt sich aus der so genannten „Hausratsverordnung" vom 21. Oktober 1944, die – in Notzeiten erlassen – dem Richter die Befugnis erteilt, einschneidend in privatrechtliche Verhältnisse einzugreifen. Im Gegensatz zu der Entscheidung bei Getrenntleben schafft der Gerichtsbeschluss für die Zeit nach der Scheidung endgültige Verhältnisse: Die Wohnung ist nicht mehr „Ehewohnung", derjenige, dem sie zugewiesen ist, kann darin schalten und walten, wie er will; den anderen Teil geht das nichts mehr an.

Beispiel: Herr und Frau Tremel werden geschieden, im Verbundurteil wird Frau Tremel die bisherige Ehewohnung zur alleinigen Nutzung zugewiesen. Frau Tremel kann nun ihren neuen Freund Egon in die Wohnung aufnehmen, jedenfalls kann das Herr Tremel nicht mehr verhindern, selbst wenn die gemeinsamen, der elterlichen Sorge von Frau Tremel anvertrauten Kinder nun in „Familiengemeinschaft" mit Egon wohnen.

Auch der Vermieter muss übrigens den Zuzug von Egon im Allgemeinen dulden. Zwar muss Frau Tremel den Vermieter um Erlaubnis fragen, doch hat sie Anspruch darauf, wenn die Wohnung nicht überbelegt wird und auch sonst kein wichtiger Grund entgegensteht (§ 553 Abs. 1 BGB).

An sich verändert auch die Scheidung nichts an der schuld- und sachenrechtlichen Lage. Wer die Wohnung allein gemietet hatte, bleibt auch über die Scheidung hinaus alleiniger Mieter, wer Eigentümer der Wohnung ist, behält das Eigentum ungeschmälert auch weiterhin, und Entsprechendes gilt, wenn beide Ehegatten Mieter sind oder das Miteigentum an der Wohnung innehaben. Doch entscheidet diese Rechtslage nicht unbedingt darüber, welcher der Ex-Gatten künftig in der Wohnung leben darf – das Gericht ist bei seiner Entscheidung an die Eigentumsverhältnisse und die bisherige mietrechtliche Lage nicht gebunden.

Vorweg ist zu beachten, dass das Gericht die **Eigentumslage nicht verändern** kann. Gleiches gilt für sonstige dingliche Rechte, wie z. B. ein dingliches, im Grundbuch eingetragenes Wohnrecht.

Beispiel: Herr Tremel ist Alleineigentümer der bisherigen Ehewohnung. Frau Tremel begehrt nach der Scheidung, dass ihr die Wohnung für sich und die gemeinsamen Kinder zugewiesen und das Eigentum an der Wohnung auf sie übertragen wird. Diesem Antrag kann nicht stattgegeben werden: Zwar kann das Gericht Frau Tremel die Nutzung der Wohnung zugestehen, zu ihren Gunsten sogar ein Mietverhältnis begründen (unten S. 52), doch kann es das Eigentum von Herrn Tremel an der Wohnung nicht antasten.

Im Übrigen hat das Gericht aber einschneidende Befugnisse.

Wir gehen vom Fall der **Mietwohnung** aus. Der Richter kann die Mietverhältnisse an der bisherigen Ehewohnung neu gestalten, gleichgültig ob beide Ehegatten Mieter waren oder wer von beiden der alleinige Mieter war.

Beispiele:
(1) Die Eheleute Urban hatten die Ehewohnung gemeinsam gemietet. Über die Nutzung der Wohnung nach der Scheidung können sie sich nicht einigen. Das angerufene Familiengericht kann z. B. die Wohnung Frau Urban zuweisen. Es kann dabei das Mietverhältnis so umgestalten, dass Herr Urban aus dem Mietvertrag ausscheidet und Frau Urban künftig das Mietverhältnis allein fortsetzt (§ 5 Abs. 1 S. 1 Hausratsverordnung).
(2) Herr Vorwerk hatte die Ehewohnung allein gemietet. Für die Zeit nach der Scheidung kann das Gericht die Wohnung Frau Vorwerk allein zuweisen; es kann dabei aussprechen, dass Frau Vorwerk anstelle ihres geschiedenen Mannes das Mietverhältnis fortsetzt, so dass also Herr Vorwerk aus dem Mietverhältnis ausscheidet (§ 5 Abs. 1 S. 1 Hausratsverordnung).
(3) Das Ehepaar Walter wird geschieden. Die Wohnung hat Frau Walter allein gemietet. Das Gericht will auf ihren Antrag hin Frau Walter die Wohnung zuweisen. Hier bedarf es keiner Umgestaltung des Mietverhältnisses. Es genügt auszusprechen, dass Frau Walter die Wohnung allein zugewiesen wird und Herr Walter die Wohnung verlassen muss.

Das Gericht kann eine Mietwohnung, wenn dies möglich und zweckmäßig ist, auch unter den geschiedenen Ehegatten räumlich aufteilen. Es kann sogar hinsichtlich der Wohnungsteile besondere Mietverhältnisse begründen (§ 6 Hausratsverordnung).

Beispiel: Herr und Frau Zundel hatten ein Haus gemeinsam gemietet. Für die Zeit nach der Scheidung wird das Haus durch Gerichtsentscheidung aufgeteilt: Frau Zundel erhält die Hauptwohnung, Herr Zundel die Einliegerwohnung. Dabei wird das Mietverhältnis zum Vermieter Abel so umgestaltet, dass anstelle des bisherigen Mietverhältnisses über das ganze Haus zwei gesonderte Mietverhältnisse zwischen Frau Zundel und Herrn Abel bzw. Herrn Zundel und Herrn Abel je über die ihnen zugewiesenen Räumlichkeiten entstehen.

Freilich wirkt das Fortleben der Geschiedenen unter einem Dach widernatürlich und kommt nur in Ausnahmefällen in Betracht, z. B. wenn sonst keine zureichende Wohnmöglichkeit besteht.

Nach welchen Gesichtspunkten entscheidet das Gericht? Das Gesetz spricht von „billigem Ermessen" und den „Umständen des Einzelfalls", erlegt dem Richter aber konkreter auf, „insbesondere das Wohl der Kinder und die Erfordernisse des Gemeinschaftslebens" zu berücksichtigen (§ 2 Hausratsverordnung). Wenn minderjährige Kinder vorhanden sind, so hat ihr Interesse an der Stabilität ihrer Lebenswelt (Kindergarten, Schule, Freundeskreis) das größte Gewicht. Im Übrigen kommen die berechtigten Interessen der geschiedenen Ehegatten ins Spiel. Es geht um die Frage, wer von ihnen die Wohnung dringender braucht, wem es voraussichtlich leichter fällt, sich anderweit Wohnraum zu verschaffen, wer an der örtlichen Stabilität das dringendere Interesse hat.

Beispiel: Die Eheleute Bauer werden geschieden. Herr Bauer betreibt in der von beiden gemieteten Wohnung mit Zustimmung des Vermieters ein Übersetzerbüro, das unter der bisherigen Adresse bei einem Kundenstamm eingeführt ist. Kommt es zum Streit darüber, wer nach der Scheidung die Wohnung erhalten soll, so können die gewerblichen Interessen für Herrn Bauer sprechen; diese sind freilich gegen die Interessen von Frau Bauer abzuwägen.

Natürlich spielt auch eine Rolle, wie die Wohnungsnutzung während des vorangegangenen Getrenntlebens geregelt war. Zwar ist das Gericht bei der Gestaltung der Rechtsverhältnisse für die Zeit nach der Scheidung nicht an die „eingefahrenen" Verhältnisse gebunden, auch nicht an eine gerichtliche Wohnungszuweisung für das Getrenntleben, aber die Macht der geschaffenen Tatsachen ist groß: Wer einmal die Ehewohnung verlassen hat, noch dazu aufgrund Gerichtsbeschlusses, kommt auch nach der Scheidung selten wieder hinein.

Bei alledem wird man fragen: Wo bleiben die **Interessen des Vermieters**? Ist zu einer so weitreichenden Umgestaltung der Mietverhältnisse nicht seine Zustimmung erforderlich? Das Einverständnis des Vermieters ist wohl nötig, wenn die Ehegatten die Rechtsverhältnisse **vertraglich** neu gestalten wollen, wie wir es ja empfohlen haben. Zu einer **gerichtlichen** Umgestaltung des Mietverhältnisses wird hingegen die Zustimmung des Vermieters nicht benötigt, außer wenn der Antrag auf Wohnungszuweisung später als ein Jahr nach Rechtskraft der Scheidung gestellt wird (§ 12 Hausratsverordnung).

Es ist also wichtig, den **Antrag rechtzeitig** zu stellen, besonders wenn damit gerechnet werden muss, dass der Vermieter die Partei des anderen Ehegatten ergreifen wird. Dies wird häufig der Fall sein, wenn (bisheriger) Mieter der Wohnung der einkommensstärkere Ehegatte ist und der andere (meist die Ehefrau mit den Kindern) die Wohnungszuweisung verlangt.

Eine **Dienst- oder Werkswohnung** „soll" das Gericht dem anderen, nicht im Betrieb beschäftigten Ehegatten nur zuweisen, wenn der Dienstherr einverstanden ist (§ 4 Hausratsverordnung), doch zwingend ist auch diese Vorschrift nicht.

Beispiel: Herr Cortum ist bei der XY-GmbH als Monteur beschäftigt und hat von seiner Arbeitgeberin eine preiswerte Werkswohnung zur Miete erhalten, in der er mit seiner Frau und zwei Kindern lebt. Nach der Scheidung beantragt Frau Cortum, ihr die Wohnung für sich und die Kinder zuzuweisen. Kommt das Gericht zu dem Ergebnis, dass Frau Cortum die Wohnung dringend benötigt, fragt es bei der XY-GmbH um deren Einverständnis an, die Wohnung Frau Cortum zu überlassen. Weigert sich die XY-GmbH, weil sie ihren Arbeitnehmer nicht verärgern will, so soll das Gericht von der Zuweisung an Frau Cortum absehen. Es *kann* aber trotzdem wirksam zugunsten von Frau Cortum entscheiden.

Stellt Frau Cortum aber den Antrag erst 1 Jahr nach Rechtskraft des Scheidungsurteils, so ist das Einverständnis der XY-GmbH unbedingt notwendig (auch hier gilt der oben erläuterte § 12 Hausratsverordnung).

Im Übrigen ist der Vermieter, auch soweit er kein förmliches „Vetorecht" hat, am gerichtlichen Verfahren über die Ehewohnung beteiligt (§ 7 Hausratsverordnung), er ist im Verfahren zu hören und kann gegen die gerichtliche Entscheidung Beschwerde einlegen. Seine Interessen sind in der Tat erheblich tangiert: Man stelle sich nur eine gerichtliche Wohnungsteilung vor, bei der ein Ex-Ehegatte dann seine Räume kündigt; dem Vermieter wird es je nach Raumsituation schwer fallen, den frei gewordenen Wohnungsteil überhaupt wieder zu vermieten.

Gefährdet können auch die finanziellen Interessen des Vermieters sein. Scheidet ein Ehegatte (z. B. der bisherige alleinige Mieter) durch Gerichtsbeschluss aus dem Mietverhältnis aus, so haftet er nicht mehr für künftige Mietzahlungen. Um die Ansprüche des Vermieters zu wahren, kann das Gericht den geschiedenen Ehegatten gegenüber „geeignete Anordnungen" treffen (§ 5 Abs. 1 S. 2 Hausratsverordnung), z. B. eine Mithaftung des aus der Wohnung ausscheidenden bisherigen Mieters für die künftigen Mietschulden des verbleibenden Ehegatten anordnen.

Auch wenn die Ehewohnung nicht gemietet ist, sondern im **Eigentum** der Ehegatten oder eines von ihnen steht, findet auf Antrag ein Zuweisungsverfahren statt. Ist einer der Ehegatten **Alleineigentümer** der Wohnung, so hat das Eigentum bei der Entscheidung allerdings großes Gewicht, die Wohnung gebührt nach der Scheidung in der Regel dem Eigentümer. Ausnahmsweise kann das Gericht die Wohnung dem anderen Ehegatten (also dem Nichteigentümer) zuweisen, wenn dies notwendig ist, um eine „unbillige Härte" zu vermeiden (§ 3 Abs. 1 Hausratsverordnung). Hierfür genügt nicht allein schon der Umstand, dass der Nichteigentümer die Wohnung dringender benötigt, es müssen weitere Gründe dazukommen. Erhebliches Gewicht haben auch hier die Interessen minderjähriger Kinder.

Beispiel: Herr Dünzl ist Alleineigentümer der bisherigen Ehewohnung, die in der Stadt R. gelegen ist. Frau Dünzl möchte mit den beiden Kindern Karl und Else (7 und 9 Jahre), für die sie das Sorgerecht hat, auch nach der Scheidung von ihrem Mann in der Wohnung bleiben, weil die Wohnung in der Nähe der von den Kindern besuchten Schule liegt, und weil die Kinder hier auch sozial integriert sind. Eine Ersatzwohnung im betreffenden Stadtteil ist nicht oder nur für eine die Lebensverhältnisse der Dünzls übersteigende Miete zu haben. Frau Dünzl hat Chancen, trotz des Alleineigentums von Herrn Dünzl die Wohnung zugewiesen zu erhalten. Die „unbillige Härte" begründet sich in diesem Fall aus der Situation der Kinder, die sonst möglicherweise ihre Schule und ihr soziales Umfeld wechseln müssten.

Gleiche Grundsätze gelten, wenn die Wohnung im Miteigentum eines **Ehegatten zusammen mit einer dritten Person** steht, ferner wenn ein Ehegatte allein oder zusammen mit Dritten ein dingliches Nutzungsrecht (z. B. Nießbrauch) an der Wohnung innehat (§ 3 Abs. 1 und 2 Hausratsverordnung): Auch hier kann der andere Ehegatte die Wohnung nur erhalten, wenn sich sonst eine „unbillige Härte" ergeben würde.

Beispiel: Die geschiedene Ehefrau ist zusammen mit ihrer Mutter Miteigentümerin zu je $^1/_2$ an der bisherigen Ehewohnung. Der Ehemann kann nach der Scheidung die Wohnung nur zugewiesen erhalten, wenn dies notwendig ist, um eine unbillige Härte zu vermeiden.

Wird dem Nichteigentümer aus den genannten Härtegründen die Wohnung zugewiesen, so muss das Rechtsverhältnis zum Eigentümer (bzw. den Eigentümern) geregelt werden. Das Gericht kann in diesem Fall ein **Mietverhältnis** zwischen dem Nutzungsberechtigten und dem Eigentümer begründen (§ 5 Abs. 2 Hausratsverordnung) und muss dann auch den Mietzins festlegen – ein Fall staatlichen Mietpreisdiktats! Der in der Wohnung verbleibende Ehegatte erhält dann die vollen Rechte und Pflichten eines Mieters; auch die Veräußerung der Wohnung kann sein Mietrecht nicht gefährden (§ 566 BGB). In der Praxis wird aber häufig von der Begründung eines Mietverhältnisses abgesehen; stattdessen begründet das Gericht ein bloßes „Nutzungsverhältnis", das nicht nach Mietrecht behandelt werden soll. Ein „Nutzungsentgelt" (statt Mietzins) ist auch hier festzulegen. Das bloße „Nutzungsverhältnis" kann zeitlich befristet werden und wirft ungelöste Fragen auf.

Nur ein **Beispiel:** Herr und Frau Eilmann sind geschieden, Herr Eilmann ist Alleineigentümer der bisherigen Ehewohnung, die nach der Scheidung Frau Eilmann zugewiesen wird. Das Gericht begründet ein Nutzungsverhältnis zwischen Herrn Eilmann und seiner geschiedenen Frau und legt ein Nutzungsentgelt von 400 € im Monat fest.

Nun verkauft und veräußert Herr Eilmann die Wohnung an Frau Fendrich, die selbst einziehen möchte. Besteht das „Nutzungsverhältnis" auch gegenüber der neuen Eigentümerin, Frau Fendrich? Kann Frau Fendrich ganz einfach von Frau Eilmann Räumung verlangen oder muss sie – als ob ein Mietvertrag bestünde – zunächst wegen Eigenbedarfs nach den Regeln des sozialen Mietrechts kündigen?

Anders ist die Lage, wenn die Wohnung im **Miteigentum der Ehegatten** steht. Hier entscheidet der Richter nach Billigkeit, insbesondere danach, ob die Frau oder der Mann die Wohnung dringender benötigt. Auch eine Aufteilung der Wohnung zwischen ihnen ist möglich. Die Rechtslage kann je nach den Umständen dadurch näher ausgestaltet werden, dass das Gericht ein Mietverhältnis oder ein Nutzungsverhältnis begründet; in diesem Rahmen ist ein Mietzins oder eine Nutzungsvergütung festzulegen.

Beispiel: Die geschiedenen Eheleute sind Miteigentümer der Wohnung zu je $^1/_2$, die Wohnung wird der Ehefrau allein zugewiesen. Das Gericht kann zwischen ihr und ihrem ehemaligen Ehemann – bezüglich seines Eigentumsanteils – ein Mietverhältnis oder ein Nutzungsverhältnis begründen. Mietpreis oder Nutzungsentgelt betragen natürlich nur die Hälfte des für die Wohnung anzusetzenden Preises, da die Ehefrau ja zur Hälfte selbst Eigentümerin ist.

Gleichgültig, ob es sich um eine Miet- oder Eigentumswohnung handelt: Wer aus der bisherigen Ehewohnung ausziehen muss, kann in bestimmten Fällen erreichen, dass ihm eine **Ausgleichszahlung** für den Verlust des Mitbesitzes zugesprochen wird, die der andere Teil zu erbringen hat. Das steht zwar nicht im Gesetz, wird aber von den Gerichten so gehandhabt. Um eine Ausgleichszahlung zu erreichen, müssen freilich gute Gründe vorgetragen werden, etwa dass der ausziehende Teil erhebliche Mittel für die bisherige Ehewohnung aufgebracht hat oder dass besondere Kosten für die Beschaffung einer Ersatzwohnung anfallen; auch die Umzugskosten können ins Feld geführt werden. Bei alledem ist auch die unterhaltsrechtliche Lage zu beachten – es kann ja z. B. sein, dass die Umzugskosten auch als Sonderbedarf im Rahmen des Unterhalts geltend gemacht werden können.

IV. Trennung, Scheidung und die Kinder

1. Die Kinder – Opfer der Interessen der Erwachsenen?

Die noch nicht erwachsenen Kinder haben unter der Trennung oder Scheidung ihrer Eltern besonders zu leiden. Ihnen droht der Verlust eines Elternteils und damit einer primären Bezugsperson. Man hat daher den Begriff der „Scheidungswaisen“ geprägt. Oft werden die Kinder durch die **Art und Weise**, wie sich die Trennung ihrer Eltern vollzieht, seelisch verletzt. Es geschieht dies namentlich dann, wenn sich die Eltern in einen „Kampf ums Kind“ verwickeln und versuchen, sich gegenseitig „schlecht zu machen“, um das Kind am Ende für sich zu gewinnen. Dadurch kann letztlich das Verhältnis des Kindes zu **beiden Eltern** Schaden leiden.

Die Schädigung des Kindes kann vermieden werden, wenn die Eltern, ihre Berater und die Gerichte von vornherein die **Wahrung des Wohles des Kindes als Hauptziel ihres Handelns** begreifen. Wenn die Gerichte schon, wie wir gesehen haben (S. 25) ohne Rücksicht auf das Kindeswohl die Scheidung aussprechen, so muss wenigstens die Regelung der Trennungs- und Scheidungsfolgen dem Besten des Kindes verpflichtet sein. Wunschziel ist, dass dem Kind trotz der Trennung beide Eltern als Bezugs- und Vertrauenspersonen erhalten bleiben.

Der Weg dorthin geht am besten über ein sorgfältig erarbeitetes **Einverständnis** unter den Eltern darüber, wie trotz ihrer Trennung die elterliche Sorge in Zukunft so ausgeübt wird, dass das Kind keinen Schaden leidet und die Beziehung des Kindes zu beiden Eltern nach Möglichkeit aufrechterhalten werden kann. Das kann rechtlich mit unterschiedlichen Konstruktionen erreicht werden:

- **Fortdauer des gemeinsamen Sorgerechts nach Trennung oder Scheidung**: Trotz Trennung oder Scheidung bleiben beide Eltern gemeinsam sorgeberechtigt. Das Problem dieser Konstruktion liegt darin, dass das Kind üblicherweise bei einem Elternteil ständig lebt und dieser fortlaufend auf Situationen des Alltags reagieren muss, über die er nicht ständig den anderen, vielleicht in einer anderen Stadt wohnenden Elternteil befragen kann. Die Eltern „leben sich" im wörtlichen Sinne „auseinander", oft finden sie neue Partner – für das Kind wird es schwierig, gleichsam die letzte Klammer zwischen seinen Eltern zu bilden.

- **Übertragung der Alleinsorge auf einen Elternteil**: Aus Anlass von Trennung oder Scheidung wird das Sorgerecht einem Elternteil allein übertragen; der andere behält grundsätzlich das Recht zum Umgang mit dem Kind, hat aber keinen rechtlich gesicherten Anteil an der Erziehung des Kindes. Das Problem dieser Konstruktion liegt darin, dass dem nicht sorgeberechtigten Elternteil eine wichtige Funktion seines Elternrecht ganz entzogen wird: Auch die grundsätzlichen Entscheidungen über Erziehung und Ausbildung des Kindes trifft der sorgeberechtigte Teil in alleiniger Zuständigkeit.
- **Mischformen**: Denkbar ist auch, dass die vorstehend geschilderten Konzepte miteinander so kombiniert werden, dass ein Elternteil für einen bestimmten Kreis von Angelegenheiten allein zuständig ist, während für die übrigen Bereiche das gemeinsame Sorgerecht fortbesteht. Wir werden sehen, dass das seit 1. Juli 1998 geltende Recht derartige Mischformen ermöglicht und sogar favorisiert.

2. Die gemeinsame Elternsorge in der intakten Familie

Die Eltern üben grundsätzlich die elterliche Sorge über ihre minderjährigen Kinder gemeinsam aus (§ 1626 BGB). Das gilt uneingeschränkt für die ehelichen Kinder. Aber auch die Eltern, die bei Geburt ihres Kindes nicht miteinander verheiratet sind, können durch Sorgeerklärungen zum gemeinsamen Sorgerecht gelangen (dazu näher S. 79ff.).

Die elterliche Sorge ist der Inbegriff aller Pflichten und Rechte, die mit Pflege und Erziehung eines Kindes verbunden sind und bezieht sich sowohl auf persönliche Angelegenheiten („Personensorge") als auch auf das Vermögen des Kindes. Das Sorgerecht umfasst auch die Befugnis, das Kind in Rechtsangelegenheiten zu vertreten („gesetzliche Vertretung").

Die sorgeberechtigten Eltern haben auch Bestimmungsbefugnisse über das Kind inne, z. B. festzulegen, wo es sich aufhalten soll (Aufenthaltsbestimmung, § 1631 Abs. 1). Sie sind verpflichtet, das Kind zu beaufsichtigen und können aus der Vernachlässigung dieser Pflicht Dritten gegenüber haftbar werden (§ 832 BGB). Die Eltern können auch bestimmen, mit wem das Kind Umgang haben darf (§ 1632 Abs. 2 BGB). Dabei sollen sie berücksichtigen, dass der Umgang mit Personen, zu denen das Kind Bindungen besitzt, seiner Entwicklung förderlich sein kann (§ 1626 Abs. 3 BGB).

Das elterliche Sorgerecht ist um des Kindes willen da. Nicht die Interessen der Eltern, sondern das Kindeswohl ist maßgebend. Ziel ist die Entwicklung des Kindes zur Selbständigkeit und Selbstverantwortung. So sagt § 1626 Abs. 2 BGB: „Bei der Pflege und Erziehung berücksichtigen die Eltern die wachsende Fähigkeit und das wachsende Bedürfnis des Kindes zu selbständigem verantwortungsbewusstem Handeln. Sie besprechen mit dem Kind, soweit es nach dessen Entwicklungsstand angezeigt ist, Fragen der elterlichen Sorge und streben Einvernehmen an."

Seit dem Jahr 2000 legt das Gesetz ausdrücklich fest, dass Kinder ein Recht auf **gewaltfreie Erziehung** haben. Körperliche Bestrafungen, seelische Verletzungen und andere entwürdigende Maßnahmen sind unzulässig (§ 1631 Abs. 2 BGB). Damit ist ein körperliches Züchtigungsrecht der Eltern, das noch in der Diskussion war, eindeutig abgeschafft.

Das Sorgerecht steht **beiden Eltern gemeinschaftlich** zu (§ 1627 BGB). Sie müssen also **zusammenwirken**, was im geschäftlichen und behördlichen Alltag oft übersehen wird. Das bedeutet, dass Mutter und Vater grundsätzlich nur gemeinsam eine Erklärung mit Wirkung für das Kind abgeben können. Vielfach ist dies unbekannt, doch werden die Schwierigkeiten in der Praxis meist behoben. Als Beispiel diene die Einwilligung in die Operation des Kindes:

(1) Ein Elternteil kann den anderen ermächtigen, auch für ihn zu handeln, entweder in einer einzelnen Angelegenheit oder in einem Geschäftsbereich. Das muss nicht ausdrücklich gesagt, sondern kann aus dem Verhalten geschlossen werden.

Beispiel: Ein 6-jähriges Kind soll operiert werden. Mit Zustimmung der Mutter fährt der Vater mit dem Kind in die Klinik und willigt nach entsprechender Aufklärung durch den Arzt in die Operation ein. Hier ist anzu-

nehmen, dass der Vater von der Mutter ermächtigt ist, auch in ihrem Namen die Einwilligung zu erklären.
Beispiel: Der Vater kann berufsbedingt keinen Urlaub machen, die Mutter fährt daher mit den Kindern allein an die Nordsee. Der Vater ermächtigt hier die Mutter, die Kinder, wenn es notwendig werden sollte, in seiner Abwesenheit allein zu vertreten. Auch das muss nicht ausdrücklich geschehen, sondern ergibt sich aus dem Verhalten der Beteiligten.

(2) Bei Gefahr im Verzug kann jeder Elternteil allein diejenigen Rechtshandlungen vornehmen, die zum Wohl des Kindes erforderlich sind; der andere Elternteil ist von einer solchen Maßnahme unverzüglich zu benachrichtigen (§ 1629 Abs. 1 S. 4 BGB).

Beispiel: Die Mutter ist mit dem Kind einkaufen, das Kind wird durch eine umstürzende Vitrine verletzt und muss ärztlich behandelt werden. Die Mutter kann in die eilige ärztliche Behandlung allein einwilligen.

Wenn bei einem Unfall des Kindes weder Mutter noch Vater erreichbar sind, kann der Arzt sogar ohne Mitwirkung beider Eltern aufgrund ihrer **mutmaßlichen Einwilligung** das Kind behandeln, soweit es zur Abwendung eines gesundheitlichen Schadens notwendig ist.

(3) Erscheint bei dem Arzt nur ein Elternteil mit dem Kind, darf der Arzt bei Routinebehandlungen ungefragt davon ausgehen, dass auch der andere Elternteil die nötige Einwilligung erteilt hat. Je erheblicher allerdings der ärztliche Eingriff, desto eher muss der Arzt sich vergewissern, dass auch der andere Elternteil seine Zustimmung erteilt.

Sind die Eltern in einer bestimmten Angelegenheit des Kindes **verschiedener Meinung**, so müssen sie das Gespräch und eine Einigung suchen (§ 1627 S. 2 BGB). Gelingt keine Übereinstimmung, so kann das Familiengericht angerufen werden (§ 1628 BGB).

Beispiel: Herr Anders möchte, dass die 13-jährige Tochter Luise in ein Internat kommt, um ihre schulischen Leistungen zu verbessern, Frau Anders möchte die Tochter weiterhin zu Hause haben. Die Eltern können sich nicht einigen. Herr oder Frau Anders können nun das Familiengericht um eine Entscheidung anrufen. Dieses überträgt, wenn alle Einigungsversuche fehlschlagen, demjenigen Elternteil die Entscheidung, dessen Standpunkt geeigneter erscheint. Natürlich spielt dabei auch eine

Rolle, wie Luise selbst zu der Angelegenheit steht. Das Gericht wird sie dazu anhören (§ 50 b Abs. 1 FGG).

Es ist dringend zu empfehlen, derartige Meinungsverschiedenheiten in der Familie selbst auszutragen und den Rat von Fachleuten (Lehrern etc.) zu suchen, ehe man persönliche Angelegenheiten vor Gericht trägt.

3. Trennung und Scheidung: Neues Recht seit 1998

Ein ideales Recht für die Frage der Elternsorge bei Trennung und Scheidung zu finden, ist schwer: Es gibt kein Recht, das im Falle der Elterntrennung das Kindeswohl garantieren kann, weil nicht die Normen entscheiden, sondern das Verhalten der Beteiligten. Das Recht kann nur Rahmenbedingungen schaffen, unter denen das Kindeswohl trotz Trennung der Eltern voraussichtlich am ehesten gewahrt wird.

Darüber, wie dieses Recht beschaffen sein muss, besteht eine große Unsicherheit. Diese zeigt sich darin, dass der Gesetzgeber in rascher Folge seine Konzepte geändert hat.

Die Reform des Kindschaftsrechts, beschlossen im Herbst 1997 und in Kraft seit 1. 7. 1998 (Kindschaftsrechtsreformgesetz), hat neue Wege beschritten, um das Wohl des Kindes bei Trennung seiner Eltern möglichst zu wahren. Die wichtigsten Punkte dieser Regelung vorweg:

- Nach früherem Recht musste das Familiengericht obligatorisch eine Entscheidung über die elterliche Sorge treffen, wenn die Ehe der Eltern geschieden werden sollte. Im Rahmen des Scheidungsverfahrens leitete das Gericht von sich aus ein Sorgerechtsverfahren ein, wenn minderjährige Kinder aus der Ehe verhanden waren; im Verbund mit der Scheidungssache wurde dann auch über die Zuteilung der elterlichen Sorge entschieden.
- Dieser „Zwangsverbund“ ist entfallen. Die Frage, was mit den Kindern geschieht, kann zwar noch durch einen rechtzeitigen Antrag in die Verbindung mit dem Scheidungsverfahren geraten, doch ist dies nicht notwendig. Zwar muss der Scheidungsantrag eine Angabe darüber enthalten. ob gemeinschaftliche minderjährige Kinder vorhanden sind (§ 622 Abs. 2 ZPO). Auch soll das

Gericht die Eltern im Rahmen des Scheidungsverfahrens zur Frage der elterlichen Sorge anhören und auf Beratungsmöglichkeiten bei den Jugendämtern oder andern Trägern der Jugendhilfe hinweisen (§ 613 Abs. 1 S. 2 ZPO). Doch all dies bedeutet nicht, dass über die elterliche Sorge bei der Scheidung entschieden werden müsste.

- Nach früherem Recht wurde die elterliche Sorge für die Zeit nach der Scheidung durch Gerichtsentscheid entweder der Mutter allein oder dem Vater allein zugewiesen. Es konnte auch die gemeinsame Sorge beiden Elternteilen weiterhin belassen werden, nachdem das Bundesverfassungsgericht zugunsten dieser Möglichkeit interveniert hatte (BVerfGE 61, 358); als Voraussetzung dafür verlangte man aber die Zustimmung beider Eltern zu dieser Lösung und ihre „volle Erziehungsfähigkeit".
- Nach neuem Recht ist, wie gesagt, eine gerichtliche Entscheidung nicht nötig. Die Scheidung bildet überhaupt keine notwendige Zäsur mehr für das Sorgerecht, die gesetzlichen Regeln knüpfen an das **Getrenntleben** des Elternpaares an: Wenn sich die Eltern trennen, **läuft die gemeinsame Sorge kraft Gesetzes einfach weiter**, wenn kein anderweitiger Gerichtsbeschluss erfolgt. Und auch die Scheidung ändert hieran nichts! Nun ist also die gemeinsame Sorge auch nach der Scheidung der gesetzliche Normalzustand. Es ist auch nicht mehr nötig, dass die Eltern dem zustimmen. Auch brauchen sie keinen Plan darüber vorlegen, wie sie die gemeinsame Sorge praktizieren wollen.
- Nur wenn Mutter oder Vater die alleinige Sorge für sich anstreben, sind ein Verfahren und eine gerichtliche Entscheidung nötig. Die Übertragung der alleinigen Sorge ist jedoch an bestimmte Voraussetzungen gebunden (§ 1671 BGB):
  - entweder die Eltern sind sich in diesem Punkt einig;
  - oder aber es muss zu erwarten sein, dass die Aufhebung der gemeinsamen Sorge und die Zuteilung der alleinigen Sorge an den Antragsteller „dem Wohl des Kinde am besten entspricht".
- Unter den genannten Voraussetzungen kommt auch die Übertragung eines **Teils des Sorgerechts** an einen Elternteil allein in Betracht. Die möglichen Aufteilungen sind gesetzlich nicht näher beschrieben, so dass beliebige Mischformen von gemeinsamer und

alleiniger Sorge denkbar sind (z. B. Vater allein zuständig für die Angelegenheiten der Ausbildung, alles Übrige gemeinsame Sorge, etc.).

- Von sich aus kann das Familiengericht nur dann eine Regelung des Sorgerechts betreiben, wenn ohne eine solche Maßnahme das Kindes gefährdet wäre (§ 1666 Abs. 1 BGB), z. B. wenn beide Eltern schwerer Übergriffe gegen die körperliche oder seelische Integrität des Kindes schuldig sind und daher ein Pfleger oder ein Vormund für das Kind bestellt werden muss.

4. Die Fortführung der gemeinsamen Sorge nach Trennung und Scheidung

Wie schon erwähnt ändert die Tatsache allein, dass die Eltern sich trennen und geschieden werden, nichts daran, dass sie weiterhin beide und gleichberechtigt Inhaber des Sorgerechts sind, solange keine anderweitige Gerichtsentscheidung ergeht. Wenn die Eltern verständnisvoll und kooperativ zusammenwirken, ist die fortdauernde gemeinsame Sorge gewiss die beste Lösung. Die Probleme liegen, wie so häufig, in der Praxis der alltäglichen Lebens.

Beispiel: Das Ehepaar Schröder trennt sich und lässt sich scheiden. Die Kinder Max und Moritz (10 und 12 Jahre) bleiben mit Zustimmung von Herrn Schröder bei der Mutter. Einmal in der Woche ist Herr Schröder mit den Kindern etwa zwei Stunden beisammen. Herr Schröder ist inzwischen mit Frau Fischer verheiratet und hat auch Kinder aus dieser Beziehung. Seine Kontakte mit Max und Moritz werden in der Folgezeit etwas seltener, wenngleich er sie nicht ganz abreißen lässt.

Kann man sagen, dass Herr Schröder seine Kinder aus erster Ehe „pflegt,erzieht und beaufsichtigt", wie vom Gesetz bei der elterlichen Sorge vorausgesetzt wird (§ 1631 Abs. 1 BGB)?

Üblicherweise leben die Kinder nach Trennung und Scheidung ihrer Eltern entweder beim Vater oder bei der Mutter. Bei aller Gemeinsamkeit der Verantwortung bleibt es dann nicht aus, dass der „anwesende" Elternteil faktisch doch hauptsächlich der „Pflegende" und „Erziehende" ist. Denn Erziehung geschieht nicht durch Festsetzung abstrakter Grundsätze, auf die sich die Eltern einigen, sondern durch ständige Begegnung, Zuwendung und Auseinandersetzung in beliebigen Situationen des Alltags. „Gemeinsame Sorge" von Eltern, die auf Dauer getrennt leben, ist ein bloßes juristisches Konstrukt, das mit der Wirklichkeit der Erziehungs- und Sorgetätigkeit nicht verwechselt werden darf.

Der Gesetzgeber hat das sehr wohl gesehen (wenn auch nicht offen zugegeben). Deshalb findet sich in § 1687 Abs. 1 BGB eine eigentümliche Regelung. Haben sich die Eltern auf Dauer getrennt und hat das Kind – wie üblich – seinen gewöhnlichen Aufenthalt bei einem von ihnen, so tritt wiederum **automatisch** eine **Kompetenzverteilung** im Bereich der elterlichen Sorge ein:

- Bei Entscheidungen in Angelegenheiten, deren Regelung für das Kind von erheblicher Bedeutung ist, müssen sie **einvernehmlich** handeln; hier gelten also die Grundsätze der gemeinsamen Sorge (oben S. 56 ff.).
- Hingegen hat der Elternteil, bei dem das Kind lebt, die Befugnis zur **alleinigen Entscheidung** in Angelegenheiten des täglichen Lebens.

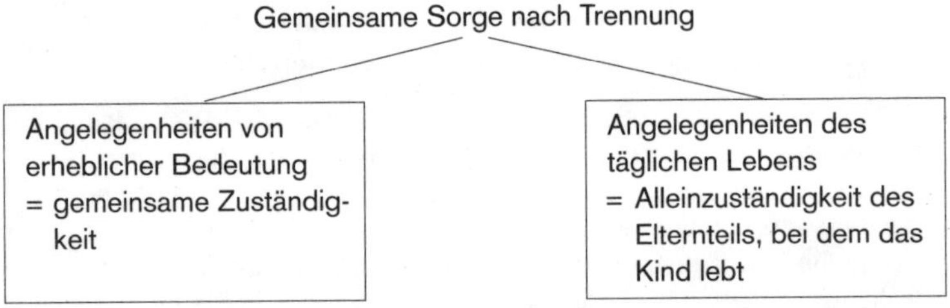

Die „gemeinsame Sorge nach Trennung und Scheidung" stellt also in Wirklichkeit ein Mitsorgerecht in wichtigen Angelegenheiten dar, während der Elternteil, bei dem das Kind lebt, über die Dinge des täglichen Lebens allein entscheiden kann.

Beispiel: Im oben genannten Fall möchte Max mit seinen Freunden Fußball spielen, während Frau Schröder darauf dringt, dass erst die Schulaufgaben gemacht werden. Diese Angelegenheit, die als einzelne betrachtet nicht von erheblicher Bedeutung ist, kann Frau Schröder allein regeln.

Ginge es hingegen darum, ob Max sich einem Fußballverein anschließen soll, der Max aufgrund seines Talents jedes Wochenende für die

Pflichtspiele seiner Jugendmannschaft einsetzen möchte, so ist eher das grundsätzliche Problem aufgeworfen, welchen Stellenwert der Sport im Leben des Jungen haben soll. Hier hätte auch Herr Schröder mitzubestimmen.

Die Befugnis, über Angelegenheiten des täglichen Lebens allein zu entscheiden, steht allerdings nur demjenigen Elternteil zu, bei dem sich das Kind **rechtmäßig**, d. h. entweder mit Zustimmung des anderen Elternteils oder aufgrund einer gerichtlichen Entscheidung aufhält.

Beispiel: Die Eheleute Kaunitz leben im Streit. Eines Nachts verlässt Herr Kaunitz mit den 4- und 6-jährigen Kindern heimlich das Haus und verbringt sie in eine neue Wohnung, die er schon vorher für diesen Zweck angemietet hat. Mit dieser Kindesentführung hat der Ehemann das Elternrecht seiner Frau schwer verletzt; ihm kommt die Befugnis zur alleinigen Bestimmung über die Angelegenheiten des täglichen Lebens nicht zu.

Die Befugnis zur alleinigen Bestimmung in Angelegenheiten des täglichen Lebens wirkt sich auch auf das Recht zur Vertretung des Kindes gegenüber Dritten aus – insoweit ist der Elternteil, bei dem sich das Kind gewöhnlich aufhält, dessen alleiniger gesetzlicher Vertreter.

Beispiel: Im Falle Schröder erleidet Moritz beim Spielen eine kleinere Platzwunde am Kopf, Frau Schröder holt einen Arzt, der die Wunde versorgt und näht. Wenn wir annehmen, dass es sich um eine „Angelegenheit des täglichen Lebens" handelt, dann kann Frau Schröder allein im Namen ihres Sohnes die nötige Einwilligung in die Heilbehandlung erklären.

Die entscheidende, aber recht schwierige Frage ist nun aber, was eigentlich „**von erheblicher Bedeutung**" oder was „**Angelegenheit des täglichen Lebens**" ist. Der Gesetzgeber hat sich offenbar eingebildet, man könne das Leben eines Kindes mit derartigen Begriffen einigermaßen klar aufteilen. Das ist aber nicht so: Im Leben eines Kindes hängt alles mit allem zusammen, und die geringste Kleinigkeit kann eine große Bedeutung erlangen wie umgekehrt Dinge, die zunächst wichtig schienen, sich als nebensächlich herausstellen können. Das Gesetz versucht mit einer Definition zu helfen: „Entscheidungen in Angelegenheiten des täglichen Lebens sind in der

Regel solche, die häufig vorkommen und die keine schwer abzuändernden Auswirkungen auf die Entwicklung des Kindes haben." Aber viel hilft diese Aussage auch nicht.

Im letztgenannten **Beispiel** könnte man schon zweifeln. Zwar ist die Behandlung einer kleineren Wunde bei Kindern einerseits eine nicht seltene Angelegenheit, andererseits ist ihre „Regelung" doch für die Gesundheit des Kindes wichtig: Bleibt die Wunde unversorgt, so droht der Gesundheit des Kindes Schaden.

Man wird die Vorschrift von ihrem Zweck her auslegen müssen. Der andere Elternteil soll in grundlegenden Angelegenheiten, welche die Entwicklung des Kindes prägen, also in grundsätzlichen Fragen der Schule und Ausbildung, der sportlichen und kulturellen Orientierung, auch bei generellen Entscheidungen über die Ausrichtung der sozialen Kontakte mitbestimmen, sich aber nicht in einzelne Vorgänge des täglichen Lebens einmischen. Vieles wird zweifelhaft sein, so dass dem Geschäftsverkehr anzuraten ist, möglichst auf die Zustimmung beider Elternteile zu dringen, wenn – bei gemeinsamem Sorgerecht – ein Elternteil allein im Namen des Kindes ein Geschäft abschließen will. Bei **Gefahr im Verzug** ist allerdings jeder Elternteil allein zu handeln berechtigt (siehe oben S. 58).

Können sich die getrennt lebenden Eltern in einer Angelegenheit von erheblicher Bedeutung nicht einigen, so bleibt nichts anderes übrig, als das Familiengericht um eine Entscheidung anzurufen. Auf Antrag kann das Gericht dann die Entscheidung in dieser Angelegenheit oder in einem Kreis von Angelegenheiten auf einen Elternteil übertragen (§ 1628 BGB) – es gilt dasselbe wie bei sorgeberechtigten Eltern, die zusammenleben (oben S. 58).

Es wird klar geworden sein, dass „gemeinsame Sorge nach Trennung" eine juristische Konstruktion ist, die nur bedingt etwas über das reale Leben aussagt. Diese Konstruktion gibt vor allem keine Auskunft darüber, **bei welchem Elternteil das Kind leben soll**. Am besten ist es natürlich, wenn die Eltern sich über diesen Punkt einig sind. Wie aber, wenn die Eltern zwar abstrakt gesehen nichts gegen eine „gemeinsame Sorge" einzuwenden haben, aber beide das Kind dauernd bei sich haben möchten?

Beispiel: Frau und Herr Kreittmayr trennen sich. Sie haben eine Tochter Aloysia. Beide sind durchaus mit der Fortführung der gemeinsamen Sorge einverstanden, nur möchte Frau Kreittmayr, die zu ihrem Freund gezogen ist, dass auch ihre Tochter hierhin folgt, während der in der Ehewohnung verbliebene Herr Kreittmayr Aloysia bei sich behalten möchte.

Es handelt sich um einen Streit gemeinsam sorgeberechtigter Eltern in einer Angelegenheit von erheblicher Bedeutung. Beide Eltern können also beim Familiengericht nach § 1628 BGB beantragen, das Bestimmungsrecht über den Aufenthalt einem von ihnen allein zu übertragen. Wer dabei Erfolg hat, wird bestimmen, dass das Kind bei ihm leben soll. Wir sehen: Das „gemeinsame Sorgerecht nach Trennung" muss keine harmonische Sache sein. Das ergibt sich schon daraus, dass diese „gemeinsame Sorge" auch dann eintritt, wenn die Eltern sich gar nicht mit ihr einverstanden erklärt haben und wenn sie noch gar keine Einigkeit darüber erzielt haben, wie das konkret funktionieren soll.

Ist zwischen den Eltern dauerhaft streitig, ob das Kind bei Vater oder Mutter seinen Lebensmittelpunkt haben soll, so sind letztlich gedeihliche Voraussetzungen für ein „gemeinsames Sorgerecht" nicht gegeben. Es wird also in der Praxis darauf hinauslaufen, dass der Vater oder die Mutter bei Gericht die alleinige Sorge für sich beantragt, um dem Hin und Her ein Ende zu machen. Die Erfolgschancen eines solchen Antrags sollen uns etwas später beschäftigen.

Wir haben gesehen, dass unter dem Mantel des „gemeinsamen Sorgerechts" mancher Streit möglich ist. So kann z. B. auch darum gestritten werden, wann und wie oft der Elternteil, bei dem das Kind nicht ständig lebt, das Kind besuchen oder mit ihm telefonieren darf (Frage des Umgangsrechts, S. 73). Es können Meinungsverschiedenheiten darüber entstehen, welche Informationen der Elternteil, der das Kind unter seiner Obhut hat, dem anderen geben muss (siehe § 1686 BGB), oder darüber, welche Angelegenheiten von erheblicher Bedeutung sind, schließlich auch über die Höhe des dem Kind geschuldeten Unterhalts.

Übersicht: Mögliche Konflikte bei gemeinsamem Sorgerecht

• Aufenthalt des Kindes	§ 1628
• Erziehungsfragen, Fragen von erheblicher Bedeutung	§ 1628
• Umfang der Befugnis zur alleinigen Entscheidung	§ 1687 Abs. 2
• Umgang mit den Eltern	§ 1684 Abs. 3, 4
• Auskunft über die persönlichen Verhältnisse des Kindes	§ 1686 S. 2
• Höhe und Art des Kindesunterhalts	§ 1606 Abs. 3
• Unterhalt für den das Kind betreuenden Elternteil	§§ 1570, 1615 l

Dieser Aufweis möglicher Streitpunkte soll die gemeinsame Sorge nach Trennung und Scheidung nicht mies machen. Es soll allerdings klargestellt werden, dass eine **sinnvolle gemeinsame Sorge die Einigung der Eltern in wichtigen Punkten voraussetzt**. Die Eltern sollten sich im Trennungskonflikt also rechtzeitig Gedanken darüber machen, in welcher Weise sie die elterliche Sorge gemeinsam ausüben wollen und können, und sie sollen die wichtigsten Punkte durch flankierende Vereinbarungen klären. Auch hier kann die Mediation wertvolle Hilfe leisten.

Eine Vereinbarung darüber, bei welchem Elternteil das Kind seinen gewöhnlichen Aufenthalt nimmt, hat auch unterhaltsrechtliche Konsequenzen: Derjenige Elternteil, der das Kind faktisch betreut, erfüllt damit dem Kind gegenüber seine Unterhaltspflicht (§ 1606 Abs. 3 S. 2 BGB); dem anderen Elternteil bleibt dann die Pflicht, die nötigen wirtschaftlichen Mittel für das Kind aufzubringen, also den „Barunterhalt" zu leisten. Außerdem hat nach Scheidung der das Kind betreuende Ehegatte einen Unterhaltsanspruch für sich selbst, soweit er wegen der Pflege und Erziehung nicht zumutbar erwerbstätig sein kann (§ 1570 BGB; zu nichtehelichen Eltern siehe S. 148 ff.). Auch diese unterhaltsrechtlichen Folgen sind in die nötigen Vereinbarungen einzubeziehen.

5. Alleinige Sorge mit Zustimmung des anderen Elternteils

Das Gegenstück zur gemeinsamen Sorge nach der Trennung ist die Alleinsorge eines Elternteils. Sie tritt in der Regel nur aufgrund gerichtlicher Sorgerechtsregelung ein. Wer die Alleinsorge will, muss also initiativ werden. Alleinsorge bedeutet, dass Pflicht und Recht der Pflege und Erziehung des Kindes ausschließlich bei einem Elternteil liegen. Dem anderen bleiben das Recht auf fortlaufenden Kontakt mit dem Kind („Umgang", § 1684 BGB) und der Anspruch auf Auskunft über die persönlichen Verhältnisse des Kindes (§ 1686 BGB).

Zur Alleinsorge führt ein einfacher Weg: Sie wird einem Elternteil auf seinen Antrag hin zugewiesen, wenn der andere Eltenteil zustimmt (§ 1671 Abs. 1, Abs. 2 Nr. 1 BGB). Die Einigkeit der Eltern ist für das Familiengericht bindend, außer wenn der Vorschlag dem Kindeswohl in erheblichem Maß zuwiderläuft. Es versteht sich, dass eine derartige Zustimmung zur Alleinsorge des Partners gut überlegt sein will und gleichfalls nicht ohne flankierende Vereinbarungen über Umgang, Unterhalt usw. erteilt werden sollte.

Die bindende Wirkung des gemeinsamen Elternwillens entfällt allerdings, wenn das Kind, sofern es das 14. Lebensjahr schon vollendet hat, der beantragten Regelung widerspricht. Das Gericht entscheidet dann nach dem Kindeswohl, dem geäußerten Willen des Kindes kommt dabei erhebliches Gewicht zu.

Beispiel: Das Ehepaar Völkl hat einen 14-jährigen Sohn Klaus. Bei ihrer Trennung beantragt Frau Völkl mit Zustimmung ihres Mannes die Übertragung der alleinigen elterlichen Sorge für Klaus auf sich. Klaus wird dazu vom Familienrichter angehört und wehrt sich gegen diese Lösung. Er möchte lieber, dass beide Eltern gemeinsam sorgeberechtigt bleiben.

Das Gericht ist jetzt an die Elterneinigung nicht gebunden und entscheidet nach den Erfordernissen des Kindeswohls. Das Ergebnis kann gleichwohl sein, dass die Mutter die alleinige Sorge bekommt. Die Widerspruchsmöglichkeit für Klaus bedeutet nicht, dass er ein unüberwindliches Veto einlegen könnte. Aber sein „Protest" gegen den Elternvorschlag wird das Gericht beeindrucken, vor allem, wenn Klaus verständliche Gründe für seine Meinung vorbringen kann.

6. Der Streit um das alleinige Sorgerecht

Können sich die Eltern über das Sorgerecht nach Trennung und Scheidung nicht einigen, so kann über diesen Punkt vor Gericht gestritten werden. Jeder Elternteil kann nach der Trennung beim Familiengericht den Antrag stellen, ihm das Sorgerecht allein zu übertragen.

Freilich ist, wenn der Antrag Erfolg haben soll, eine hohe Hürde zu überwinden. Das Gericht hat dem Antrag nur stattzugeben, wenn es ein Zweifaches erwarten kann:

- **erstens**, dass die Aufhebung der gemeinsamen elterlichen Sorge dem Kindeswohl am besten entspricht;
- und zudem **zweitens**, dass die Übertragung der Alleinsorge gerade auf den Antragsteller die beste Lösung für das Kind darstellt.

Das Gesetz lässt klar erkennen, dass es die Fortdauer der gemeinsamen Sorge favorisiert: Das Gericht muss die Überzeugung gewinnen, dass die Alleinsorge des antragstellenden Elternteils im konkreten Fall das Beste für das Kind ist, sonst muss es den Antrag ablehnen.

Beispiel: Die Eheleute Spindler haben zwei Töchter, Barbara (9) und Bettina (11). Nach der Trennung beantragt Frau Spindler beim Familiengericht, dass ihr das alleinige Sorgerecht für beide Kinder übertragen wird. Herr Spindler widerspricht dem, weil er den Einfluss auf die Erziehung nicht verlieren will.

Der Antrag hat nur dann Aussicht auf Erfolg, wenn Frau Spindler das Gericht davon überzeugen kann, dass die Alleinsorge eines Elternteils besser für die Kinder ist als das Weiterbestehen der gemeinsamen Sorge und **weiterhin**, dass gerade sie – Frau Spindler – diese Alleinsorge besser ausüben kann als ihr Mann.

Das Gericht kann zu folgenden Ergebnissen kommen:

- Die Alleinsorge eines Elternteils ist für die Kinder nicht besser als die gemeinsame Sorge. Dann lehnt es den Antrag schon deshalb ab.
- Die Alleinsorge eines Elternteils ist zwar an sich besser, doch werden sich die Kinder nicht bei der antragstellenden Frau Spindler, sondern bei Herrn Spindler voraussichtlich besser entwickeln. Auch dann wird der Antrag von Frau Spindler abgelehnt. Wenn Herr Spindler die Alleinsorge will, müsste er jetzt seinerseits einen entsprechenden Antrag stellen; tut er es nicht, so bleibt es beim gemeinsamen Sorgerecht.
- Die Alleinsorge eines Elternteils ist besser und diese wird am besten durch Frau Spindler ausgeübt: Dann wird das Gericht dem Antrag stattgeben.
- Möglich ist es auch, dem Antragsteller **einen Teil** des Sorgerechts zur alleinigen Ausübung zu übertragen, wenn diese Gestaltung dem Wohl des Kindes am besten entspricht, dazu weiter unten (S. 70).

Die **erste Frage**, die sich das Gericht stellen muss, ist also, ob die beantragte Alleinsorge dem Kindeswohl besser dient als das Fortbestehen der gemeinsamen Sorge. Dabei ist zu berücksichtigen, dass derjenige Elternteil, bei dem das Kind gewöhnlich lebt, ohnehin die alleinige Entscheidung in den Angelegenheiten des täglichen Lebens hat. Wann kann unter diesen Umständen die Überlegenheit der alleinigen Sorge angenommen werden? Zu denken ist vor allem an Elternpaare, die so verfeindet sind, dass eine kontinuierliche Kooperation zum Besten des Kindes unwahrscheinlich ist. Indiz dafür sind häufige Streitigkeiten über Erziehungsfragen, Umgang oder Unterhalt, die noch nicht beigelegt scheinen. Man muss bedenken, dass die Praktizierung des gemeinsamen Sorgerechts fortlaufende Kontakte zwischen den Eltern voraussetzt; sind diese durch Feindseligkeit und Misstrauen geprägt, dann wird schwerlich eine Kooperation zum Besten des Kindes herauskommen. Auch wenn ein Elternteil sich durch Misshandlung des Kindes oder durch Gleichgültigkeit ihm gegenüber als untauglich zur Erziehung erwiesen hat, macht ein gemeinsames Sorgerecht keinen Sinn. Auch massive Gewaltanwendung des Vaters gegen die Mutter stellt den Sinn der gemeinsamen Sorge in Frage, selbst wenn die Kinder selbst nicht geschlagen worden sind. Denn wenn die Kontaktaufnahme mit dem Partner mit Angstgefühlen verbunden ist, kommt schwerlich eine gedeihliche Zusammenarbeit heraus.

Bejaht das Gericht die erste Frage, so prüft es **zweitens**, ob die Übertragung des alleinigen Sorgerechts **auf den Antragsteller** die beste Lösung für das Kind darstellt. Hier kommt es auf eine Gesamtschau der psychischen und äußeren Entwicklungsbedingungen an. Es wird gefragt, bei welchem Elternteil das Kind die bessere Förderung erfahren kann („Förderprinzip"), ferner bei welcher Lösung dem Kind seine bisherige Lebenswelt (Schule, Freunde, sonstige soziale Kontakte) möglichst erhalten bleibt („Kontinuitätsprinzip"). In diesem Zusammenhang kann auch relevant werden, dass ein Kind zu einem Elternteil die ersichtlich engeren psychischen Bindungen entwickelt hat. Auch die Bindung unter Geschwistern ist von Belang, es ist darauf zu achten, dass Geschwister zumindest in jüngeren Jahren möglichst nicht getrennt werden.

Die Entscheidung zwischen Mutter und Vater als der geeigneteren Sorgeperson ist in der Regel sehr schwierig, oft verbleibt ein kaum entscheidbares Für und Wider. Fruchtbar kann die Formel von der „am wenigsten schädlichen Alternative“ sein: Das Gericht fragt, welche Lösung für das Kind voraussichtlich die geringeren Nachteile und Risiken mit sich bringt. Unumstößliche Gewissheit ist aber auch von diesem Gesichtspunkt nicht zu erwarten, auch wenn sich das Gericht auf Sachverständigengutachten und Stellungnahmen des Jugendamts stützen kann. Daher muss man die Erbitterung verstehen, mit der Mütter und Väter um das Sorgerecht kämpfen, und die sie dauerhaft empfinden, wenn sie im Sorgerechtsstreit unterlegen sind.

Für der Entscheidung des Gerichts kommt auch dem **Willen des Kindes** ein großes Gewicht zu. Ist das Kind schon 14 Jahre alt, so ist es in Angelegenheiten der Personensorge stets anzuhören (§ 50 b Abs. 2 S. 1 FGG), außer wenn schwerwiegende Gründe dagegen sprechen. Die Gerichte hören aber auch die jüngeren Kinder regelmäßig an, weil sie meinen, dass ihre Neigungen und Bindungen und ihr Wille für die Entscheidung von Bedeutung sind (§ 50 b Abs. 1 FGG); zum Teil werden sogar Kinder unter 6 Jahren angehört, was allerdings besonderes Fingerspitzengefühl und Geschick voraussetzt.

Das Gericht kann dem Kind für das Sorgerechtsverfahren einen eigenen Interessenvertreter (**Verfahrenspfleger** – „Anwalt des Kindes“) bestellen, der darauf hinarbeiten soll, dass die Belange des Kindes gewahrt werden (§ 50 FGG). Ein Verfahrenspfleger muss in bestimmten Fällen regelmäßig bestellt werden, z. B. wenn das Interesse des Kindes zu dem seiner sorgeberechtigten Eltern in erheblichem Gegensatz steht. Das kann auch in Sorgerechtsverfahren der Fall sein.

Beispiel: Die Eltern sind sich einig, dass der Vater das alleinige Sorgerecht bekommen soll; die Mutter hat dem in einer Phase psychischer Erschöpfung zugestimmt. Das Kind hat wegen früherer Gewaltanwendung Angst vor dem Vater und möchte nicht allein mit ihm zusammenleben.

Ein Wort noch zur Möglichkeit, einem Elternteil **einen Teil des Sorgerechts** zu übertragen, während der Rest gemeinschaftlich bleibt. Diese Möglichkeit ist unter denselben Voraussetzungen gegeben, unter denen auch die Übertragung der gesamten Alleinsorge statthaft ist. Welche Teile des Sorgerechts auf diese Weise abgespaltet werden können, ist im Gesetz nicht geregelt, möglich ist also theoretisch jede beliebige Aufteilung (Personensorge - Vermögenssorge; Aufenthaltsbestimmung - Restsorge; Gesundheitsfürsorge - Restsorge; schulische Angelegenheiten - Restsorge, usw.). Bei derartigen Aufspaltungen ist jedoch ihre Verträglichkeit mit dem Kindeswohl sorgfältig zu prüfen: Das Leben des Kindes ist eine Ganzheit, und schwerlich liegt es in seinem Interesse, wenn für bestimmte Bereiche Sonderzuständigkeiten geschaffen werden, die im konkreten Fall zweifelhafte Rechtslagen zur Folge haben. Recht häufig wird in der Praxis eine Aufteilung in der Form vorgenommen, dass ein Elternteil das **alleinige Aufenthaltsbestimmungsrecht** erhält und im Übrigen die Sorge gemeinsam bleibt. Dadurch wird in streitigen Fällen geregelt, bei welchem Elternteil das Kind dauerhaft lebt und damit seine alltägliche Pflege und Erziehung erfährt. Auch das kann zu zweifelhaften Lagen führen.

Beispiel: Herr und Frau Basler lassen sich scheiden. Um das Kind Erika wird gestritten. Frau Basler beantragt für sich die alleinige Sorge, Herr Basler findet das empörend. Das Gericht gelangt zu dem Schluss, dass das Kind dauerhaft bei Frau Basler leben, dass man aber Herrn Basler nicht ganz aus dem Erziehungsrecht ausschließen sollte. Um das dauerhafte Verbleiben des Kindes bei seiner Mutter rechtlich abzusichern überträgt das Gericht nun Frau Basler nach § 1671 Abs. 1, Abs. 2 Nr. 2 BGB das alleinige Aufenthaltsbestimmungsrecht, während das Sorgerecht im Übrigen gemeinsam bleibt.

Nun erkrankt Erika schwer, eine stationäre Behandlung erweist sich als nötig. Herr Basler ist für das örtliche Krankenhaus, weil er Erika dort oft besuchen kann, Frau Basler für ein Krankenhaus in der 100 km entfernten Großstadt, weil Erika dort von einem bekannten Spezialisten behandelt werden kann. Ist die Wahl des Krankenhauses eine Frage der Aufenthaltsbestimmung, dann kann Frau Basler allein bestimmen; oder geht es doch um eine Angelegenheit der Gesundheitsfürsorge, dann hat Herr Basler mitzureden (mit der Folge, dass bei Uneinigkeit über diesen Punkt vor dem Familiengericht gestritten werden kann!).

Die Beispiele lassen sich beliebig vermehren. Daher ist daran zu erinnern, dass auch die Übertragung einer Teilsorge auf einen Elternteil nur statthaft ist, wenn gerade diese Gestaltung „dem Wohl des Kindes am besten entspricht". Verspricht die Aufteilung Unklarheiten und Unsicherheiten, so sollten die Gerichte die Finger davon lassen.

Freilich: Sind sich die Eltern darüber einig, dass ein Teil das Sorgerechts auf einen von ihnen allein übertragen werden soll, so ist das Gericht daran gebunden, außer wenn die vorgeschlagene Regelung evident dem Kindeswohl widerstrebt.

Dem Gesetzgeber ist der Gedanke an ein streitiges Sorgerechtsverfahren mit gutem Grund unsympathisch: Die Kinder sind die eigentlich Leidtragenden, sie werden häufig durch die Art des Verfahrens seelisch verletzt und geschädigt. Deshalb dringt das Gesetz darauf, möglichst alle **Chancen zu einer einvernehmlichen Regelung** zu nutzen. In jedem Verfahren, das die Person eines Kindes betrifft, soll das Gericht so früh wie möglich und in jeder Lage des Verfahrens auf ein Einvernehmen der Beteiligten hinwirken. Es soll die Beteiligten so früh wie möglich anhören und auf bestehende Möglichkeiten der Beratung durch die Einrichtungen der Jugendhilfe insbesondere zur Entwicklung eines einvernehmlichen Konzepts für die Wahrnehmung der elterlichen Sorge und Verantwortung hinweisen (§ 52 Abs. 1 FGG). Das Gericht soll auch, wenn es Chancen für eine Einigung sieht, das Verfahren aussetzen (§ 52 Abs. 2 FGG).

Was dem Gericht hier auferlegt ist, sollte allgemein gelten: Eine vernünftige Rechtsberatung wird jede Gelegenheit zur einvernehmlichen Regelung in Bezug auf die Kinder suchen und nutzen.

> Die Eltern sollten ihren Kindern den Streit um Sorgerecht, Aufenthalt und Umgang unbedingt ersparen. Zu leicht führen die Auseinandersetzungen auch dazu, dass ein Elternteil ein unbefangenes Verhältnis zu seinem Kind verliert oder dass das Kind am Ende ein gestörtes Verhältnis zu beiden Eltern hat. Es ist dringend geraten, fachkundige Vermittlungsangebote wahrzunehmen. Allerdings ist auf komplette Einigungen zu dringen, die nicht nur abstrakt das Sorgerecht regeln, sondern die konkreten Fragen des gewöhnlichen Aufenthalts, des Umgangs und des Unterhalts einbeziehen.

7. Der Umgang zwischen Kind und Eltern

Das Kind hat in aller Regel ein vitales Interesse daran, mit seinem Eltern fortlaufenden Kontakt zu pflegen und so die Bindung an sie zu entwickeln und aufrechtzuerhalten. Mangelnde Begegnung führt zu Entfremdung. Daher sagt das Gesetz: „Zum Wohl des Kindes gehört in der Regel der Umgang mit beiden Elternteilen" (§ 1626 Abs. 3 S. 1 BGB). Korrespondierend damit bejaht das Gesetz ein eigenes Recht des Kindes auf Umgang mit Vater und Mutter (§ 1684 Abs. 1 BGB). Umgekehrt haben auch die Eltern ein Recht auf persönlichen Umgang mit ihrem Kind.

Das alles ist in der Regel unproblematisch, wenn die Eltern mit dem Kind in einer Hausgemeinschaft zusammenleben: Dann ergibt sich der Umgang von selbst. Die Probleme beginnen mit Trennung und Scheidung. Gewöhnlich lebt das Kind bei einem Elternteil, der andere ist dann auf einen begrenzten Umgang (regelmäßige Treffen, eine bestimmte Anzahl von Wochenenden oder Feiertagen, gemeinsame Ferien, Telefonate) eingeschränkt.

Um Häufigkeit und Dauer eines solchen Umgangs wird nicht selten unter den Eltern gestritten. Der Elternteil, bei dem das Kind lebt, empfindet das Abholen des Kindes durch den anderen Elternteil oft als Einmischung. Es kann sich auch der Argwohn hinzugesellen, der andere werde das Kind aufhetzen oder „zu sich hinüberziehen" wollen. Auch mögliche Kontakte des Kindes mit dem neuen Partner des anderen Elternteils mögen die Eifersucht wecken.

Weil auch derartige Auseinandersetzungen das Kind belasten und schädigen, sagt § 1684 Abs. 2 BGB gebieterisch: Die Eltern haben alles zu unterlassen, was das Verhältnis des Kindes zum jeweils anderen Elternteil beeinträchtigt oder die Erziehung erschwert. Zur Erfüllung dieser Pflicht kann das Gericht Anordnungen gegen die Eltern treffen. Vernünftige, kindgerechte und für beide Eltern zumutbare Übereinkunft ist auch in der Umgangsfrage oberstes Gebot.

Leider kann in manchen Fällen gleichwohl keine Einigkeit erzielt werden. Dann kann das Familiengericht über Häufigkeit und Dauer des Umgangs entscheiden und seine Ausübung näher regeln (§ 1684 Abs. 3 S. 1 BGB).

Beispiel: Nach der Trennung erhält die Mutter das alleinige Sorgerecht. Der Vater möchte mit dem Kind jedes zweite Wochenende (Samstagmittag bis Sonntagabend) verbringen; der Mutter ist das zu viel.

Das angerufene Familiengericht kann z. B. dann festlegen, dass der Vater das Kind einmal pro Woche für 3 Stunden treffen und jedes vierte Wochenende ganz mit dem Vater verbringen kann, wenn es diese Gestaltung für angemessen erachtet.

Die Gerichte beurteilen die Häufigkeit und Dauer des angemessenen Umgangs mit dem Kind recht unterschiedlich, es empfiehlt sich, die Einstellung des zuständigen Gerichts zu erkunden.

Zu beachten ist: Ein Streit über den Umgang mit den Kind kann nicht nur in den Fällen entstehen, in denen einem Elternteil die alleinige Sorge zugewiesen ist. Auch **bei gemeinsamer Sorge** nach der Trennung kann sich dieselbe Problematik zwischen dem Elternteil, mit dem das Kind dauernd zusammenlebt, und dem anderen Elternteil ergeben.

Das Umgangsrecht eines Elternteils kann durch das Gericht **eingeschränkt** werden, soweit dies zum Wohl des Kindes erforderlich ist. Es ist sogar ein völliger Ausschluss möglich. Regelungen dieser Art, die für längere Zeit oder auf Dauer gelten sollen, sind freilich nur zulässig, wenn andernfalls eine Gefährdung des Kindeswohls droht (siehe die Regelung § 1684 Abs. 4 BGB): Für einen Ausschluss auf Dauer muss es also hart kommen! Zu denken ist an Fälle, in denen der betreffende Elternteil das Kind schwer misshandelt oder sexuell missbraucht hat und eine Wiederholung solcher Übergriffe nicht ausgeschlossen werden kann.

In den Fällen einer möglichen Kindesgefährdung durch einen Elternteil kann auch wie folgt verfahren werden: Das Familiengericht ordnet an, dass der Umgang dieses Elternteils mit dem Kind nur in Anwesenheit eines bestimmten Dritten, z. B. eines Mitarbeiters des Jugendamts, stattfinden darf (beschützter Umgang, § 1684 Abs. 4 S. 3, 4 BGB).

Nicht selten lehnen Kinder den Umgang mit dem Elternteil, mit dem sie nicht zusammenleben, ab. Eine tief verwurzelte Abneigung ist bei einer Umgangsregelung zu berücksichtigen: Es hat keinen Sinn, ein Kind zu Kontakten mit einem Elternteil zu zwingen, den es als bedrohlich oder gleichgültig erlebt. Doch steht hinter einer solchen Abneigung oft der Einfluss des anderen Elternteils, der das Kind gegen den Umgangsberechtigten aufgehetzt hat. Eine gerichtliche Umgangsregelung ist in solchen Fällen außerordentlich prekär: Die zwangsweise Durchsetzung der Kontakte kann nicht minder schädlich sein als ihr Unterbleiben. Die Erzwingung des Umgangs hat unbeschreibliche Familiendramen ausgelöst. Das Reformgesetz von 1998 hat immerhin festgelegt, dass in diesem Zusammenhang **keine Gewaltanwendung gegen das Kind** zulässig ist (§ 33 Abs. 2 S. 2 FGG) – sehr wohl aber können Zwangsmittel gegen den Elternteil, der den Umgang des anderen vereiteln will, angewendet werden.

Wenn das Familiengericht eine Regelung des Umgangs getroffen hat, sind die Eltern daran gebunden, solange die Entscheidung Bestand hat. Gleichwohl kann der Streit wieder ausbrechen, z. B. ein Elternteil zu erreichen versuchen, dass die Entscheidung abgeändert wird (§ 1696 BGB).

Der umgangsberechtigte Elternteil kann sich ferner an das Gericht mit der Behauptung wenden, der andere vereitele die Durchführung der getroffenen Entscheidung. Dann findet ein besonderes **Vermittlungsverfahren** bei Gericht statt (§ 52a FGG). Dieses hat einen doppelten Sinn: Es soll den Eltern die Wichtigkeit des Umgangs beider Eltern mit dem Kind vor Augen führen und die Angelegenheit möglichst einer gütlichen Einigung zuführen. Bleibt das Vermittlungsverfahren erfolglos, so kann das Gericht zu einschneidenden Maßnahmen greifen (Zwangsmittel gegen den Elternteil, der den Umgang des anderen mit dem Kind vereitelt; möglicherweise sogar Änderung des Sorgerechts). Wenn der Elternteil, bei dem das Kind lebt, dessen Umgang mit dem anderen Elternteil **hartnäckig erschwert**, kann das für ihn auch unangenehme unterhaltsrechtliche Folgen haben; bezieht dieser Elternteil zugleich Unterhalt vom anderen, so kann sein Anspruch wegen Fehlverhaltens (§ 1579 Nr. 6 BGB) gekürzt werden.

Nach § 1686 BGB kann jeder Elternteil vom anderen **Auskunft** über die persönlichen Verhältnisse des Kindes verlangen. Das ist vor allem in den Fällen der alleinigen Sorge eines Elternteils aktuell, aber auch bei gemeinsamer Sorge nach der Trennung, wenn das Kind ständig bei einem Elternteil lebt und der andere das legitime

Interesse daran hat, wichtige Informationen zu erhalten; denn nur so kann er sein Recht auf Miterziehung sinnvoll wahrnehmen. Streitigkeiten über das Auskunftsrecht entscheidet ebenfalls das Familiengericht.

8. Umgangsrechte weiterer Personen

Das Gesetz räumt bestimmten weiteren Personen ein förmliches Recht zum Umgang mit dem Kind ein, und zwar

- den Großeltern des Kindes (§ 1685 Abs. 1 BGB),
- den Geschwistern des Kindes (§ 1685 Abs. 1 BGB) sowie
- sonstigen engen Bezugspersonen des Kindes, wenn diese für das Kind „tatsächliche Verantwortung" tragen oder getragen haben.

Diese Personen sollen ein Umgangsrecht nur unter der Voraussetzung haben, dass der **Umgang dem Wohl des Kindes dient**. Das hat das Gericht im konkreten Fall sorgfältig zu prüfen und zu begründen.

Derartige Umgangsrechte von Personen, die nicht die Eltern des Kindes sind, müssen als sehr problematisch angesehen werden. Denn wenn der beanspruchte Umgang nicht dem Willen der sorgeberechtigten Eltern entspricht, bedeutet seine Erzwingung einen gravierende Eingriff in das elterliche Sorgerecht. Die Regelung mag noch angehen, soweit es sich um die Geschwister und die Großeltern, also typischerweise dem Kind sehr nahe stehende Personen handelt. Auch hier sind indes Missbräuche möglich, insbesondere wenn die Eltern des Kindes sich aus Anlass ihrer Trennung streiten.

Beispiel: Frau und Herr Baumeister trennen sich. Um die Kinder (6 und 8 Jahre) wird gestritten. Frau Baumeister gelingt es, gemäß § 1671 Abs. 2 Nr. 2 bei Gericht das alleinige Aufenthaltsbestimmungsrecht zu erhalten, so dass die Kinder bei ihr leben. Das erbittert Herrn Baumeister, aber auch seine Eltern. Sowohl Herr Baumeister als auch – getrennt davon – seine Eltern machen nun derart weitgehende Umgangswünsche geltend, dass die Kinder kaum mehr ein Wochenende ruhig mit ihrer Mutter verbringen könnten.

Die Gerichte sollten sehen, dass derartige Umgangswünsche auch als Waffe im Trennungskampf eingesetzt werden können und hier beizeiten einen Riegel vorschieben. Für die mit den Umgangswünschen konfrontierten Elternteile gilt es, sich klug zu verhalten. Entscheidend ist das Kindeswohl, zu dem vor allem das ungestörte Aufwachsen des Kindes in einer stabilen Lebenswelt gehört.

Besonders bedenklich erscheinen uns die **Umgangsrechte von beliebigen engen Bezugspersonen** des Kindes, wenn diese für das Kind „tatsächliche Verantwortung" tragen oder getragen haben. Dies ist nach Auffassung des Gesetzgebers in der Regel anzunehmen, wenn jemand mit dem Kind längere Zeit in häuslicher Gemeinschaft zusammengelebt hat. Das Verhältnis zu dem Kind, das durch das Tragen „tatsächlicher Verantwortung" entsteht, nennt das Gesetz im Anschluss an das BVerfG eine „sozial-familiäre Beziehung" (§ 1685 Abs. 2).

Beispiel: Frau Meier hat mit Herrn Schuster ein nichteheliches Kind namens Klaus. Sie ist allein sorgeberechtigt (§ 1626 a Abs. 2 BGB). Als Klaus vier Jahre alt ist, beginnt Frau Meier eine nichteheliche Lebensgemeinschaft mit Herrn Traugott. Ein Jahr später geht diese Beziehung in die Brüche. Frau Meier zieht nun mit Klaus zu Herrn Zobel, den sie schließlich heiratet. Herr Traugott, dem der Knabe ans Herz gewachsen ist, möchte weiterhin den Kontakt zu Klaus aufrechterhalten, Frau Meier ist daran nicht im mindesten interessiert. Kann Herr Traugott die Kontakte erzwingen?

Nach dem Gesetz kommt es darauf an, ob Herr Traugott für Klaus eine „enge Bezugsperson" ist, die „für das Kind tatsächliche Verantwortung trägt oder getragen hat". Wie die „tatsächliche Verantwortung" konkret aussehen soll, lässt das Gesetz nicht erkennen. Es vermutet aber die „Übernahme" einer solchen Verantwortung in der Regel, wenn die betreffende Person mit dem Kind „längere Zeit in häuslicher Gemeinschaft zusammengelebt hat." Wenn man das einjährige Zusammenleben des Herrn Traugott im Haushalt mit dem Kind für eine „längere Zeit" ansieht, so greift die Vermutung, und dann läge es an der Mutter, darzutun, dass Herr Traugott trotz des Zusammenlebens keine „tatsächliche Verantwortung" für das Kind getragen hat. Damit aber stellt sich wiederum die Frage, was die „tatsächliche Verantwortung" sein soll: das bloße Zusammenleben oder die Übernahme eines Teils der Kindesbetreuung oder (und) die Zahlung von Unterhalt usw.

Auch das Umgangsrecht der sonstigen „engen Bezugspersonen" steht unter dem Vorbehalt, dass der beanspruchte Umgang mit dem Kind dessen Wohl dienlich sein muss.

Das ist im obigen Fall schon deshalb zweifelhaft, weil der ständige Umgang des Kindes mit dem verflossenen Freund der Mutter sein Hineinwachsen in die neue Lebensgemeinschaft mit dem Ehemann erschweren würde.

Das Umgangsrecht beliebiger „enger Bezugspersonen" ist durch eine Gesetzesreform von 2004 eingeführt. Zuvor war das Umgangsrecht nur Ehegatten, früheren Ehegatten und Pflegeeltern zugestanden, den Ehegatten waren die eingetragenen Lebenspartner gleichgestellt. Die Neuregelung von 2004 knüpft an eine Entscheidung des Bundesverfassungsgerichts aus dem Jahre 2003 (FamRZ 2003, 816) an, die aber nur zugunsten eines **leiblichen Vaters** ergangen war, der **rechtlich** nicht als Vater anerkannt war. Die gesetzliche Regelung geht weit über das verfassungsrechtlich Erforderliche hinaus und schränkt die elterliche Sorge in einem nicht vertretbaren Maße ein.

Gegen unangemessene Umgangswünsche von Ex-Partnern gibt es nach dem Gesagten zwei Verteidigungslinien:

- **Erstens** kann man bestreiten, dass die betreffende Person für das Kind tatsächliche Verantwortung trägt oder getragen hat. In diesem Zusammenhang kann vorgetragen werden, dass das Zusammenleben nicht „längere Zeit" angedauert hat, oder – wenn dies nicht zu bestreiten ist – dass der Ex-Partner über das bloße Zusammenleben hinaus keine wirkliche Verantwortung für das Kind übernommen hat.
- **Zweitens** kann man darlegen, dass der fortgesetzte Umgang mit dem Ex-Partner nicht dem Wohl des Kindes dient.

9. Besonderheiten bei nichtehelichen Kindern

Das **frühere Recht** sah für eheliche und nichteheliche Kinder völlig unterschiedlicher Regelungen vor. Die elterliche Sorge über **nichteheliche Kinder** stand der Mutter allein zu, allerdings waren die mütterlichen Kompetenzen in der Regel durch Befugnisse des Jugendamts als Amtspfleger in Angelegenheiten der Vaterschaftsfeststellung, des Kindesunterhalts und des Erbrechts eingeschränkt. Der Vater hatte selbst dann keinen Anteil am Sorgerecht, wenn er mit der Mutter zusammenlebte. Infolgedessen konnte auch bei Trennung eines unverheirateten Paares kein Konflikt um das Sorgerecht entstehen: Auch nach der Trennung behielt die Mutter die alleinige Sorge; der Vater hatte allenfalls ein – im Gesetz nur schwach abgesichertes – Umgangsrecht mit dem Kind.

Das **seit 1998 geltende Recht** lässt es zu, dass auch Eltern, die nicht miteinander verheiratet sind, das gemeinsame Sorgerecht über ihre gemeinsamen minderjährigen Kinder ausüben. Dazu ist Voraussetzung, dass beide Eltern bei einem Notar oder dem Jugendamt erklären, dass sie die elterliche Sorge gemeinsam übernehmen wollen („Sorgeerklärung"). Mit Abgabe der Erklärungen tritt die gemeinsame Sorge von selbst ein: Die Eltern haben dann gemeinsam das Sorgerecht inne wie verheiratete Eltern. Diese Möglichkeit des gemeinsamen Sorgerechts besteht unabhängig davon, ob die Eltern häuslich zusammenleben oder nicht. Sie ist auch dann gegeben, wenn einer der Elternteile anderweitig verheiratet ist.

Beispiel: Frau Schönborn und Herr Tausendpfund unterhalten eine Liebschaft, obwohl Herr Tausendpfund mit Frau Tausendpfund verheiratet ist. Frau Schönborn bringt eine Tochter zur Welt, die den Vornamen „Tina" erhält und deren Vater Herr Tausendpfund ist. Dieser und Frau Schönborn können nun erklären, dass sie die Sorge für Tina gemeinsam ausüben wollen. Frau Tausendpfund muss dazu nicht gefragt werden. Auch ist nicht notwendig, dass Herr Tausendpfund und Frau Schönborn zusammenleben. Es kann also durchaus sein, dass Herr Tausendpfund weiterhin mit seiner Ehefrau zusammenlebt, aber die elterliche Sorge für Tina mit seiner Geliebten gemeinsam ausübt.

Die Durchschnittsfälle werden freilich anders aussehen: Die Partner sind beiderseits ledig und leben miteinander und mit ihren gemeinsamen Kindern als Familie zusammen. Häufig wird man dann die Möglichkeit des gemeinsamen Sorgerechts wählen, damit die rechtliche Lage mit der wirklichen übereinstimmt. Kommt es nun zur Trennung des Elternpaares, dann entstehen folglich dieselben Probleme, wie bei Trennung und Scheidung ehelicher Eltern. Für diese Probleme gelten denn auch dieselben Regeln (§ 1671 BGB).

Beispiel: In obigem Fall leben Frau Schönborn und Herr Tausendpfund, der sich von seiner Frau hat scheiden lassen, zusammen. Nachdem sie 5 Jahre zusammengelebt haben, zieht Frau Schönborn aus der gemeinsamen Wohnung aus. Es kann nun streitig werden, wer von den beiden Elternteilen fortan die bisher gemeinsame elterliche Sorge über Tina innehaben soll. Dies richtet sich nach denselben Regeln, die bei Trennung verheirateter Eltern gelten.

Das gilt freilich nur wenn Mutter und Vater – also beide! – das gemeinsame Sorgerecht durch entsprechende Sorgeerklärungen begründet haben, wozu keiner von ihnen verpflichtet ist. **Unterbleiben die Sorgeerklärungen**, so hat nach wie vor die **Mutter** eines nichtehelichen Kindes das Sorgerecht allein inne. Bleibt es beim alleinigen Sorgerecht der Mutter, so ändert auch die Trennung von dem Kindesvater daran grundsätzlich nichts, so dass allenfalls der Umgang des Vaters mit dem Kind streitig werden kann. Denn unabhängig davon, ob die Mutter die Alleinsorge behält oder ob gemeinsame Sorge eintritt, hat der Vater das Recht auf Umgang mit dem Kind (§ 1684 BGB) und auch den Anspruch auf Auskunft über dessen persönlichen Verhältnisse. Das gilt grundsätzlich für alle Kinder und Eltern, gleichgültig ob die Kinder ehelich oder nichtehelich sind (einheitliches Kindschaftsrecht).

Häufig wünschen die nichtehelichen Väter das gemeinsame Sorgerecht. Dieses kann aber nur eintreten, wenn auch die Mutter die Sorgeerklärung abgibt. Ob die Mutter sich darauf einlassen soll, will gut überlegt sein. Wenn das Elternpaar eheähnlich zusammenlebt und ein verlässliches Vertrauensverhältnis entstanden ist, wird nichts gegen die Abgabe von Sorgeerklärungen sprechen. Lebt das Paar hingegen nicht oder nicht ständig zusammen, ist die Abgabe der Sorgeerklärung für die Mutter ausgesprochen riskant: Denn bei gemeinsamem Sorgerecht ist ja noch nicht einmal festgelegt, bei wem das Kind lebt, wer den Barunterhalt für das Kind und den Betreuungsunterhalt für den Partner zu bezahlen hat. Daher ist vor Abgabe der Sorgeerklärung darauf zu dringen, dass diese Punkte durch „flankierende Vereinbarungen" geregelt werden. Einer Mutter, die mit dem Vater ihres Kindes nicht zusammenleben will, ist generell zu raten, ihr alleiniges Sorgerecht zu behalten.

Es ist auch möglich, dass der **nichteheliche Vater das alleinige Sorgerecht** erhält. Wenn die gemeinsame Sorge hergestellt war und das Elternpaar sich trennt, so ist es durchaus möglich, dass der Vater nach § 1671 BGB im Kampf um das Sorgerecht als Sieger hervorgeht. Und selbst dann, wenn die Mutter das alleinige Sorgerecht behalten hat, kann der Vater bei Trennung beantragen, dass das Familienrecht ihm nun die alleinige Sorge überträgt (§ 1672 Abs. 1 BGB). Allerdings ist in diesem Fall die Zustimmung der Mutter nötig.

V. Unterhalt bei Trennung und Scheidung

1. Überblick

Das Unterhaltsrecht bildet einen Schwerpunkt in der familienrechtlichen Praxis. Es gehört neben den Fragen zur elterlichen Sorge zu den am meisten umkämpften Folgen von Trennung und Scheidung, denn: „Scheiden tut weh!“;. Dies vor allem deshalb, weil der Zusammenbruch der Familiengemeinschaft oftmals drastische wirtschaftliche Einschnitte zur Folge hat. Was für die intakte Gemeinschaft gereicht hat, reicht häufig nicht mehr für die zerbrochene Familie. So wird bisweilen um den letzten Cent gerungen. Ausführliche Information ist deshalb bei allen Unterhaltsfragen unerlässlich!

Es ist eine Vielzahl von Fragen zu klären:

- Besteht eine gesetzliche Anspruchsgrundlage?
- Ist derjenige, der Unterhalt gelten machen will, überhaupt bedürftig?
- Wie hoch ist der zu leistende Unterhalt?
- Ist der Verpflichtete leistungsfähig?
- Bestehen Besonderheiten im Einzelfall?

Auch wenn einem der eigene Fall einfach erscheinen mag; in den wenigsten Fällen ist der Laie wirklich in der Lage, sich im „Dschungel“; des Unterhaltsrechts zurechtzufinden.

> Unterhaltsfragen sind fast stets kompliziert. Es ist daher riskant, Vereinbarungen mit dem Partner ohne fachkundige Beratung zu schließen!

Zur Geltendmachung von Unterhalt ist stets das Bestehen einer (gesetzlichen) **Anspruchsgrundlage** erforderlich. Diese sind im Bürgerlichen Gesetzbuch (BGB) aufgeführt.

Das Gesetz kennt 3 Arten des Ehegattenunterhalts, nämlich

- den Familienunterhalt gemäß § 1360 BGB
- den Trennungsunterhalt gemäß § 1361 BGB
- den nachehelichen Unterhalt gemäß den §§ 1569 ff. BGB.

Für den Fall der Trennung und Scheidung sind darüber hinaus die Ansprüche der Kinder gegen ihre Eltern nach den §§ 1601 ff. BGB von erheblicher praktischer Bedeutung.

Das Bestehen einer der genannten Anspruchsgrundlagen allein bedeutet noch nicht, dass auch tatsächlich Unterhalt geleistet werden muss. Vielmehr müssen weitere, gesetzlich normierte Voraussetzungen erfüllt sein, damit man am Ende monatliche Geldzahlungen erhält. Um diese Voraussetzungen nachvollziehen zu können, ist die Kenntnis der unterhaltsrechtlichen Grundbegriffe und ihrer Bedeutung erforderlich.

Unterhalt erhält stets nur derjenige, der bedürftig ist. **Bedürftigkeit** bedeutet, dass der im Gesetz benannte Anspruchsberechtigte aufgrund seiner familiären bzw. ehelichen Verhältnisse Unterhalt benötigt. Unterhalt benötigt nur derjenige, der sich mit seinen Eigenmitteln nicht (ehe-)angemessen versorgen kann. Die Frage der Bedürftigkeit steht in unmittelbarem Zusammenhang mit der Unterhaltshöhe. Für den Familienunterhalt ist sie in § 1360 BGB, für den Trennungsunterhalt in § 1361 BGB, für den nachehelichen Ehegattenunterhalt in § 1577 BGB und schließlich für den Kindesunterhalt in § 1602 BGB angesprochen. Derjenige, der Unterhalt geltend macht, wird als **Berechtigter** oder Unterhaltsgläubiger bezeichnet. Die Person, gegen die sich der Unterhaltsanspruch richtet, wird **Verpflichteter** oder Unterhaltsschuldner genannt.

Bei der Frage nach der Höhe des Unterhalts wird sodann ermittelt, welcher konkrete Unterhalt dem Berechtigten nach seinem Bedarf zusteht.

Der Verpflichtete muss seinerseits finanziell in der Lage sein, den Unterhaltsbedarf des Berechtigten zu zahlen; er muss **leistungsfähig** sein. Ihm muss stets ein bestimmter (je nach Unterhaltsanspruch verschiedener) Betrag seines Einkommens übrig bleiben, damit er nicht durch seine Unterhaltsverpflichtungen zum Sozialfall wird oder es zu einer unangemessenen finanziellen Benachteiligung gegenüber dem oder den Unterhaltsgläubigern kommt. Diesen Betrag nennt man **Selbstbehalt**.

In jedem unterhaltsrechtlichen Sachverhalt ist darüber hinaus stets zu prüfen, ob im konkreten Einzelfall der Unterhaltsanspruch aus gesetzlichen **Ausnahmetatbeständen** ausgeschlossen ist, ob **Un-**

terhaltsrückstände aufgelaufen sind, die nachträglich auszugleichen sind, oder **sonstige** die Höhe des Unterhalts beeinflussende **Umstände** vorliegen.

2. Familienunterhalt

Leben Ehegatten und ihre minderjährigen oder sich noch in der Berufsausbildung befindenden Kinder in der Familiengemeinschaft zusammen, entstehen normalerweise keine unterhaltsrechtlichen Probleme. Die Ehegatten sind einander verpflichtet, durch ihre Arbeit und ihr Vermögen die Familie angemessen zu unterhalten. Ist einem Ehegatten die Haushaltsführung überlassen (sog. Haushaltsführungsehe), so erfüllt er seine Verpflichtung, durch Arbeit zum Unterhalt der Familie beizutragen, in der Regel durch die Führung des Haushalts (§ 1360 BGB).

Soweit der Unterhalt durch die Führung des Haushalts gegebenenfalls einschließlich der Betreuung der Kinder erbracht wird, spricht man von **Naturalunterhalt**. Wird Unterhalt durch die Beschaffung der erforderlichen Geldmittel geleistet, nennt man diesen Unterhalt **Barunterhalt**. Barunterhalt und Naturalunterhalt werden grundsätzlich als gleichwertige Leistung angesehen. Wie die Ehegatten im Einzelnen ihre Aufgaben verteilen, obliegt ihrer Wahl. Festgelegt ist durch die gesetzliche Regelung nur, dass jeder einen Beitrag erbringen muss.

Gehören zur Familie Kinder, haben diese einen eigenständigen Unterhaltsanspruch auf angemessenen Unterhalt gegen beide Elternteile (§§ 1601 ff.)

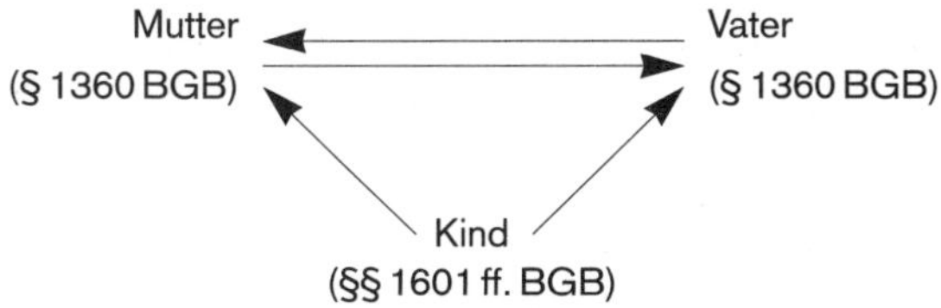

Beispiel: Das Ehepaar Müller ist seit sieben Jahren verheiratet. Das Paar hat zwei Kinder im Alter von 3 und 5 Jahren. Bislang hat Frau Müller den Haushalt geführt und ihr Partner eine Erwerbstätigkeit ausgeübt. Herr

Müller ist mit seiner beruflichen Situation unzufrieden. Frau Müller hingegen erhält die Möglichkeit, bei ihrem früheren Arbeitgeber eine lukrative Stelle anzutreten. Die Eheleute einigen sich, dass sich von nun an Herr Müller um den Haushalt einschließlich der Betreuung der Kinder kümmert und Frau Müller den finanziellen Unterhalt der Familie übernimmt.

Beide Partner erfüllen nach wie vor ihre gegenseitige Verpflichtung, zum Familienunterhalt beizutragen. Sie haben jedoch ihre Rollen getauscht: Nunmehr ist Frau Müller barunterhaltspflichtig, während Herr Müller seine Unterhaltsverpflichtung als Naturalunterhalt erbringt (§ 1360 S. 2 BGB).

Der angemessene Unterhalt der Familie umfasst alles, was nach den (individuellen) Verhältnissen der Ehegatten erforderlich ist, um die Kosten des Haushalts zu bestreiten und die persönlichen Bedürfnisse der Ehegatten sowie den Lebensbedarf der gemeinsamen unterhaltsberechtigten Kinder zu befriedigen (§ 1360 a Abs. 1 BGB). Neben einem wöchentlich oder monatlich im Voraus zu zahlenden Wirtschaftsgeld umfasst er also auch einen Anspruch der Ehegatten auf Taschengeld zur Befriedigung rein persönlicher Interessen. Bei einem durchschnittlichen Familieneinkommen geht man bezüglich Letzterem in der Regel von 5 bis 7 % des um Schulden bereinigten Nettoeinkommens aus.

3. Trennungsunterhalt

a) Die Bedeutung der Trennung für den Unterhalt der Ehegatten

Mit der Trennung der Ehegatten vollzieht sich eine erste grundlegende Änderung der unterhaltsrechtlichen Beziehung. Die Gesamtverantwortung der Partner für den Familienunterhalt mit der gegenseitigen Verpflichtung, die Familie durch Geldleistung und Haushaltsführung zu unterhalten, wandelt sich in einen einseitigen Anspruch des bedürftigen Gatten auf eine Geldrente gegen den Unterhaltspflichtigen (§ 1361 Abs. 1, 3 BGB). Es besteht ein Anspruch auf angemessenen Unterhalt für den bedürftigen Ehegatten, wenn eine gültige Ehe besteht und die Eheleute im Sinne von § 1567 BGB getrennt leben. Zugleich entsteht eine **gesteigerte Eigenverantwortung** der Eheleute, ihren Unterhaltsbedarf selbst zu decken.

Ein Anspruch auf Trennungsunterhalt besteht nur bis zur Rechtskraft der Scheidung, da zu diesem Zeitpunkt die Trennungszeit endet. Der nacheheliche Unterhalt muss daher gesondert eingefordert und – soweit nötig – eingeklagt werden!

Der Kindesunterhalt ist getrennt hiervon ebenfalls gegen den barunterhaltspflichtigen Elternteil geltend zu machen (§§ 1601 ff. BGB). Der andere Elternteil wird in der Regel auch nach der Trennung den Kindesunterhalt als Naturalunterhalt, nämlich durch Betreuung leisten. Der Kindesunterhaltsanspruch ist unabhängig davon, ob die Eltern (noch) getrenntleben oder (schon) geschieden sind. Wurde z. B. während der Trennungsphase der Eltern erfolgreich Kindesunterhalt eingeklagt, so muss der Kindesunterhalt für den Zeitraum ab Rechtskraft der Scheidung nicht erneut eingeklagt werden.

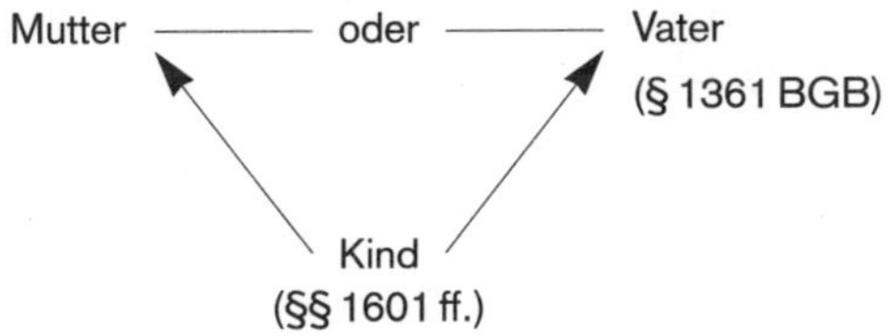

Beispiel: Das Ehepaar Müller hat drei Kinder im Alter von 2, 5 und 7 Jahren. Herr Müller ist städtischer Angestellter, Frau Müller führt seit der Geburt des ersten Kindes den Haushalt und betreut die Kinder. Frau Müller erträgt die permanente Eifersucht ihres Gatten nicht mehr und zieht mit ihren Kindern aus der Ehewohnung aus. Die gesetzlichen Regelungen des Familienunterhalts greifen nicht mehr. Vielmehr hat aufgrund der Trennung nunmehr Frau Müller einen einseitigen Anspruch gegen ihren Ehemann auf Trennungsunterhalt gemäß § 1361 BGB. Die Kinder haben wie zuvor einen eigenen Anspruch auf Kindesunterhalt gegen beide Elternteile. Da Frau Müller die Kinder auch weiterhin betreut, erfüllt sie ihre Unterhaltspflicht als Naturalunterhalt. Herr Müller hingegen schuldet den Kindern Barunterhalt.

b) Bedürftigkeit

Die Trennungsphase der Eheleute lässt sich als ein Zwischenstadium zwischen dem familiären Zusammenleben und der Auflösung der Ehe durch die Scheidung beschreiben. Die Ehe besteht weiter.

Den Partnern soll deshalb die Möglichkeit belassen werden, sich wieder zu versöhnen oder die Neuorientierung vernünftig zu durchdenken. Das ist normalerweise jedoch nur dann noch möglich, wenn den Eheleuten nicht sofort eine endgültige Entscheidung über ihre zukünftige Lebensgestaltung auferlegt wird. Die gesetzliche Regelung des Trennungsunterhalts erhält den Eheleuten daher einen gewissen Freiraum. Sie schränkt den Grundsatz der Eigenverantwortung, der im Fall der Ehescheidung im Unterhaltsrecht endgültig Platz greift, übergangsweise ein.

Dies zeigt sich insbesondere an § 1361 Abs. 2 BGB: Der bislang nicht berufstätige Gatte ist grundsätzlich nicht verpflichtet, sofort ab dem Zeitpunkt der Trennung eine Erwerbstätigkeit aufzunehmen, um sich selbst unterhalten und seinen Unterhaltsbedarf decken zu können. Im ersten Jahr der Trennung besteht daher in der Regel keine **Erwerbsobliegenheit**. Ausnahmen bestehen nur, wenn besondere Umstände im Einzelfall die Aufnahme einer Erwerbstätigkeit rechtfertigen. Exemplarisch benannt werden können hier vor allem kurze kinderlose Ehen oder gravierende wirtschaftliche Notlagen. Entsprechendes gilt für Fälle, in denen während des Zusammenlebens von einem Partner nur eine Teilzeittätigkeit ausgeübt wurde. Auch hier muss also regelmäßig nicht sofort auf eine Ganztagsarbeit ausgedehnt werden.

Beispiel: Herr Müller und Frau Müller trennen sich nach zehnjähriger kinderloser Ehe. Frau Müller war während der Zeit des Zusammenlebens nicht berufstätig, um sich dem aufwändigen Haushalt widmen zu können. Nach der Trennung ist Frau Müller nicht verpflichtet, unverzüglich eine Erwerbstätigkeit aufzunehmen, um sich so (ganz oder teilweise) selbst unterhalten zu können. Nach einer Übergangszeit – im Beispielsfall wohl nach einem Jahr Trennung – wird ihr jedoch die Aufnahme einer angemessenen Tätigkeit zuzumuten sein.

Betrug die Zeit des Zusammenlebens von Herrn und Frau Müller etwa nur zwei Jahre, so wird Frau Müller in der Regel schon vor Ablauf eines Jahres eine Erwerbstätigkeit zumutbar sein. Reichen ihre dann erzielten Einkünfte nicht zur Deckung des Lebensbedarfs auf dem bisherigen Niveau aus, so kann Frau Müller von ihrem Mann eine Aufstockung ihres eigenen Einkommens in Form einer Unterhaltszahlung verlangen (sog. Aufstockungsunterhalt).

Bei langer Ehedauer, höherem Alter des Unterhaltsberechtigten oder besonders günstigen wirtschaftlichen Verhältnissen während des Zusammenlebens kann im Einzelfall die Verpflichtung zur Aufnahme einer Erwerbstätigkeit auch erheblich später als nach einem Trennungsjahr eintreten. Die Verpflichtung, eine angemessene Erwerbstätigkeit aufzunehmen, wächst jedoch mit der Dauer der Trennung der Eheleute. Je länger die Trennung andauert, umso mehr muss sich der Unterhaltsberechtigte auf die Endgültigkeit der Trennung einrichten und sich um die (zumindest teilweise) Versorgung durch eigene Erwerbstätigkeit kümmern.

Arbeitet derjenige, der aufgrund seiner Bedürftigkeit Unterhalt geltend macht, nicht, obwohl er eine Erwerbsobliegenheit hat, so führt dies in der Regel zu einer Kürzung seiner Unterhaltsansprüche. Er muss sich dann nämlich so behandeln lassen, als übe er eine Erwerbstätigkeit aus. Das fiktive Einkommen hieraus wird auf seinen tatsächlichen Bedarf angerechnet.

Soweit aus der Ehe gemeinsame Kinder hervorgegangen sind oder – anders beim Geschiedenenunterhalt – nichteheliche Kinder im Familienverbund aufgenommen, mit versorgt und betreut wurden, wird die Verpflichtung zur Aufnahme einer Erwerbstätigkeit ebenfalls erheblich eingeschränkt. Auch nach der Trennung geborene nichteheliche Kinder stehen der Verpflichtung zur Aufnahme einer Erwerbstätigkeit regelmäßig entgegen.

Ab wann einem Ehegatten, der Kinder betreut, angesonnen werden kann, sich ganz oder zumindest teilweise um die Deckung seines Unterhaltsbedarfs zu kümmern, ist grundsätzlich eine Frage des Einzelfalls. Allerdings haben sich aufgrund der höchstrichterlichen Rechtsprechung des Bundesgerichtshofs gewisse Leitlinien herausgebildet, an denen sich die Familiengerichte orientieren. Die näheren Einzelheiten werden im Zusammenhang mit dem Unterhalt nach Scheidung erläutert.

In nicht wenigen Fällen nimmt der die Kinder betreuende Ehegatte, obwohl er keine Erwerbsobliegenheit nach den oben beschriebenen Grundsätzen hat, gleichwohl notgedrungen eine Erwerbstätigkeit auf, um die persönlichen finanziellen Verluste durch die Trennung und unzureichenden Unterhalt aufzufangen. In einem solchen Fall spricht man von **Einkommen aus unzumutbarem Erwerb**.

Beispiel: Frau Riedel hat zwei Kinder im Alter von 2 und 4 Jahren. Sie war bislang nicht berufstätig. Herr Riedel verfügt über ein geringes Einkommen. Hiervon müssen zum Teil noch Kredite für die Anschaffung von Möbeln in Höhe von 300 Euro zurückgeführt werden. Nach der Trennung reicht das Einkommen des Herrn Riedel unter Berücksichtigung seines Selbstbehaltes daher nicht aus, den vollständigen Lebensbedarf seiner Frau und seiner Kinder abzudecken. In dieser Situation nimmt Frau Riedel eine Stelle als Kassiererin im Supermarkt an.

Würde man dieses Einkommen in voller Höhe in die Unterhaltsberechnung einbeziehen, führte dies letztlich dazu, dass die Bedürftigkeit und in der Folge auch die Unterhaltshöhe zum Nachteil des unfreiwillig arbeitenden und gleichzeitig Kinder betreuenden Gatten geschmälert würde.

Gleiches gilt für den Fall einer freiwilligen, d. h. nicht aus wirtschaftlicher Not erforderlichen Erwerbsaufnahme nach der Trennung und trotz Kinderbetreuung. Hier spricht man regelmäßig nicht von einer unzumutbaren, sondern von einer überobligatorischen Tätigkeit.

Beispiel: Herr Schindler verfügt über ein überdurchschnittliches Einkommen. Bis zur Trennung hat seine Frau die fünfjährige Tochter betreut und den Haushalt geführt. Nach der Trennung nimmt sie ihre Tochter mit und entschließt sich, als Bürokraft in einer Versicherungsagentur zu arbeiten.

Auch hier soll der freiwillige Einsatz nicht zu Lasten des Unterhaltsberechtigten ins Leere laufen. In welcher Höhe und in welcher Form derartige Einkommen zu berücksichtigen sind, war bislang aufgrund einer im Jahr 2001 erfolgten grundlegenden Rechtsprechungsänderung des Bundesgerichtshofs noch weitgehend ungeklärt. Die Einkünfte galten grundsätzlich als die ehelichen Verhältnisse nicht prägend und wurden letztlich – je nach Gericht bzw. Oberlandesgerichtsbezirk unterschiedlich – im Rahmen der Unterhaltsberechnung angesetzt. Über die tatsächlich anfallenden Betreuungskosten für das oder die Kinder hinaus erfolgte die Berücksichtigung vielfach durch einen pauschalen „Betreuungsbonus". Auch die seit Juli 2005 geltenden aktuellen Leitlinien der Oberlandesgerichte sehen zum Teil noch einen solchen Bonus vor.

Zwischenzeitlich hat der Bundesgerichtshof mit einem Urteil vom 13. 4. 2005 (FamRZ 2005, S. 1154) jedoch seine Vorstellungen hinsichtlich der Berücksichtigung unzumutbarer/überobligatorischer Einkünfte deutlich(er) gemacht. Er hat klargestellt, dass beim Ehegattenunterhalt ein Einkommen aus einer überobligatorischen Tätigkeit in Änderung seiner früheren Rechtsprechung die ehelichen Lebensverhältnisse prägt, soweit es nach § 1577 Abs. 2 BGB anrechenbar ist. D. h. im Rahmen der Unterhaltsberechnung ist das Einkommen des Berechtigten zunächst gemäß § 1577 Abs. 2 BGB aus Billigkeitsgründen zu kürzen und der verbleibende Rest als die ehelichen Lebensverhältnisse prägend sowohl bei der Bedarfsbestimmung als auch bei der Bedürftigkeit anzusetzen. Einfacher ausgedrückt: Ein Teil des unzumutbaren/überobligatorischen Einkommens muss zugunsten des Berechtigten bei der Berechnung der Höhe des Unterhaltanspruchs außen vor gelassen werden.

Die entscheidende Frage, in welcher Höhe die Kürzung zu erfolgen hat, hat der Bundesgerichtshof jedoch nicht konkret beantwortet. Er hat vielmehr betont, dass es insoweit stets auf den Einzelfall ankomme. Dabei spielten z. B. Anzahl und Alter der Kinder eine Rolle, aber auch der zeitliche Umfang der Erwerbstätigkeit. Einer Pauschalierung hat er damit eine klare Absage erteilt. Dies bedeutet zugleich, dass die zum Teil – noch – in den Unterhaltsleitlinien vorhandenen Pauschalierungen wohl keine Anwendung finden können. Einigermaßen verlässliche Aussagen zur Unterhaltshöhe in derartigen Fällen wird nur ein erfahrener Anwalt geben können.

c) Die Höhe des Unterhalts

Um die Unterhaltshöhe festlegen zu können, muss zunächst ermittelt und errechnet werden, welchen **Unterhaltsbedarf** die Eheleute haben. Das Gesetz weist dabei als Maß des Bedarfs die **ehelichen Lebensverhältnisse** aus (§ 1361 Abs. 1 S. 1 BGB). Gemeint sind hiermit die Lebens-, Erwerbs- und Vermögensverhältnisse der Ehegatten.

Es gilt mithin in jedem Einzelfall zu überprüfen, was die ehelichen Lebensverhältnisse **geprägt** hat. An erster Stelle steht damit die Frage, welche Einkünfte zum Zeitpunkt der Trennung bzw. zum Zeitpunkt der Geltendmachung des Trennungsunterhalts erzielt werden.

Einkünfte in diesem Sinne sind alle tatsächlichen Einkommen **beider** Gatten aus eigenem Verdienst oder aus Fremdleistungen. Eigeneinkünfte werden in der Regel durch nichtselbständige oder selbständige Erwerbstätigkeit erzielt. Dabei gehören sämtliche Lohnfaktoren wie Zuschläge, Spesen, Urlaubs- und Weihnachtsgeld, Trinkgelder etc. mit zum Einkommen. Auch so genannte Sachbezüge, insbesondere Firmen- oder Dienstwagen, stellen einen geldwerten Vorteil dar und werden unterhaltsrechtlich dem Einkommen zugerechnet. Als Einkommen angesehen werden auch Einkünfte mit Lohnersatzfunktion wie vor allem das Kranken- und Arbeitslosengeld. Zum Einkommen zählen darüber hinaus Vermögenserträge, Einnahmen aus Vermietung und Verpachtung, erfolgte Steuererstattungen sowie – praktisch häufig bedeutsam – der Nutzungswert des Wohnens im Eigenheim nach Abzug der monatlichen verbrauchsunabhängigen Kosten. Im Einzelfall kommt auch ein Einkommen aus Haushaltsführung für einen neuen Lebensgefährten als zu berücksichtigen in Betracht. Eine erschöpfende Auflistung sämtlicher denkbarer Einkunftsquellen würde den vorliegenden Rahmen sprengen.

Beispiel: Herr und Frau Müller sind beide berufstätig. Herr Müller arbeitet als Angestellter bei der Sparkasse, Frau Müller ist halbtags als Verkäuferin tätig. Herr Müller erzielt monatliche Einnahmen von 2000 Euro und erhält darüber hinaus Provisionen für die Vermittlung von Immobilienfinanzierungen. Diese werden nur vierteljährlich in Höhe vom 600 Euro ausbezahlt. Frau Müller verdient 800 Euro. Beide wohnen in einem Eigenheim, für das eine marktübliche Miete von 750 Euro zu zahlen wäre. Monatlich müssen für das Haus 500 Euro Zins- und Tilgungsleistungen aufgebracht werden. Sowohl das Einkommen von Herrn und Frau Müller in Höhe von 2000 und 800 Euro, als auch die Prämien (auf den Monat umgerechnet) sowie der Nutzungswert des mietfreien Wohnens im Eigenheim vom 250 Euro (750 Mietwert abzüglich Belastungen) stellen das für die Unterhaltsberechnung maßgebliche Einkommen dar.

Da die Einkünfte gerade aus Erwerbstätigkeit häufig monatlich schwanken, wird zur Ermittlung des Bedarfs ein Durchschnittseinkommen gebildet, um zu einem möglichst realistischen Bild zu gelangen. Bei Einkünften aus nichtselbständiger Erwerbstätigkeit wird dabei in der Regel ein Schnitt aus den letzten zwölf Kalendermonaten, bei Selbständigen aus den letzten drei Kalenderjahren gebildet. Soweit innerhalb der genannten Zeiträume **nachhaltige** positive oder negative Veränderungen eingetreten sind, wird dies selbstverständlich berücksichtigt. Beispielhaft genannt werden können hier Gehaltserhöhungen, Eintritt von längerer Arbeitslosigkeit, Veränderungen aufgrund des Wechselns der Steuerklasse etc.

> Im Jahr der Trennung können die alten Steuerklassen grundsätzlich beibehalten werden. Spätestens ab 1. Januar des Folgejahres ist ein Steuerklassenwechsel erforderlich. Die Steuerklassen III und IV gelten nämlich nicht mehr, wenn man dauerhaft getrennt voneinander lebt! Der Steuerklassenwechsel führt besonders bei der Steuerklasse III zu nicht unerheblichen Einkommensminderungen.

Steht fest, welche Einkünfte durchschnittlich erzielt werden, so wird in einem nächsten Schritt berücksichtigt, dass den Einnahmen stets auch eine Vielzahl von Ausgaben gegenübersteht. Es muss das so genannte **bereinigte Nettoeinkommen** ermittelt werden. Nicht alle tatsächlichen regelmäßig anfallenden Ausgaben werden dabei jedoch unterhaltsrechtlich als Abzugsposten berücksichtigt. Die allgemeinen Lebenshaltungskosten wie z. B. Lebensmittelkauf, Miete, Strom, Telefon etc. werden bei der Unterhaltsberechnung nämlich im Selbstbehalt berücksichtigt. Sie können nicht als Abzüge des Nettoeinkommens berücksichtigt werden.

Stets abzuziehen sind die tatsächlich anfallenden Steuern und Sozialabgaben einschließlich der Kranken- und Pflegeversicherungsbeiträge. Ob darüber hinausgehende Vorsorgeaufwendungen wie etwa Unfallversicherungen, Lebensversicherungen, Direktversicherungen, private Rentenversicherungen etc. zu berücksichtigen sind, hängt vom konkreten Einzelfall ab. Insbesondere bei Selbständigen gelten hier besondere Maßstäbe.

Von besonderer praktischer Relevanz sind darüber hinaus bei Nichtselbständigen Abzüge für berufsbedingte Aufwendungen, soweit sie tatsächlich anfallen und nicht vom Arbeitgeber ausgeglichen werden. Häufigster Fall sind Fahrtkosten, die für die Fahrten zwischen Wohnung und Arbeitsstätte anfallen. Liegen beide Orte weiter auseinander, so fallen hierfür bisweilen beträchtliche Ausgaben an. Die verschiedenen Oberlandesgerichte haben für ihre Gerichtsbezirke Leitlinien entwickelt, in denen geregelt ist, in welcher Höhe berufsbedingte Aufwendungen im Rahmen der Unterhaltsberechnung berücksichtigt werden können. Nach der so genannten Düsseldorfer Tabelle etwa werden sie ohne konkreten Nachweis mit 5 % des Nettoeinkommens angesetzt, mindestens jedoch mit 50 Euro (bei geringfügigen Tätigkeiten auch weniger), höchstens mit 150 Euro. Die Leitlinien anderer Oberlandesgerichte sehen demgegenüber z. T. keine Ober- und Untergrenzen vor. Wieder andere rechnen nicht mit Pauschalen, sondern es ist stets ein konkreter Nachweis erforderlich.

Wichtig erscheint in diesem Zusammenhang jedoch vor allem der Hinweis darauf, dass grundsätzlich unterhaltsrechtlich eine Verpflichtung besteht, für Fahrten zwischen Wohnung und Arbeitsstätte das günstigste – d. h. unter Umständen das öffentliche – Verkehrsmittel zu benutzen. In Einzelfällen kann auch ein Wohnortwechsel verlangt werden, wenn aufgrund der hohen Fahrtkosten angemessene Unterhaltsleistungen nicht erbracht werden können.

Beispiel: Herr Peters verfügt über ein Nettoeinkommen von 1800 Euro. Er wohnt wie seine getrennt lebende Ehefrau und die drei minderjährigen Kinder in Bayreuth. Sein Arbeitsplatz ist in Nürnberg. Die Strecke von 90 km einfach fährt er täglich mit dem PKW. Hierfür fallen monatlich Fahrtkosten in Höhe von 300 Euro an, die Herr Peters nicht von seinem Arbeitgeber erstattet erhält. Seine Leistungsfähigkeit, seiner Gattin und den Kindern eheangemessenen Trennungsunterhalt bzw. Kindesunterhalt zu zahlen, wird hierdurch erheblich eingeschränkt. Zwischen Nürnberg und Bayreuth existiert eine regelmäßige Bahnverbindung. Das Monatsticket kostet nur 150 Euro. Hier kann Herr Peters zugunsten der Unterhaltsberechtigten darauf verwiesen werden, öffentliche Verkehrsmittel zu benutzen. Im absoluten Mangelfall kann ihm unter Umständen sogar ein

Wohnortwechsel angesonnen werden, damit die beträchtlichen Fahrtkosten entfallen und das Geld den Unterhaltsberechtigten zur Verfügung steht.

In vielen Unterhaltsfällen spielt darüber hinaus die Abzahlung von Krediten eine große Rolle. Verbindlichkeiten aus der Zeit des Zusammenlebens der Ehegatten sind grundsätzlich als Abzugsposten zu berücksichtigen, soweit es sich nicht um leichtfertig und zugleich einseitig eingegangene Verbindlichkeiten handelt, wie etwa Spielschulden oder Ausgaben für teure Hobbys etc. Maßgebend ist regelmäßig, ob die Verbindlichkeiten mit ausdrücklicher oder stillschweigender Billigung des Ehepartners eingegangen wurden oder ohnehin beide Ehegatten verpflichtet sind. Als Abzugsposten ist grundsätzlich die monatlich anfallende Ratenzahlung anzusetzen. Gegebenenfalls muss umgeschuldet oder die Höhe der Ratenzahlung gekürzt werden. Nicht entscheidend für die Abzugsfähigkeit vom Einkommen ist, wer die angeschafften Gegenstände nach der Trennung behalten darf! Wichtig ist jedoch auch zu wissen, dass **keine Vermögensbildung auf Kosten des Partners** betrieben werden kann. So können auch Schulden, die im Rahmen der Vermögensauseinandersetzung der Eheleute aufgenommen werden, im Rahmen der Unterhaltsberechnung nicht berücksichtigt werden.

Beispiel: Herr und Frau Meier haben sich zu Beginn ihrer Ehe eine teuere Küche per Ratenkauf gekauft. Herr Müller ist Alleinverdiener. Die Raten belaufen sich auf 200 Euro monatlich. Nach der Trennung zieht Herr Meier aus der Ehewohnung aus; Frau und Kind verbleiben. Die Raten für die Küche werden von Herrn Müller weiter entrichtet. Die monatlichen Zahlungen hierfür werden im Rahmen der Unterhaltsberechnung als Abzugsposten vom Nettoeinkommen berücksichtigt. Sie mindern also das für die Unterhaltsberechtigten verfügbare Einkommen. Herr Meier hat darüber hinaus bei einem Spielbankbesuch hohe Verluste hinnehmen müssen. Um diese ausgleichen zu können, hat er ein Darlehen aufgenommen, welches er mit 100 Euro monatlich abträgt. Diese monatliche Ratenzahlung kann er Frau Meier nicht unterhaltsmindernd entgegenhalten.

Soweit die Ehegatten gemeinsame Kinder aus ihrer Ehe oder aber darüber hinaus Kinder aus anderen Verbindungen haben, die vor der Scheidung geboren werden, beeinflusst die Unterhaltslast für diese Kinder die Unterhaltshöhe des bedürftigen Ehegatten. Der zu leistende Kindesunterhalt wird in diesen Fällen als die ehelichen Lebensverhältnisse prägend angesehen und ebenfalls vom Nettoeinkommen abgesetzt. (Zu den Einzelheiten der Höhe des Kindesunterhalts vgl. näher unten S. 130 ff.)

Beispiel: Herr Müller hat einen Sohn aus einer vorehelichen Beziehung und zahlt während des Zusammenlebens mit seiner Ehefrau regelmäßig Unterhalt an diesen. Nach der Trennung bleibt die Kindesunterhaltsverpflichtung weiter bestehen. Herr Müller kann daher den Kindesunterhalt von seinem Nettoeinkommen absetzen. Frau Müller kann sich nicht darauf berufen, dass es sich nicht um ein gemeinsames Kind handelt und sie deshalb die Zahlungsverpflichtung nicht länger unterhaltsmindernd gegen sich gelten lassen will.

> Wer Abzugsposten im Rahmen der Unterhaltsberechnung geltend machen will, ist für die regelmäßige Zahlung und die eheprägende Wirkung nachweispflichtig!

Steht nach Berücksichtigung aller Einnahmen und abzugsfähigen Ausgaben schließlich fest, welches bereinigte eheprägende Nettoeinkommen auf Seiten beider Ehegatten vorliegt, wird in einem nächsten Schritt der tatsächliche Bedarf des einzelnen Ehegatten nach den ehelichen Lebensverhältnissen bestimmt.

In aller Regel erfolgt diese Bestimmung anhand der so genannten **Ehegattenquoten** (Quotenunterhalt). Wie im Zusammenhang mit den berufsbedingten Aufwendungen bereits erwähnt, haben die verschiedenen Oberlandesgerichte für ihre Gerichtsbezirke Leitlinien für die Unterhaltsberechnungen geschaffen. In diesen sind auch die jeweiligen Ehegattenquoten festgelegt. In allen Leitlinien gilt zunächst der **Halbteilungsgrundsatz**. Er besagt, dass der volle Unterhaltsbedarf eines Ehegatten grundsätzlich nicht höher ist bzw. sein kann, als die Hälfte der beiderseitigen bereinigten Einkommen. Die Unterhaltsquote beträgt danach im Grundsatz 50:50.

Praktisch gilt die Unterhaltsquote 50:50 jedoch nur bei Einkünften, die nicht aus einer Erwerbstätigkeit stammen. Beispielhaft genannt werden können hier Renteneinkünfte, Arbeitslosengeld, Zinseinkünfte, Einkünfte aus Vermietung und Verpachtung etc.

In den von Bundesgerichtshof gebilligten Unterhaltsleitlinien wird demgegenüber bei Erwerbseinkünften der Umstand berücksichtigt, dass mit der Erwerbstätigkeit ein höherer Aufwand verbunden ist. Es wird ein so genannter **Erwerbsanreiz** zugebilligt, der sich in der Unterhaltsquote niederschlägt. Die Mehrzahl der Oberlandesgerichte gewährt einen Erwerbstätigenbonus von 1/7, so dass die Unterhaltsquote 3/7 zu 4/7 beträgt. Die bayerischen Oberlandesgerichte hingegen billigen 1/10 zu, die Quote beträgt hierbei 4,5/10 zu 5,5/10 bzw. 45 % zu 55 %. Zu beachten ist, dass der Erwerbstätigenbonus stets nur vom bereinigten Nettoeinkommen abzuziehen ist.

Beispiel: Herr Meier bezieht aus nichtselbständiger Tätigkeit ein um Abzugsposten und berufsbedingte Aufwendungen bereinigtes Nettoeinkommen von 2800 Euro. Frau Meier hat während des Zusammenlebens den Haushalt geführt.

- **Unterhaltsberechnung nach Düsseldorfer Tabelle:** 2800 Euro × 1/7 = 400. 2800 – 400 = 2400. Bedarf: 2400 : 2 = 1200 Euro. Unterhaltsanspruch Frau Meier: 1200 Euro.
- **Unterhaltsberechnung nach Süddeutschen Richtlinien:** 2800 Euro × 1/10 (10 %) = 280 Euro. 2800 – 280 = 2520. Bedarf: 2520 : 2 = 1260 Euro. Unterhaltsanspruch Frau Meier: 1260 Euro.

Ist auch Frau Meier berufstätig mit einem bereinigten Nettoeinkommen von 1400 Euro sieht die Unterhaltsberechnung wie folgt aus:

- **Berechnung nach Düsseldorfer Tabelle:** 2800 × 1/7 = 400. 2800 – 400 = 2400. 1400 × 1/7 = 200. 1400 – 200 = 1200. Bedarf: 2400 + 1200 = 3600 : 2 = 1800 Euro. Der Unterhaltsbedarf von Frau Meier ist in Höhe von 1200 Euro durch eigene Einkünfte abgedeckt. Sie hat daher einen Unterhaltsanspruch von 1800 – 1200 Euro = 600 Euro.
- **Nach den Süddeutschen Leitlinien ist wie folgt zu rechnen:** 2800 × 1/10 (10 %) = 280. 2800 – 280 = 2520. 1400 × 1/10 (10 %) = 140. 1400 – 140 = 1260. Bedarf: 2520 + 1260 = 3780 : 2 = 1890 Euro. Der Unterhaltsbedarf von Frau Meier ist in Höhe von 1260 Euro durch eigene Einkünfte abgedeckt. Sie hat daher einen Unterhaltsanspruch von 1890 – 1280 = 630 Euro.

d) Leistungsfähigkeit

Dem Unterhaltsverpflichteten muss grundsätzlich ein Unterhalt verbleiben, der den ehelichen Lebensverhältnissen entspricht. Der

Unterhaltsschuldner darf durch Unterhaltszahlungen auch nicht so stark in Anspruch genommen werden, dass er selbst zum Sozialfall wird. In jedem Fall soll ihm der notwendige Selbstbehalt verbleiben. Er beträgt derzeit für Erwerbstätige 890 Euro und für Nichterwerbstätige 770 Euro in den alten Bundesländern. In den neuen Bundesländern liegen die Sätze derzeit bei 820 bzw. 710 Euro. Diese Beträge gelten grundsätzlich als unterste Grenze der Inanspruchnahme, d. h. als so genanntes **Existenzminimum**. Allerdings können die Selbstbehaltssätze im Einzelfall auch über- oder unterschritten werden. So gehen die Leitlinien der Oberlandesgerichte beispielsweise davon aus, dass im Selbstbehalt ein Mietkostenanteil von 360 Euro Warmiete (West) bzw. 250 Euro Kaltmiete (Ost) enthalten ist. Wohnt der Pflichtige mit mehreren Personen zusammen, so kann sein Mietanteil nach Köpfen „gekürzt" werden, was zu einer Verringerung seines Selbstbehalts führt. Es kann sogar der Selbstbehalt völlig entfallen, wenn der Pflichtige neu verheiratet ist und der neue Ehegatte finanziell in der Lage ist, den Unterhalt des Pflichtigen zu tragen.

Sofern der Unterhaltspflichtige mit dem Gedanken spielen sollte, angesichts seiner Unterhaltslasten „doch lieber gleich mit dem Arbeiten aufzuhören", so sei auf Folgendes hingewiesen: Der Unterhaltspflichtige kann sich auf fehlende Leistungsfähigkeit **nicht berufen**, wenn er unterhaltsbezogen **verantwortungslos** oder zumindest **leichtfertig** seine Leistungsunfähigkeit **herbeiführt!** Dies ist insbesondere bei freiwilligem Arbeitsplatzverlust anzunehmen, kann aber auch vorliegen, wenn der Arbeitsplatzverlust selbst verschuldet ist. In derartigen Fällen wird regelmäßig ein fiktives Einkommen des Verpflichteten angesetzt. Es wird also so getan, als habe er noch Einkünfte aus Erwerbstätigkeit. Im Übrigen drohen unter Umständen strafrechtliche Sanktionen wegen der Verletzung von Unterhaltspflichten!

e) Sonderausgabenabzug beim Ehegattenunterhalt

Im Rahmen der Beurteilung der Leistungsfähigkeit ist darüber hinaus auch die Möglichkeit des so genannten **begrenzten Realsplittings** nach § 10 Abs. 1 Nr. 1 EStG zu beachten. Nach dieser Vorschrift kann auf Antrag des Leistenden und mit Zustimmung des Unterhaltsempfängers (Anlage U) der nach dem Jahr des Trennungseintritts tatsächlich geleistete Ehegattenunterhalt (Trennungs- und nachehelicher Unterhalt, nicht jedoch Kindesunterhalt) bis zu einer Höhe von 27 000 DM/13 805 Euro jährlich steuerlich als Sonderausgabe berücksichtigt werden. Dies führt letztlich zu einer Steigerung des auf Seiten des Pflichtigen vorhandenen und für die Unterhaltsberechtigten zur Verfügung stehenden Nettoeinkommens. Der Pflichtige hat sogar unterhaltsrechtlich grundsätzlich die Verpflichtung, das begrenzte Realsplitting durchzuführen. Um den erzielbaren Steuervorteil zugunsten der Unterhaltsberechtigten so rasch wie möglich zur Verfügung zu haben, kommt auch eine Eintragung des Steuervorteils am Anfang des Jahres auf die Lohnsteuerkarte in Betracht; auch dies kann regelmäßig vom Unterhaltspflichtigen verlangt werden.

Bedeutet das begrenzte Realsplitting auf der einen Seite für den Unterhaltsverpflichten eine Minderung seiner Steuerlast, so kann seine Inanspruchnahme auf der anderen Seite erst überhaupt zu einer bzw. einer höheren Steuerlast des Unterhaltspflichtigen führen, nämlich dann, wenn dieser neben dem Unterhalt sonstige Einkünfte erzielt. Der erlangte Ehegattenunterhalt muss dann als Pendant zum Ausgabenabzug vom Unterhaltsbezieher versteuert werden. Dieser hat jedoch gegen den Pflichtigen wiederum einen Anspruch auf Ausgleich der ihm durch die Versteuerung des Unterhalts entstehenden finanziellen Nachteile. Der Unterhaltsberechtigte kann deshalb seine Zustimmung zum begrenzten Realsplitting so lange verweigern, bis ihm der Pflichtige den Nachteilsausgleich bindend erklärt. Vom Nachteilsausgleich können auch Steuerberaterkosten erfasst werden. Der Unterhaltsberechtigte kann also letztlich verlangen, so gestellt zu werden, wie er ohne Durchführung des Realsplittings stehen würde.

> Bezieht der Unterhaltsberechtigte selbst neben dem Unterhalt keine Einkünfte oder ist die Ausgleichsverpflichtung bindend erklärt worden, so muss die Zustimmung zum begrenzten Realsplitting erteilt werden!

Weigert sich der Unterhaltsberechtigte unter den vorgenannten Voraussetzungen, seine Zustimmung zu erteilen, kann er hierauf erfolgreich verklagt werden!

Der Unterhaltspflichtige selbst sollte für den Fall, dass sein Ehegatte neben dem Unterhalt sonstige Einkünfte hat, vor Inanspruchnahme des begrenzten Realsplittings durch einen Steuerberater prüfen lassen, wie sich der Ausgabenabzug einschließlich Nachteilsausgleich tatsächlich auf das Nettoeinkommen auswirkt. Es gibt durchaus auch immer wieder Fallgestaltungen, in denen sich der Sonderausgabenabzug am Ende für beide Seiten finanziell nicht lohnt.

f) Krankenversicherung und Altersvorsorge

Bereits **ab dem Zeitpunkt der Trennung** ist ergänzend zu **prüfen**, ob durch die Trennung Veränderungen bei der Krankenversicherung eintreten bzw. hierfür neue Kosten entstehen. Insbesondere soweit der Unterhaltsbedürftige keiner eigenen versicherungspflichtigen Erwerbstätigkeit nachgeht, muss geklärt werden, wie lange noch eine Mitversicherung beim Ehegatten besteht. In der gesetzlichen Krankenversicherung läuft die Familienversicherung bis zur Rechtskraft der Scheidung. In allen übrigen Fällen sollte man die Beendigung des Versicherungsverhältnisses genau prüfen. Wird eine eigene Versicherung erforderlich, so kann zusätzlich zum so genannten Elementarunterhalt Krankenversicherungsunterhalt schon vor Rechtskraft der Scheidung geltend gemacht werden.

Bei privaten Krankenversicherungen hat der Unterhaltschuldner für den Fall, dass sein Ehegatte mitversichert ist, die Pflicht, Arztrechnungen der Versicherung vorzulegen und erstattete Beiträge weiterzuleiten. Kündigt der Unterhaltsschuldner die Mitversicherung des Ehegatten, ohne diesen zuvor zu verständigen, macht er sich schadensersatzpflichtig!

Über den so genannten Versorgungsausgleich ist der Bedürftige auch bis zur Rechtshängigkeit des Scheidungsantrages (Stichtag: Tag, an welchem dem Ehegatten der förmliche Scheidungsantrag vom Gericht zugestellt wird) an der Altersvorsorge des Ehepartners beteiligt. Ab diesem Zeitpunkt kann grundsätzlich zusätzlich Altersvorsorgeunterhalt geltend gemacht werden.

g) Ausschluss und Beschränkung des Unterhalts

In besonderen Ausnahmefällen kann es schließlich grob unbillig sein, überhaupt einen oder den vollen Unterhaltsanspruch zu gewähren. Für den Trennungsunterhalt ist daher die so genannte Härteklausel des Scheidungsrechts, § 1579 BGB, sinngemäß zu berücksichtigen. Die einzelnen Klauseln werden im Zusammenhang mit dem nachehelichen Ehegattenunterhalt näher erläutert. § 1579 Nr. 1 BGB findet dabei jedoch beim Trennungsunterhalt keine Anwendung. D. h. allein eine kurze Ehedauer reicht für die Versagung oder Herabsetzung eines Trennungsunterhaltsanspruchs nicht aus.

Beispiel: Herr und Frau Müller haben im Mai 2002 geheiratet. Bereits nach der sich sofort anschließenden Hochzeitsreise kriselt es. Schon im August hält Herr Müller es mit seiner nicht erwerbstätigen Frau nicht mehr aus. Er trennt sich von ihr: Grundsätzlich hat Frau Müller trotz der kurzen Zeit des ehelichen Zusammenlebens einen Anspruch auf Trennungsunterhalt.

h) Ende des Anspruchs

Der Trennungsunterhaltsanspruch erlischt, wenn die Parteien sich wieder versöhnen und die Lebensgemeinschaft wieder aufnehmen. Lassen sich die Parteien scheiden, so endet der Trennungsunterhaltsanspruch mit Rechtskraft der Ehescheidung. Der nacheheliche Unterhalt muss gesondert geltend gemacht werden. Der Trennungsunterhaltsanspruch erlischt schließlich auch, wenn Berechtigter oder Verpflichteter sterben.

i) Auskunftsanspruch

Nicht in allen Fällen sind den Ehegatten die tatsächlichen Einkünfte des Partners bzw. gemeinsame Einkünfte genau bekannt. Soll der Unterhalt jedoch korrekt und den tatsächlichen ehelichen Verhältnissen entsprechend berechnet werden, müssen die Fakten auf dem Tisch liegen. Aus diesem Grund haben die getrennt lebenden Eheleute nach dem Grundsatz von Treu und Glauben grundsätzlich eine gegenseitige Auskunftspflicht (§ 1361 Abs. 4 i. V. m. § 1605 BGB). Diese kann im Weigerungsfall auch gerichtlich erzwungen werden. Zur Überprüfung der erteilten Auskünfte können und sollten gleichzeitig geeignete Belege, etwa Gehaltsabrechnungen, Steuererklärungen und -bescheide etc. verlangt werden!

Sind die Einkommens- und Vermögensverhältnisse nicht hinreichend bekannt und weigert sich der Partner, die tatsächlichen Verhältnisse offen zu legen und auch die entsprechenden Belege vorzuzeigen, sollte unbedingt ein Rechtsanwalt eingeschaltet werden.

j) Rückständiger Unterhalt

Mit der – am besten schriftlichen (Nachweisbarkeit!) – Forderung eines konkret bezifferten Unterhaltsbetrages oder mit der Geltendmachung des Auskunftsanspruchs zum Zwecke der Unterhaltsberechnung sollte nach der Trennung nicht allzu lange zugewartet werden. **Unterhalt für die Vergangenheit** kann der Berechtigte nämlich **nur ab** dem Zeitpunkt fordern, **ab welchem dem Verpflichteten seine Schuld dem Grund und der Höhe nach bekannt ist**. Erst dann befindet er sich mit seiner Leistung im Verzug. Für den Trennungsunterhalt reicht – im Gegensatz zum nachehelichen Unterhalt – das Auskunftsbegehren zum Zwecke der Unterhaltsberechnung aus.

Ein rechtlich bindender Verzicht auf Trennungsunterhalt für die Zukunft ist nicht möglich! Er ist gemäß § 134 BGB unwirksam. Für die Vergangenheit kann dagegen auf Trennungsunterhalt verzichtet werden. Andererseits muss Unterhalt nicht zwingend eingefordert werden, wenn man sich entsprechend einigt **und** über die nötigen Eigenmittel verfügt. In einem solchen Fall können nämlich keine Sozialleistungen beansprucht werden!

4. Nachehelicher Ehegattenunterhalt

a) Überblick

Mit der endgültigen Aufhebung der ehelichen Gemeinschaft durch die Ehescheidung vollzieht sich in der unterhaltsrechtlichen Beziehung ein durchgreifender Wandel. Ab Rechtskraft der Scheidung greift der **Grundsatz der wirtschaftlichen Eigenverantwortung** endgültig Platz. Nur dann, wenn „ein Ehegatte nach der Scheidung nicht selbst für seinen Unterhalt sorgen (kann), so hat er gegen den anderen Ehegatten einen Anspruch auf Unterhalt …“ (§ 1569 BGB). Die sich aus der Ehe noch ergebende nachwirkende

Mitverantwortung reduziert sich. Dies hat zur Folge, dass Unterhaltsansprüche nach der Ehescheidung nicht mehr die Regel sind. Vielmehr sind die nachehelichen Unterhaltsansprüche als **Ausnahmetatbestände** konzipiert. Die §§ 1570 bis 1576 BGB führen abschließend auf, in welchen Fällen noch Unterhalt geschuldet wird. Das Gesetz enthält acht verschiedene Tatbestände:

- Unterhalt wegen Betreuung gemeinschaftlicher Kinder (§ 1570 BGB
- Unterhalt wegen Alters (§ 1571 BGB)
- Unterhalt wegen Krankheit oder Gebrechen (§ 1572 BGB)
- Unterhalt bis zur Erlangung einer angemessenen Erwerbstätigkeit (§ 1573 Abs. 1 BGB)
- Aufstockungsunterhalt (§ 1573 Abs. 2 BGB)
- Wegfall einer nicht nachhaltig gesicherten Erwerbstätigkeit (§ 1573 Abs. 4 BGB)
- Ausbildungsunterhalt (§ 1575 BGB)
- Billigkeitsunterhalt (§ 1576 BGB)

In der Praxis ist der nacheheliche Unterhalt neben der Frage der elterlichen Sorge für gemeinschaftliche Kinder die umkämpfteste Scheidungsfolge. Das gegenseitige Verständnis für die (wirtschaftliche) Situation des ehemaligen Partners hat in der Trennungszeit bereits häufig gelitten. Möglicherweise sind neue Wunden dadurch entstanden, dass sich einer der Beteiligten einem neuen Partner zugewandt hat etc. Vielfach wird die Trennungsphase auch bereits wirtschaftliche Einschränkungen aufgezeigt haben, so dass jeder Cent zählt.

> An dieser Stelle sei noch einmal eindringlich daran erinnert, dass der nacheheliche Unterhalt eigenständig gegenüber dem Trennungsunterhalt ist. Er muss neu eingefordert werden, selbst wenn bereits ein Urteil oder sonstiger Titel über den Trennungsunterhalt bestehen sollte!

Übertriebene Ängste, nach der Ehescheidung sofort finanziell vollkommen auf sich allein gestellt zu sein, sind jedoch zumeist grundlos. Durch die detaillierte Regelung des nachehelichen Unterhalts durch Gesetz und gerichtliche Praxis sieht die Wirklichkeit nämlich anders aus: In der Mehrzahl der Fälle besteht nach der Ehescheidung (zumindest zeitweise) weiterhin ein Unterhaltsanspruch, wenn auch der Bedürftige verpflichtet ist, die Unterhaltslast so weit wie möglich zu verringern.

Das Recht des nachehelichen Unterhalts ist jedoch weitaus komplizierter als der Trennungsunterhalt. Aus diesem Grund sollte man es nicht versäumen, sich rechtzeitig (!) fachkundigen Rat einzuholen, um die tatsächlichen Möglichkeiten ausschöpfen zu können. Dies gilt nicht nur für den potenziell unterhaltsberechtigten Beteiligten, sondern auch für den möglicherweise Unterhaltsverpflichteten. Denn der Gesetzgeber hat zum Schutz vor ausufernden und nicht enden wollenden Unterhaltsansprüchen auch Schutzvorschriften zugunsten des Unterhaltsverpflichteten erlassen. Man spricht hier von so genannten **Einsatzzeiten und Unterhaltsketten**. Mit ihnen soll sichergestellt werden, dass bei jeder nachehelichen Unterhaltsleistung ein persönlicher, zeitlicher und wirtschaftlicher Zusammenhang mit der Ehe besteht. Darüber hinaus gibt es auch zeitliche Grenzen für bestimmte Unterhaltsansprüche. Eines sollte jedoch nicht verschwiegen werden: Es gibt gleichwohl Fälle, in denen lebenslange Unterhaltsverbindungen bestehen, auch wenn die Ehe selbst in jungen Jahren geschieden wird.

Bevor die Voraussetzungen der einzelnen nachehelichen Unterhaltstatbestände näher aufgezeigt werden, sollen die Grundfragen bzw. -voraussetzungen eines jeden Unterhaltsanspruchs noch einmal in Erinnerung gerufen werden: Gesetzliche Anspruchsgrundlage, Bedürftigkeit, Unterhaltshöhe, Leistungsfähigkeit des Verpflichteten sowie Besonderheiten im Einzelfall.

Die inhaltliche Bedeutung wurde bereits im Rahmen der Ausführungen zum Trennungsunterhalt ausführlich erläutert vgl. oben S. 86 ff. Die dort beschriebenen Voraussetzungen sowie die Methode zur Unterhaltsberechnung gelten grundsätzlich auch im Rahmen des nachehelichen Unterhalts. Hieran kann man sich zunächst der Einfachheit halber orientieren. Sie werden jedoch noch durch zusätzliche Punkte „verfeinert".

b) Unterhalt wegen Betreuung nach § 1570 BGB

Nach § 1570 BGB kann ein geschiedener Ehegatte von dem anderen Unterhalt verlangen, **solange und soweit** von ihm wegen der Pflege oder Erziehung **gemeinschaftlicher** Kinder eine Erwerbstätigkeit nicht erwartet werden kann.

Der Betreuungsunterhalt dient von seiner Ausrichtung her dem Wohl der gemeinschaftlichen Kinder der geschiedenen Eheleute. Beide Elternteile sind ihren Kindern gegenüber unterhaltspflichtig. Betreuungs- und Barunterhalt sind dabei gleichwertig. Der Betreuungsunterhalt ermöglicht es einem Elternteil, sich der Betreuung des Kindes – häufig unter Zurückstellung einer eigenen Erwerbstätigkeit – zu widmen und ihm eine intensive Betreuung zu geben. Hierdurch können gerade auch die Folgen des Auseinanderbrechens der Familiengemeinschaft aufgefangen werden. Insbesondere für den zur Unterhaltsleistung Verpflichteten ist die Unterhaltspflicht gegenüber dem betreuenden Elternteil zugleich auch eine Nachwirkung der Ehe und Ausfluss der daraus resultierenden Mitverantwortung.

Häufig hört man im Zusammenhang mit Scheidungsverfahren die Äußerung: „Für die Kinder zahle ich Unterhalt, keinesfalls aber für die geschiedene Frau!“ Solche Aussagen stehen häufig im Zusammenhang mit tiefen Kränkungen, die seitens des anderen Partners – sei es bewusst oder unbewusst – erfolgt sind. Eine gewisse Verbitterung ist vielfach durchaus verständlich. Allerdings sollte niemals vergessen werden, dass die Kinder in solchen „erbitterten“ Fällen, in denen um jeden Cent gefeilscht wird, am Ende die wirklich Leidtragenden in wirtschaftlicher und – vor allen Dingen – seelischer Hinsicht sind!

Gemeinschaftliche Kinder: Der Anspruch auf (nachehelichen) Betreuungsunterhalt setzt zunächst voraus, dass eine Betreuung **gemeinschaftlicher**, also leiblicher oder von beiden Partnern adoptierter Kinder vorliegt. Stiefkinder, Pflegekinder sowie vor- und außereheliche Kinder sind nicht gemeinschaftlich i. S. d. § 1570 BGB, selbst dann nicht, wenn sie von Anfang an oder über Jahre hinweg bei den Eheleuten gelebt haben.

Rechtmäßige Betreuung: Derjenige Elternteil, der den Betreuungsunterhaltsanspruch für sich in Anspruch nehmen will, muss zur Betreuung der Kinder berechtigt sein. Er muss also entweder Inhaber der alleinigen Sorge oder des sog. Aufenthaltsbestimmungsrechts sein (Feststellung durch gerichtliche Sorgerechtsentscheidung) oder bei gemeinsamer elterlicher Sorge die **tatsächliche Betreuung** ganz oder überwiegend mit (stillschweigender) Zustimmung des anderen Elternteils ausüben. Lebt das Kind in einem Heim oder bei Pflegeeltern, so liegt meistens keine tatsächliche Betreuung vor.

Ab und an kommt es zur Geschwistertrennung und ein Teil der Kinder wird vom einen, der andere vom anderen Elternteil betreut. Beide Elternteile betreuen in diesem Fall rechtmäßig. Eine gegenseitige Verpflichtung zur Leistung von Betreuungsunterhalt besteht gleichwohl nicht. Zumeist wird in diesen Fällen kein Ehegattenunterhalt verlangt. Geschieht dies doch, so muss geprüft werden, ob ein oder beide Elternteile trotz Kinderbetreuung erwerbspflichtig sind.

Pflege- oder Erziehungsbedürftigkeit des Kindes: Aus der gesetzlichen Formulierung „Pflege oder Erziehung“ gemeinschaftlicher Kinder wird geschlossen, dass ein Betreuungsunterhaltsanspruch stets **nur bei minderjährigen Kindern** vorliegen kann. Bei volljährigen Kindern, selbst wenn diese schwerstbehindert oder auf dem geistigen Stand eines Minderjährigen und damit betreuungsbedürftig sind, kann ein Unterhaltsanspruch nicht auf § 1570 BGB gestützt werden. (Allerdings kommt hier im Einzelfall ein Unterhaltsanspruch nach § 1576 BGB in Betracht.)

Erwerbsobliegenheit: Kindererziehung und Berufstätigkeit schließen sich in der Regel nicht völlig aus. Weitere – und zumeist entscheidende – Voraussetzung eines Anspruchs auf Betreuungsunterhalt ist deshalb, dass von dem betreuenden Elternteil keine oder nur eine eingeschränkte Erwerbstätigkeit verlangt werden kann. Wann dies der Fall ist, wird nicht überall einheitlich beurteilt. Die Rechtsprechung unterscheidet insbesondere nach der Anzahl und dem Alter der zu betreuenden Kinder.

> Werden ein oder mehrere Kinder betreut, empfiehlt es sich immer, sich nach der jeweiligen Gerichtspraxis vor Ort zu erkundigen.

Als Richtschnur kann man sich jedoch an den folgenden Erfahrungssätzen orientieren:

- ein Kind unter 8 Jahren: Erwerbstätigkeit nicht zumutbar; grundsätzlich keine Erwerbsobliegenheit
- ein Kind zwischen 8 und 11 Jahren: unter Umständen Teilzeitarbeit zumutbar
- ein Kind zwischen 11 und 14 Jahren: Teilzeittätigkeit grundsätzlich zumutbar
- ein Kind ab 15 Jahre: Vollzeittätigkeit grundsätzlich zumutbar
- zwei Kinder, jüngstes unter 8 Jahren: Erwerbstätigkeit nicht zumutbar
- zwei Kinder zwischen 8 und 15 Jahren: Erwerbstätigkeit in der Regel nicht zumutbar
- ältestes Kind über 15 Jahre: Teilzeittätigkeit grundsätzlich zumutbar

Alles in allem kommt es – auch bei mehr als zwei Kindern – auf den jeweiligen Einzelfall an. Dabei spielt neben der Frage der wirtschaftlichen Verhältnisse auch eine Rolle, ob der betreuende Elternteil bereits vor der Scheidung trotz Betreuung gemeinschaftlicher Kinder gearbeitet hat.

Beispiel: Herr und Frau Singer haben 2 Kinder im Alter von 5 und 10 Jahren. Die Ehe wird geschieden; die Kinder bleiben bei Frau Singer. Frau Singer hat einen Unterhaltsanspruch nach § 1570 BGB wegen der Betreuung der gemeinschaftlichen Kinder. Eine Erwerbstätigkeit ist ihr nicht zumutbar. Hier wird frühestens, wenn das jüngste Kind 8 Jahre alt ist, eine Verpflichtung zur Erwerbstätigkeit beginnen. Allerdings kommt insoweit lediglich eine Verpflichtung zur Aufnahme einer Halbtagsbeschäftigung in Betracht.

Beispiel: Herr und Frau Stiegler lassen sich scheiden. Frau Sieber hat in die Ehe zwei Kinder aus einer früheren Beziehung eingebracht. Die Kinder sind zum Zeitpunkt der Scheidung 7 und 9 Jahre alt; sie bleiben bei Frau Stiegler, die weiterhin nicht arbeiten will. Es besteht kein Anspruch auf Betreuungsunterhalt gegenüber Herrn Stiegler, da Frau Stiegler keine gemeinschaftlichen Kinder betreut.

c) Unterhalt wegen Alters nach § 1571 BGB

Der bedürftige geschiedene Ehegatte kann vom anderen auch dann nachehelichen Unterhalt verlangen, (solange und) soweit von ihm zum Zeitpunkt der Ehescheidung **oder** nach der Beendigung der Pflege oder Erziehung eines gemeinschaftlichen Kindes **oder** des Wegfalls der Voraussetzungen für einen Unterhaltsanspruch nach § 1572 BGB (Unterhalt wegen Krankheit) bzw. § 1573 BGB (Unterhalt wegen Erwerbslosenunterhalt und Aufstockungsunterhalt) eine angemessene Erwerbstätigkeit **wegen seines Alters** nicht mehr erwartet werden kann.

Die Vorschrift des § 1571 BGB knüpft den Unterhaltsanspruch an zwei Grundbedingungen, die zusammen erfüllt sein müssen:

Es muss zunächst ein Alter erreicht sein, ab dem eine Erwerbstätigkeit nicht mehr zumutbar ist. Das Gesetz selbst nennt keine feste Altersgrenze.

Nach einhelliger Auffassung ist das Alter für einen Unterhaltsanspruch nach § 1571 BGB jedenfalls dann gegeben, wenn der Unterhalt Begehrende das Regelrentenalter erreicht hat (63 bzw. 65 Jahre).

> Wichtig ist insofern zu wissen, dass die Regelung des § 1571 BGB auch für den Fall gilt, dass eine Altersrente bezogen wird, diese jedoch den Unterhaltsbedarf nach den ehelichen Lebensverhältnissen nicht abdeckt!

Schwieriger wird die Beurteilung der Altersfrage jedoch schon dann, wenn der Unterhaltsberechtigte vorzeitig in den Ruhestand geht. Hier spielen häufig arbeitsmarkt- bzw. sozialpolitische Gründe eine tragende Rolle, so dass anhand des konkreten Einzelfalls und der Berufssparte, in welcher der Bedürftige tätig war, geprüft werden muss, ob eine weiter gehende Beschäftigung bis zur Regelaltersgrenze zumutbar oder die Inanspruchnahme des vorzeitigen Ruhegeldes angemessen ist

Schließlich kann im konkreten Einzelfall ein Altersunterhaltsanspruch auch schon weit vor Erreichen des Regelrentenalters gegeben sein, nämlich dann, wenn in einem bestimmten Alter bei der Berufssparte des Bedürftigen typischerweise keine **eheangemessene** Tätigkeit mehr gefunden werden kann oder es zweifelhaft ist, ob der Bedürftige den Anforderungen an seine Berufssparte körperlich oder geistig noch gewachsen ist. Es muss also stets sorgfältig geprüft werden, welche Tätigkeit als eheangemessen in Betracht kommt und ob dies noch zumutbar ist. Von Bedeutung ist dabei vor allem der soziale Status bei der Ehescheidung sowie im Übrigen die Arbeitsmarktlage und die Zeitdauer, in welcher keine Berufstätigkeit ausgeübt wurde. In der Regel wird beispielsweise eine 50-jährigen Frau, die 20 Jahre den Haushalt geführt hat, noch eine Erwerbstätigkeit ausüben müssen. Im Einzelfall kann andererseits einer 53-jährigen Frau nach 30 Jahren Hausfrauendasein ein Unterhaltsanspruch wegen Alters zustehen. Denkbar ist es auch, dass zwar eine Ganztagsbeschäftigung unzumutbar ist, aber eine Teilzeitbeschäftigung aufgenommen werden muss.

Ist die „Altershürde" überwunden, so setzt der Anspruch wegen Altersunterhalt als zweite Bedingung das Vorliegen eines bestimmten Einsatzzeitpunktes voraus. Dies bedeutet, dass der Anspruch nur dann „einsetzen" kann, wenn das maßgebliche Alter bereits zum Zeitpunkt der Scheidung erreicht ist, oder unmittelbar im Anschluss an die nach Scheidung noch fortgeführte Pflege und Erziehung gemeinschaftlicher Kinder oder unmittelbar nach Wegfall eines Unterhaltsanspruchs wegen Krankheit oder Erwerbslosigkeit erreicht wird.

Voraussetzung für einen Unterhaltsanspruch wegen Alters ist nicht, dass Alter ehebedingt ist. Ein Anspruch nach § 1571 BGB kann daher auch vorliegen, wenn der bedürftige Ehegatte bei Eheschließung schon älter war oder gar das Rentenalter bereits erreicht und Rente bezogen hatte!

> Der Laie ist sicherlich kaum in der Lage, abschätzen zu können, ob bei ihm konkret Aussicht auf Altersunterhalt besteht. Daher sollte in derartigen Fällen stets fachkundiger Rat eingeholt werden!

Beispiel: Herr und Frau Müller waren 35 Jahre miteinander verheiratet. Das gemeinsame Kind wohnt nicht mehr zu Hause. Frau Müller hat vor der Ehe eine Ausbildung als Bankkauffrau absolviert und nur kurz in ihrem Beruf gearbeitet. Seit der Heirat hat sie nur den Haushalt geführt. Als das Paar sich scheiden lässt, ist Frau Müller 57 Jahre alt. Angesichts des Umstandes, dass Frau Müller in ihrem erlernten Beruf praktisch keinerlei Möglichkeiten zum Wiedereinstieg hat und aufgrund des Alters von 57 Jahren wenig Aussichten hat, auf dem Berufsmarkt eine angemessene Tätigkeit zu finden, wird man hier wohl zu einem Unterhaltsanspruch wegen Alters gelangen. Zu berücksichtigen ist insoweit auch die lange Ehedauer.

d) Unterhalt wegen Krankheit oder Gebrechen

§ 1572 BGB gewährt dem bedürftigen Ehegatten einen Unterhaltsanspruch, wenn von diesem entweder

- zum Zeitpunkt der Ehescheidung oder nach Beendigung der Pflege oder
- nach Beendigung der Erziehung eines gemeinschaftlichen Kindes oder
- nach Beendigung der Ausbildung, Fortbildung oder Umschulung oder
- nach dem Wegfall eines Anspruchs nach § 1573 (Ausbildung, Fortbildung, Umschulung)

wegen Krankheit, anderer Gebrechen oder Schwäche der körperlichen oder geistigen Kräfte eine eheangemessene Erwerbstätigkeit nicht erwartet werden kann.

Krankheitsunterhalt kann also bei Bedürftigkeit grundsätzlich dann verlangt werden, wenn ein bestimmter Einsatzzeitpunkt vorliegt und eine Erkrankung oder ein Gebrechen Grund für die volle oder teilweise Erwerbsunfähigkeit ist.

Unter Krankheit bzw. Gebrechen in diesem Sinne sind objektiv fassbare, regelwidrige Körper- oder Geisteszustände zu verstehen, die einer ärztlichen Behandlung bedürfen und zugleich zur Erwerbsunfähigkeit oder -minderung führen. **Der Begriff Krankheit knüpft dabei an die gesetzlichen Regelungen des Sozialversicherungs- und Beamtenrechts an**.

Wird vom Bedürftigen eine Erwerbsunfähigkeitsrente bezogen, so ist vom Vorliegen einer Krankheit im Sinne des § 1572 BGB auszugehen. In allen anderen Fällen ist das Vorliegen sorgfältig zu prüfen. Im Einzelfall kann sogar Alkohol- oder Medikamentensucht sowie Fettleibigkeit zu einem Unterhaltsanspruch führen. Bloße Unpässlichkeiten, übliche Abnutzungserscheinungen oder geringe Vitalität erfüllen die Anspruchsvoraussetzungen nicht. Problematisch sind im Übrigen Fälle so genannter Unterhaltsneurosen („Flucht in die Krankheit").

Das Hauptproblem dieses Unterhaltstatbestandes ist also letztlich der **Nachweis einer vollen oder teilweisen Erwerbsunfähigkeit**. Der Unterhaltsbedürftige ist in einem gerichtlichen Verfahren insoweit beweispflichtig.

Die Vorlage bloßer ärztlicher Atteste reicht normalerweise nicht aus. Vielmehr muss regelmäßig ein **förmliches Sachverständigengutachten** durch eine Facharzt oder Arbeitsmediziner eingeholt werden!

Keine Voraussetzung des Unterhaltstatbestandes ist, dass die Krankheit ehebedingt ist, also sich während der Ehe entwickelt hat. Auch Erkrankungen, die bereits vor der Eheschließung bestanden haben, können zu einem Unterhaltsanspruch nach § 1572 BGB führen.

Beispiel: Frau Stiefler leidet seit ihrer Kindheit an einer seltenen Knochenerkrankung, die bislang jedoch zu keinerlei nennenswerter Beeinträchtigung geführt hat. Auch während ihrer Ehe treten keine Besonderheiten auf. Erst kurz nach der Trennung des Paares aber noch vor der Ehescheidung entwickelt sich der Krankheitsverlauf jedoch plötzlich dramatisch. Frau Stiefler ist in ihrer Bewegungsfähigkeit stark eingeschränkt und nicht mehr in der Lage, einer Erwerbsfähigkeit nachzugehen. Ein Unterhaltsanspruch ist hier zu bejahen.

Beispiel: Herr und Frau Loose waren kinderlos verheiratet. Beide waren erwerbstätig und verdienten je 2000 Euro. Ein Jahr nach Rechtskraft der Scheidung erkrankt Herr Loose schwer und wird erwerbsunfähig. Ein Unterhaltsanspruch von Herrn Loose gegen Frau Loose scheidet aus, da es am Einsatzzeitpunkt des Anspruchs mangelt. Die Krankheit ist erst nach Rechtskraft der Ehescheidung zum Ausbruch gekommen.

Erhält der Unterhaltsberechtigte bereits Lohnersatzleistungen – z. B. Krankengeld, Berufs- oder Erwerbsunfähigkeitsrente, Unfallrente o. Ä. – wird dies im Rahmen der Bemessung des Unterhalts bedarfsmindernd angerechnet. Der Unterhaltsberechtigte ist unterhaltsrechtlich auch verpflichtet, entsprechende Leistungsanträge zu stellen, um die Unterhaltslast des Verpflichteten so gering wie möglich zu halten!

e) Unterhalt wegen Erwerbslosigkeit

Die Vorschrift des § 1573 BGB enthält vier verschiedene Unterhaltsansprüche, nämlich:

- Unterhalt bis zur Erlangung einer angemessenen Erwerbstätigkeit nach § 1573 Abs. 1 BGB
- Erwerbslosenunterhalt nach § 1573 Abs. 3 BGB

- Unterhalt bei nicht nachhaltig gesicherter Erwerbstätigkeit gemäß § 1573 Abs. 4 BGB und
- Aufstockungsunterhalt nach § 1573 Abs. 2 BGB.

Die Unterhaltstatbestände des § 1573 Abs. 1, Abs. 3 und Abs. 4 BGB lassen sich unter dem Schlagwort „Unterhalt wegen Arbeitslosigkeit" zusammenfassen. Allerdings darf dies nicht zu der Annahme verleiten, es gäbe nach der Scheidung im Falle der Arbeitslosigkeit stets nachehelichen Unterhalt.

Der **Unterhaltsanspruch nach § 1573 Abs. 1 BGB** soll vielmehr nur denjenigen Ehegatten schützen und unterstützen, der während der Endphase der Ehe nicht erwerbstätig war und zum Zeitpunkt der Rechtskraft der Ehescheidung überhaupt keine oder nicht sofort eine angemessene Erwerbstätigkeit findet. Der Anspruch setzt daher voraus, dass der Bedürftige aus arbeitsmarktpolitischen Gründen **keine angemessene Beschäftigung** findet und ihm daher der **soziale Abstieg** droht.

Vom Unterhalt begehrenden Teil kann nicht erwartet werden, dass er schlechthin jede Tätigkeit annimmt. Gemäß § 1574 BGB sind vielmehr nur solche Tätigkeiten angemessen, die der Ausbildung den persönlichen Fähigkeiten, dem Alter, dem Gesundheitszustand sowie insgesamt den ehelichen Lebensverhältnissen entsprechen. Bei der Beurteilung ist insbesondere auch die Dauer der Ehe zu berücksichtigen. In der Praxis problematisch sind vor allen Dingen Fälle, in denen die Ehegatten in wirtschaftlich guten Verhältnissen gelebt haben, weil der verdienende Partner eine gehobene Berufsposition innehat.

So kann beispielsweise von der „Chefarztgattin" nach 20-jähriger Ehedauer nicht erwartet werden, dass sie in ihren erlernten Beruf als Kindergärtnerin arbeitet oder von der gelernten Erzieherin, die mit einem Ingenieur verheiratet war, dass sie nunmehr als Telefonistin arbeitet. Die Fallgestaltungen sind äußerst vielseitig, so dass fachkundige Beratung eingeholt werden sollte.

Schließlich ist der Unterhaltsbedürftige verpflichtet, nachzuweisen, dass er sich ernsthaft und intensiv um die Aufnahme einer angemessenen Beschäftigung bemüht hat und weiter bemüht. An den Nachweis werden von den Gerichten strenge Maßstäbe angelegt.

Erforderlich sind insbesondere Aufgabe und Antwort auf tatsächlich in Betracht kommende Stellenanzeigen, Vorsprache bei möglichen Arbeitgebern, Kontaktaufnahme mit dem Arbeitsamt etc. in einem großen und regelmäßigen Umfang. Vorsicht – die Gerichte prüfen die Ernsthaftigkeit der Stellensuche genau! Insbesondere reichen zahlreiche Bewerbungen kurz vor einem Gerichtstermin nicht aus.

Um den Unterhaltsverpflichteten vor unbegrenzten Unterhaltsansprüchen des geschiedenen Partners zu schützen und zugleich auch dem Grundsatz der wirtschaftlichen Eigenverantwortung Rechnung zu tragen, kann der Erwerbslosenunterhalt nach § 1573 Abs. 5 zeitlich begrenzt werden! Ob und ab wann eine solche Begrenzung in Betracht kommt, hängt davon ab, ob „unter Berücksichtigung der Dauer der Ehe sowie der Gestaltung von Haushaltsführung und Erwerbstätigkeit ein zeitlich unbegrenzter Unterhaltsanspruch unbillig wäre“. Wurden keine Kinder betreut, so kommt häufig bei einer Ehedauer unter zehn Jahren eine zeitliche Begrenzung in Betracht. Allerdings ist stets auf den Einzelfall abzustellen.

Der Unterhaltsanspruch gemäß § 1573 Abs. 3 BGB ist inhaltlich mit dem Anspruch nach § 1573 Abs. 1 BGB vollkommen identisch mit Ausnahme des Einsatzzeitpunktes. Ein Anspruch auf nachehelichen Unterhalt bis zur Erlangung einer angemessenen Erwerbstätigkeit kann daher nicht nur im Zeitpunkt der Rechtskraft der Scheidung, sondern auch noch dann einsetzen, wenn vorher bestehende Unterhaltsansprüche wegen Kinderbetreuung, Alters, Krankheit oder Ausbildung fortgefallen sind.

§ 1573 Abs. 4 BGB stellt schließlich die letzte denkbare Anspruchsgrundlage im Falle der Erwerbslosigkeit dar. Auch er bietet grundsätzlich einen Unterhaltsanspruch solange eine angemessene Erwerbstätigkeit nicht gefunden wird. Voraussetzung ist hiernach jedoch, dass dem Unterhaltsbedürftigen nach der Rechtskraft der Scheidung oder nach dem Ende eines Unterhaltsanspruchs nach den §§ 1570–1572 BGB bzw. 1575 BGB zwar zunächst die Wiedereingliederung in das Erwerbsleben (scheinbar) gelungen ist, er die Erwerbstätigkeit aber kurzfristig wieder verloren hat und damit der **Unterhalt nicht nachhaltig gesichert** werden konnte. Bei diesem Tatbestand kommt es also maßgeblich darauf an, festzustellen, ob die aufgenommene Tätigkeit bei Beurteilung **zum Einsatzzeitpunkt** (d. h. Rechtskraft der Ehescheidung, Ende des Unterhaltsanspruchs wegen Kinderbetreuung etc.) nach objektiven Maßstäben und allgemeiner Lebenserfahrung mit einer gewissen Sicherheit als dauerhaft angesehen werden konnte oder ob befürchtet werden musste, dass der Bedürftige die Arbeitsstelle in absehbarer Zeit durch außerhalb seiner Entschließungsfreiheit liegende Umstände wieder verlieren würde. Es ist leicht ersichtlich, dass hier nur durch eine konkrete Einzelfallbetrachtung festgestellt werden kann, ob die Geltendmachung des Unterhaltsanspruchs Aussicht auf Erfolg bietet.

Als groben Anhaltspunkt kann man sich jedoch zwei Beispiele vor Augen führen: Besteht zum Einsatzzeitpunkt lediglich eine Beschäftigung im Rahmen einer Arbeitsbeschaffungsmaßnahme oder befand sich der Bedürftige noch in der Probezeit, so wird man kaum von einem bereits nachhaltig gesicherten Unterhalt sprechen können. Bestand jedoch zum Zeitpunkt der Scheidung eine bereits länger andauernde Erwerbstätigkeit und geht der Arbeitsplatz nur wenige Tage nach der Rechtskraft der Scheidung verloren, so entsteht kein Unterhaltsanspruch. Der Unterhalt war nämlich zum Einsatzzeitpunkt nachhaltig gesichert! An diesem Beispiel kann man eindringlich nachvollziehen, welch enorme unterhaltsrechtliche Bedeutung die unterschiedlichen Einsatzzeitpunkte haben. Im schlimmsten Fall können wenige Tage von Bedeutung für das Bestehen oder Nichtbestehen eines Anspruchs sein.

f) Aufstockungsunterhalt

Von den Unterhaltstatbeständen des § 1573 kommt dem Aufstockungsunterhalt nach **§ 1573 Abs. 2 BGB** die größte praktische Bedeutung zu. Die Vorschrift billigt dem Berechtigten letztlich eine gewisse „Lebensstandardgarantie". Der Unterhaltsanspruch kommt dann zum Tragen, wenn der Unterhaltsberechtigte trotz Erfüllung seiner Erwerbsobliegenheit und Ausübung einer eheangemessenen Tätigkeit seinen vollen Unterhaltsbedarf nach den ehelichen Lebensverhältnissen nicht selbst abdecken kann. In der Regel ist dies der Fall, wenn ein größeres Einkommensgefälle zwischen den Ehegatten besteht. Hier besteht die Gefahr, dass der geringer Verdienende durch die Scheidung zu einem sozialen Abstieg gezwungen wird.

Beispiel: Herr und Frau Hümmer waren während ihrer zehnjährigen kinderlosen Ehe beide berufstätig. Herr Hümmer arbeitet als Filialleiter einer großen Bank und verdient 3000 Euro netto. Frau Hümmer ist Arzthelferin und erzielt ein Einkommen von 1200 Euro netto. Nach den süddeutschen Leitlinien ergäbe sich folgender Unterhaltsanspruch: 3000 × 10 % = 300; 3000 – 300 = 2700. 1200 × 10 % = 120; 1200 – 120 = 1080. Bedarf: 2700 + 1080 = 3780 : 2 = 1890. Der eheangemessene Unterhaltsbedarf von Frau Hümmer beläuft sich mithin auf 1890 Euro. Hiervon kann sie 1020 Euro allein abdecken. Es verbleibt ein Aufstockungsunterhaltsanspruch von 810 Euro. Nach der Düsseldorfer Tabelle errechnet sich ein Unterhaltsanspruch von 772 Euro.

Ein Aufstockungsunterhaltsanspruch greift jedoch nur dann ein, soweit keine Unterhaltsansprüche wegen Betreuung, Alters oder Krankheit vorliegen; der Anspruch ist daher subsidiär. Auch hinsichtlich der Ansprüche wegen Erwerbslosigkeit kann man – obwohl im Gesetz nicht ausdrücklich festgeschrieben – von der Nachrangigkeit ausgehen. Darüber hinaus dient der Unterhaltsanspruch nach § 1573 Abs. 2 BGB nicht dazu, jede noch so kleine **Einkommensdifferenz auszugleichen**. Bei errechneten Unterhaltsansprüchen von unter 50–60 Euro entfällt regelmäßig ein Unterhaltsanspruch.

Ebenso wie der Erwerbslosenunterhalt nach § 1573 Abs. 1 kann der Aufstockungsunterhalt zeitlich begrenzt werden (§ 1573 Abs. 5 BGB). Hier gelten die gleichen Grundsätze wie bereits oben geschildert. Bis zu einer Ehedauer von etwa zehn Jahren wird man überwiegend von einer zeitlichen Begrenzung ausgehen können. Es kommt jedoch auf den Einzelfall an; dass ein Gericht tatsächlich eine Begrenzung ausspricht, ist nicht zwingend.

Achtung: Scheitert ein vorrangiger Unterhaltsanspruch am fehlenden Vorliegen der Einsatzzeiten, so besteht auch kein Anspruch auf Aufstockungsunterhalt!

g) Ausbildungsunterhalt

Der Tatbestand des **§ 1575 BGB** hat in der Praxis eine geringe Bedeutung. Allerdings kommt es ab und an vor, dass ein Ehegatte – zumeist die Ehefrau – eine Schul- oder Berufsausbildung im Zusammenhang mit der Ehe abbricht. Gründe hierfür sind in der Regel die Geburt eines Kindes oder ein Ortwechsel an den Wohnort des Gatten. Wird die Ausbildung im Laufe der Ehe nicht fortgesetzt, kann im Einzelfall ein Anspruch gegen den Ehegatten auf Ausbildungsunterhalt vorliegen. Ein allgemeiner Anspruch auf eine Ausbildung besteht nicht. Neben dem – nachvollziehbaren – Abbruch der Ausbildung ist weitere Voraussetzung eines Unterhaltsanspruchs, dass ein erfolgreicher Abschluss der Ausbildung zu erwarten ist. Es kann gewählt werden zwischen der ursprünglich aufgenommenen oder aber einer entsprechenden neuen Ausbildung; Ziel muss jedoch immer die nachhaltige Sicherung des eigenen Einkommens sein; dies setzt auch eine reale Beschäftigungschance nach Abschluss der Ausbildung voraus. Die **Verwirklichung** eines alten **Lebenstraums** oder etwa die Finanzierung eines **Studiums** zum **bloßen Vergnügen** löst keinen Unterhaltsanspruch aus.

Ein Anspruch auf Ausbildungsunterhalt kann auch zum Zwecke der Umschulung oder Fortbildung gegeben sein. Auch hierbei muss allerdings das Ziel die nachhaltige Einkommenssicherung sein. Ein derartiger Anspruch kommt etwa dann in Betracht, wenn der Gatte bei abgeschlossener Ausbildung den Anschluss in seinem Beruf verpasst hat und die Kenntnisse aufgefrischt werden können.

Sowohl Ausbildung als auch Fortbildung und Umschulung müssen so bald als möglich aufgenommen werden. Eine allgemein erst während der Trennung begonnene Ausbildung muss nicht nach § 1575 finanziert werden.

h) Billigkeitsunterhalt

Gewissermaßen als Auffangtatbestand fungiert die Regelung des **§ 1576 BGB**. Mit ihr sollen Härtefälle, in denen die Versagung eines Unterhaltsanspruchs grob unbillig wäre, ausgeglichen werden. Die Regelung kommt nur dann überhaupt zum Tragen, wenn keine der Vorschriften der §§ 1570 bis 1575 BGB eingreift. Praktisch relevant sind hier nahezu ausschließlich Fälle, in denen ein volljähriges gemeinsames behindertes Kind oder aber ein früher gemeinsames Pflegekind betreut wird. Denkbar sind aber auch Fälle, in denen beispielsweise langjährig und aufopfernd die schwer kranken Schwiegereltern gepflegt wurden.

i) Bedarf und Bedürftigkeit

Wie beim Trennungsunterhalt auch müssen für den nachehelichen Unterhalt neben einer gesetzlichen Anspruchsgrundlage Bedarf und Bedürftigkeit des Unterhaltsberechtigten bestehen. Es kann daher an dieser Stelle ausdrücklich Bezug auf die entsprechenden Ausführungen einschließlich der Unterhaltshöhe genommen werden. Ergänzend ist beim nachehelichen Unterhalt jedoch noch Folgendes zu beachten:

Als Maßstab des Bedarfs weist das Gesetz beim nachehelichen Unterhalt nach § 1578 Abs. 1 BGB die ehelichen Lebensverhältnisse aus. Anders als beim Trennungsunterhalt (vgl. § 1361 Abs. 1 S. 1 BGB) wird hierbei jedoch nicht mehr auf die Verhältnisse bei der Trennung abgestellt. Vielmehr kommt es beim nachehelichen Unterhalt auf die **Lebens-**, **Erwerbs-** und **Vermögensverhältnisse** zum **Zeitpunkt** der **Scheidung** an. Da mit der Scheidung der Grundsatz der Eigenverantwortlichkeit Platz greift, markiert die **Scheidung** der Gatten gleichsam den **Endpunkt** der ehelichen Lebensverhältnisse und der Faktoren, die sie geprägt haben. Veränderungen, die erst nach der Scheidung eintreten, können grundsätzlich die ehelichen Lebensverhältnisse nicht mehr prägen. Änderungen nach der Scheidung sind unterhaltsrechtlich nur dann von Bedeutung, wenn sie in engem zeitlichen Zusammenhang mit der Scheidung stehen und bereits in der Ehe angelegt waren.

Von den Gerichten werden als noch eheprägend regelmäßig angesehen beispielsweise übliche Gehaltserhöhungen nach der Scheidung, Gehalt aus einer der früheren Arbeit entsprechenden Tätigkeit, Wegfall von Schuldverpflichtungen, Wegfall von Kindesunterhalt, aber auch Gehaltsminderungen durch Arbeitslosigkeit.

Seit einer grundlegenden Rechtsprechungsänderung des Bundesgerichtshofs zum Ehegattenunterhalt im Jahr 2001 werden auch die **Einkünfte** einer Hausfrau (eines Hausmanns), die erstmals **aus Anlass der Trennung oder Scheidung** wieder erwerbstätig wird, als **eheprägende** Einkünfte angesehen. Damit hat das Gericht eine lange kritisierte Benachteiligung der Hausfrauen im Rahmen des Unterhaltsrechts beseitigt. Bis zur Rechtsprechungsänderung wurde der Unterhaltsbedarf in diesen Fällen nämlich ausschließlich nach dem

Einkommen des stets arbeitenden Gatten bemessen. Das neu hinzugekommene Einkommen der Frau wurde auf den so errechneten Unterhaltsbedarf angerechnet. Nunmehr wird berücksichtigt, dass auch die Tätigkeit der Hausfrau die ehelichen Lebensverhältnisse geprägt hat. Ihr „neues" Erwerbseinkommen wird als Surrogat für die bisherige Familienarbeit angesehen. Daher errechnet sich der Bedarf anhand des Manneseinkommens und des hinzugetretenen Gehalts der Frau, was im Ergebnis zu höheren Unterhaltsansprüchen führt.

Beispiel: Herr Steinlein ist Versicherungsmakler und verdient 3600 Euro netto. Frau Steinlein hat sich während der Ehe dem Haushalt und der Kindererziehung gewidmet. Beide Kinder sind seit kurzem aus dem Haus. Es kommt zur Scheidung der Parteien. Frau Steinlein macht ihr Hobby zum Beruf und wird Reiseleiterin. Sie verdient jetzt 1800 Euro netto. Nach alter Rechtsprechung richtete sich der Unterhaltsbedarf von Frau Steinlein ausschließlich nach dem Nettoeinkommen ihres Mannes. Der Bedarf betrug beispielsweise nach den Düsseldorfer Leitlinien (Anrechnungsmethode) 3/7 von 3600 Euro, also 1542,86 Euro. Mit ihrem eigenen Einkommen von 1800 Euro war der Unterhaltsbedarf vollständig abgedeckt; ein Unterhaltsanspruch gegen Herrn Steinlein bestand nicht mehr. Nach der Rechtsprechungsänderung beträgt der Unterhaltsanspruch jetzt beispielsweise 3/7 der Differenz zwischen beiden Einkommen (sog. Differenzmethode), also (3600–1800) × 3/7. Dies entspricht einem Betrag von 771,42 Euro. Frau Steinlein verfügt jetzt über 2571,43 Euro, Herrn Steinlein verbleiben 2828,57 Euro.

Als nicht mehr eheprägend gelten zum Beispiel die Aufnahme von Nebentätigkeiten oder Fälle, in denen eine unerwartete, vom Normalverlauf erheblich abweichende Entwicklung der Einkommensverhältnisse, etwa ein Karrieresprung, eintritt. Ebenso wenig eheprägend sind Zinseinkünfte, die nach der ehelichen Vermögensauseinandersetzung erzielt werden.

Beispiel: Herr Fiedler arbeitete bis kurz nach der Scheidung als kaufmännischer Sachbearbeiter in einem Lebensmittelgroßhandel. Er erzielte ein monatliches Nettoeinkommen von 2200 Euro. Unerwartet wird er zum Abteilungsleiter berufen und verdient nun 3500 Euro. Frau Fiedler hat erst nach der Scheidung eine Erwerbstätigkeit als Sekretärin aufgenommen. Vorher hat sie den Haushalt geführt. Sie verdient jetzt 1500 Euro. Der Unterhaltsbedarf von Frau Fiedler errechnet sich hier aus dem früheren Einkommen des Herrn Fiedler in Höhe von 2200 Euro sowie ihrem jetzigen Einkommen. Hätte Herr Fiedler keinen Karrieresprung gemacht, sondern nach der Scheidung eine tarifliche Lohnerhöhung auf 2500 Euro erhalten, so würde der Unterhaltsbedarf aus 2500 und 1500 Euro bestimmt.

Wie beim Trennungsunterhalt kommt ein Unterhaltsanspruch nach der Scheidung nur dann zum Tragen, wenn der Unterhalt Begehrende auch tatsächlich bedürftig ist. Neben der Frage, inwieweit der Berechtigte seinen Bedarf durch eigenen Verdienst und/oder unzumutbarer oder überobligatorischen Einkünften abdecken kann, muss auch geklärt werden, ob der Unterhaltsberechtigte sein Vermögen zur Unterhaltsdeckung einsetzen muss (§ 1577 BGB). Durch den nachehelichen Vermögensausgleich stehen manchem Gatten plötzlich beträchtliche Vermögenswerte zur Verfügung. Der ein oder andere verfügte auch bereits vor der Scheidung über ein größeres Vermögen, so dass Unterhaltsansprüche ganz entfallen können. Es kommt hier stets auf eine Beurteilung im Einzelfall unter Berücksichtigung der beiderseitigen Vermögensverhältnisse an. Aus dem Zugewinnausgleich erlangtes Vermögen muss der Berechtigte in seinem Stamm nicht verwerten. Ihn trifft jedoch die unterhaltsrechtliche Verpflichtung, das Vermögen möglichst ertragreich anzulegen und hierdurch Kapitaleinkünfte zu erzielen, die die Unterhaltslast des Pflichtigen mindern.

Soweit bei einem oder beiden Ehegatten nennenswertes Vermögen vorhanden ist, sollte unbedingt im Hinblick auf die unterhaltsrechtlichen Auswirkungen anwaltlicher Rat eingeholt werden!

j) Krankenversicherung und Altersvorsorge

Bereits bei den Erläuterungen zum Trennungsunterhalt wurde auf die möglichen Auswirkungen der Trennung auf die Krankenvorsorge sowie die Alterssicherung hingewiesen. Mit der Rechtskraft der Ehescheidung enden die bestehenden Ansprüche auf Mitversicherung in der Krankenversicherung sowie die Teilhabe an der Altersvorsorge des Gatten durch Versorgungsausgleich endgültig. Auch ein abgeleiteter Beihilfeanspruch fällt weg. Binnen einer Frist von drei Monaten ab Rechtskraft der Ehescheidung kann der bislang mitversicherte Ehegatte sich entscheiden, ob er sich nunmehr selbst bei der bisherigen Krankenversicherung absichern möchte oder aber zu einer anderen Versicherung wechseln möchte. Das alte Versicherungsverhältnis wird so lange in der „Schwebe“ gehalten.

> Im Zusammenhang mit der Unterhaltsermittlung sollte daher unbedingt anwaltlich abgeklärt werden, ob neben dem üblichen Unterhaltsanspruch noch ein Anspruch auf Krankheits- und Altersvorsorgeunterhalt besteht.

Dies ist insbesondere dann von großer Bedeutung, wenn wegen Kinderbetreuung oder aus anderen Gründen eine Erwerbstätigkeit nicht ausgeübt werden kann!

k) Leistungsfähigkeit des Unterhaltsverpflichteten

Es ist selbstverständlich, dass der Verpflichtete zu Unterhaltszahlungen nur im Rahmen seiner persönlichen Leistungsfähigkeit verpflichtet ist. Die absolute Grenze bildet beim nachehelichen wie beim Trennungsunterhalt auch der so genannte Selbstbehalt in Form des Existenzminimums. Zur Erinnerung: Bei Erwerbstätigen liegt der Selbstbehalt derzeit bei mindestens 890/770 Euro, bei nicht Erwerbstätigen beträgt er 820/710 Euro.

Ist der Verpflichtete nicht in der Lage, einen Existenz sichernden Unterhalt zu leisten bzw. errechnet sich ein solcher aufgrund der Einkommens- und Vermögensverhältnisse der Ehegatten nicht, so bleibt den Betroffenen entweder die wirtschaftlich erzwungene Arbeitsaufnahme- oder Erweiterung auch bei Kinderbetreuung bzw. unter Umständen der Gang zum Sozialamt.

l) Beschränkung und Ausschluss des Unterhalts

Da eine Unterhaltsverpflichtung gegenüber dem Gatten für den Verpflichteten eine immense finanzielle Belastung und eine erhebliche Erschränkung in seiner künftigen Lebensgestaltung bedeuten kann, ist es nicht verwunderlich, dass in der Praxis immer wieder die Frage auftaucht, ob Unterhaltsansprüche auch verwirkt oder beschränkt werden können. Neben der bereits beschriebenen Möglichkeit zur zeitlichen Begrenzung eines Unterhaltsanspruchs im Rahmen des § 1573 Abs. 5 BGB kommt deshalb vor allem § 1579 BGB eine entscheidende Bedeutung zu.

§ 1579 BGB enthält verschiedene „Härtegründe", die zu einem völligen Ausschluss, einer Herabsetzung oder zeitlichen Begrenzung des Unterhaltsanspruchs wegen grober Unbilligkeit führen können. Obwohl im Rahmen der Ehescheidung das Schuldprinzip keine Geltung mehr hat, sah sich der Gesetzgeber bereits vor geraumer Zeit – zu Recht – gezwungen, gleichwohl im Rahmen des Unterhaltsrechts gewissermaßen die Notbremse zu ziehen, um dem allgemeinen Gerechtigkeitsempfinden grob widersprechende Folgen des verschuldensunabhängigen Scheidungs- und Unterhaltsrechts zu vermeiden. Ein Unterhaltsanspruch ist danach „zu versagen, herabzusetzen oder zeitlich zu begrenzen, soweit die **Inanspruchnahme** des Verpflichteten auch unter Wahrung der Belange eines dem Berechtigten zur Pflege oder Erziehung anvertrauten gemeinschaftlichen Kindes **grob unbillig** wäre".

Wie bereits dem Wortlaut des Gesetzes zu entnehmen ist, handelt es sich um eine Vorschrift, die nur schwer wiegende Fallgestaltungen erfasst. Dem Richter steht bei der Beurteilung der Frage, ob § 1579 BGB zur Anwendung gelangt, ein Ermessensspielraum zu. Dies gilt auch für die konkrete Rechtsfolge im Einzelfall. Der Richter muss den Sachverhalt sehr sorgfältig überprüfen und die widerstreitenden Interessen aller von der Entscheidung Betroffenen sorgfältig abwägen. Dies gilt umso mehr, wenn der Unterhaltsanspruch eines gemeinschaftliche Kinder betreuenden Ehegatten betroffen ist. Hier kommt letztlich praktisch nur eine Herabsetzung des Unterhaltsanspruchs in Betracht, da andernfalls die Kindesbelange zu stark beeinträchtigt wären. Ein absoluter Ausschluss des Unterhaltsanspruchs bei Kinderbetreuung ist die große Ausnahme.

Voraussetzung der Anwendung der Härteklausel ist **neben** dem Bestehen einer groben Unbilligkeit, das Vorliegen eines der sieben Regelbeispiele bzw. eines Härtefalls im Sinne der Vorschrift.

Die einzelnen **Ausschlussgründe** des § 1579 BGB:

Ziffer 1 ermöglicht einen nachehelichen Unterhaltsausschluss, wenn die Ehe nur von kurzer Dauer war. Bei Ehen bis zu einer Dauer von maximal drei Jahren sollte ein Vorliegen dieses Härtefalls stets sorgfältig überprüft werden. In diesem Zeitrahmen bestehen in der Regel recht gute Aussichten. In ganz wenigen Ausnahmefällen haben die Gerichte auch Ehen bis zu einer Dauer von fünf Jahren als „kurz“ angesehen.

Achtung: Ziffer 1 findet ausschließlich beim nachehelichen Ehegattenunterhalt Anwendung; ein Ausschluss bereits des Trennungsunterhalts kann mit ihr nicht begründet werden!

Beispiel: Herr und Frau Grün haben am 20. Juli 2000 die Ehe geschlossen. Ihre Ehe ist kinderlos. Im März 2002 trennt sich Herr Grün von seiner Frau. Die Ehe wird im Mai 2003 geschieden. Herr Grün kann sich auf einen Unterhaltsausschluss wegen kurzer Ehedauer berufen.

Hätten Herr und Frau Grün ein gemeinsames Kind im Alter von einem Jahr, käme ein Unterhaltsausschluss trotz der kurzen Ehe wegen der Berücksichtigung der Kindesbelange nicht in Betracht. Frau Grün hätte vielmehr einen Betreuungsunterhaltsanspruch.

Nach Ziffer 2 kommt ein Unterhaltsausschluss in Betracht, wenn der Unterhaltsberechtigte eine gravierende Straftat gegenüber dem Verpflichteten begangen hat. Als solche kommen etwa strafbare sexuelle Verfehlungen gegenüber dem Verpflichteten oder den Kindern; schwere Körperverletzungen und Beleidigungen, die über das „übliche“ Maß ehelicher Auseinandersetzungen hinausgehen oder auch Prozessbetrug in Betracht. Ein solcher kann zum Beispiel durch das Verschweigen einer Erwerbstätigkeit oder Einkünften verwirklicht werden.

Beispiel: Herr und Frau Dreier sind seit 15 Jahren verheiratet. Die Ehe hat sich auseinander entwickelt, weil Herr Dreier seit einigen Jahren lieber die Zeit in der Kneipe statt mit seiner Frau verbringt. Frau Dreier verdient gut; ihr Mann ist arbeitslos. Wenn Herr Dreier von seinem Kneipenbummel angetrunken heimkommt, zwingt er seine Frau regelmäßig zum Beischlaf. Wenn sie ihm nicht gefügig ist, schreckt er auch vor Schlägen nicht zurück. Hier kann ein Unterhaltsausschluss gegenüber Herrn Dreier angenommen werden.

Ziffer 3 erfasst Fälle der mutwilligen, auf den Unterhalt bezogenen Herbeiführung der Bedürftigkeit. Hierunter fallen insbesondere die Verschwendung vorhandenen Vermögens, provozierte Kündigungen oder freiwillige Aufgabe eines sicheren Arbeitsplatzes, bei – schwer nachzuweisender – unterhaltsbezogener Mutwilligkeit im Einzelfall auch Alkohol-, Drogen- oder Tablettenabhängigkeit.

Beispiel: Ehepaar Schiller war sechs Jahre verheiratet. Beide waren berufstätig. Herr Schiller möchte sich schon seit Jahren seinen Lebenstraum verwirklichen und nur noch als freier Autor arbeiten. Frau Müller ist strikt dagegen, weil es sich ihrer Meinung nach um eine brotlose Kunst handelt. Nach der Trennung der Parteien gibt Herr Schiller seinen sicheren Arbeitsplatz als Bankkaufmann auf und beginnt zu schreiben. Er möchte jetzt Unterhalt von Frau Schiller: Verwirkung des Unterhaltsanspruchs, da Herr Schiller freiwillig seinen Arbeitsplatz aufgegeben hat.

Ziffer 4 setzt die mutwillige Verletzung der Vermögensinteressen des Unterhaltsverpflichteten voraus. Beispielhaft genannt werden können hier das Anschwärzen beim Arbeitgeber, wissentlich falsche oder leichtfertige Strafanzeigen gegenüber dem Verpflichteten, Schädigung von Geschäftsbeziehungen etc.

Beispiel: Herr und Frau Kreuter sind seit 13 Jahren kinderlos verheiratet. Herr Kreuter ist Geschäftsführer eines großen Unternehmens und in der Branche hoch geschätzt, sie führt den aufwändigen Haushalt. Herr Kreuter möchte dem täglichen Einerlei entfliehen. Die Parteien trennen sich. Frau Kreuter ist derart außer sich und wütet herum: „Du wirst schon sehen, was du davon hast!“ Sie startet eine regelrechte Kampagne gegen ihren Mann. Sie wirft ihm in der Öffentlichkeit vor, immer schon unredlich gewesen zu sein und Gelder in die eigene Tasche gesteckt zu haben. Sie informiert auch den Arbeitgeber ihres Mannes darüber, dass er mit vielen Sekretärinnen ein Verhältnis habe. Herr Kreuter wehrt sich natürlich gegen die Vorwürfe, kann aber nicht verhindern, dass er seinen Posten als Geschäftsführer am Hauptsitz des Unternehmens verliert und in ein Tochterunternehmen versetzt wird: Das Unternehmen kann sich öffentliche Diskussionen um seinen Geschäftsführer nicht leisten. Frau Kreuter dürfte in diesem Fall ihre Unterhaltsansprüche verwirkt haben.

Nach Ziffer 5 kann ein Unterhaltsanspruch auch entfallen, wenn der Unterhalt begehrende Ehegatte trotz Erwerbsfähigkeit mindestens 1 Jahr lang seiner Unterhaltspflicht gegenüber der Familie nicht nachkommt, weil er etwa sein Gehalt vertrinkt oder verspielt und die Familie dadurch in eine Notlage gerät.

Beispiel: Ehepaar Müller hat zwei Kinder. Herr Müller ist dem täglichen Stress im Beruf nicht gewachsen. Er beginnt zu trinken und zu spielen, um sich von seinem Frust abzulenken. Das Einkommen reicht vorne und hinten nicht mehr, da viel Geld von den Spielautomaten verschlungen wird. Frau Müller ist gezwungen, sich eine Arbeit zu suchen, um die Familie über Wasser zu halten. Herr Müller sieht dies als willkommene Gelegenheit, der Familie sämtliche Einkünfte vorzuenthalten. Schließlich wird er arbeitslos und die Ehe geschieden. Auch hier wird man davon ausgehen können, dass Herrn Müller keine Unterhaltsansprüche gegen seine Ehegattin zustehen, auch wenn diese gut verdient.

Ziffer 6 erfasst Fälle, in denen ein offensichtlich schwerwiegendes und klar einseitig beim Unterhaltsbedürftigen liegendes Fehlverhalten vorliegt. Hierunter sind vor allem Verstöße gegen die eheliche Treuepflicht zu verstehen. Allerdings führt nicht bereits ein einmaliger Treuebruch zur Verwirkung des Unterhaltsanspruchs. In Betracht kommen können aber die Aufnahme eines nachhaltigen intimen Verhältnisses gegen den Willen des Ehegatten, wechselnde Intimpartnerschaften oder das Zusammenleben mit einem neuen Partner in gefestigter eheähnlicher Gemeinschaft gegen den Willen des Ehegatten, obwohl die Ehe noch nicht geschieden ist.

Beispiel: Herr Dörr ist 55 Jahre und seit 10 Jahren mit seiner jetzt 35 Jahre alten Frau verheiratet. Frau Dörr pflegt einen gehobenen Lebensstil und lässt sich von ihrem Mann liebevoll umsorgen. Irgendwann packt sie die Abenteuerlust. Bei ihren nächtlichen Streifzügen durch die Discotheken, lernt sie immer neue Männer kennen und lieben. Ihr Mann weiß nichts von ihrem Doppelleben. Als ein Freund ihn unterrichtet, dass seine Frau schon „stadtbekannt" ist, fällt Herr Dörr aus allen Wolken und lässt sich scheiden. Frau Dörr können Unterhaltsansprüche versagt werden.

Ziffer 7 bietet schließlich einen **Auffangtatbestand** für andere schwerwiegende Gründe. Auch hierunter kann das Zusammenleben mit einem neuen Partner in eheähnlicher Gemeinschaft fallen, etwa wenn nach mehrjährigem Zusammenleben (**mindestens zwei bis drei Jahre**) von einer Wiederheirat abgesehen wird, nur um sich den Unterhaltsanspruch zu erhalten, **oder** die Lebensgemeinschaft ohne Absicht der Wiederheirat fortgesetzt wird, der neue Partner jedoch wirtschaftlich den Unterhalt bestreiten könnte, oder die Beziehung so verfestigt ist, dass sie gleichsam an die Stelle der Ehe tritt. Bei dieser Variante kommt es nicht darauf an, dass der neue Partner den Unterhalt bestreiten könnte.

Beispiel: Die Eheleute Fischer waren bis zum Jahr 1999 verheiratet. Ihre Ehe wurde rechtskräftig geschieden. Aus der Ehe ist ein Kind hervorgegangen, das nach der Scheidung bei seiner Mutter lebt. Herr Fischer erbringt Unterhaltszahlungen für seine Frau und das Kind. Herr Fischer heiratet kurz nach der Scheidung wieder. Frau Fischer lebt seit der Trennung mit Herrn Müller zusammen. Als sie ein Kind von ihm erwartet, baut Herr Müller Anfang 2003 ein Haus, in dem Frau Fischer, ihr Kind aus der Ehe mit Herrn Fischer und später auch das neugeborene Kind leben. Gleichwohl verlangt sie weiterhin Unterhalt für sich von Herrn Fischer. Dieser weigert sich. Hier wird man grundsätzlich von einer Unterhaltsverwirkung nach Nr. 7 ausgehen können. Das neue Paar lebt über Jahre hinweg in einer gefestigten Gemeinschaft und sieht wohl nur deshalb von einer Heirat ab, um die Unterhaltsleistungen für Frau Fischer zu erhalten.

Beispiel: Herr und Frau Sieber haben sich nach langer Ehe scheiden lassen. Da Herr Sieber stets gut verdiente, erhält Frau Sieber einen Aufstockungsunterhalt zu ihrem eigenen wesentlich geringeren Einkommen aus Halbtagsbeschäftigung. Ein Jahr nach der Scheidung zieht Frau Sieber zu Herrn Schneider. Die beiden wirtschaften gemeinsam und treten auch in der Öffentlichkeit als Paar auf. Herr Sieber meint, er müsse nun keinen Unterhalt mehr für Frau Sieber zahlen. Nach der erst kurzen Zeit des Zusammenlebens mit einem neuen Partner kommt ein Unterhaltsausschluss noch nicht in Betracht. Herr Sieber muss weiter zahlen. In Betracht kommt aber eine Kürzung des Aufstockungsunterhalts. Frau Sieber muss sich nämlich möglicherweise ihre „Haushaltsführung" für Herrn Schneider als fiktives Gehalt auf ihr Einkommen anrechnen lassen.

Beispiel: Nach dem Ablauf von drei Jahren bemüht sich Herr Sieber wieder um einen Unterhaltsausschluss. Frau Sieber lebt immer noch mit Herrn Schneider zusammen und meint, dass ihr aufgrund der langen Ehedauer immer noch ein Aufstockungsunterhaltsanspruch zustünde, obwohl sie fest mit Herrn Schneider liiert ist. Hier wird Herr Sieber aller Voraussicht nach Erfolg mit seinem Begehren haben.

Nicht alles was auf den ersten Blick unbillig erscheint, unterfällt dem Anwendungsbereich des § 1579 BGB. Vorsicht ist insbesondere geboten, Parallelen zu Fällen aus der Bekanntschaft oder Verwandtschaft zu ziehen. Es gibt praktisch nie zwei gleiche Fälle!

Wichtig: Derjenige Gatte, der sich auf § 1579 BGB berufen will, ist hinsichtlich des Vorliegens der Voraussetzungen eines der Regelbeispiele und der groben Unbilligkeit nachweispflichtig!

m) Rangverhältnisse

Sind neben dem Unterhaltsberechtigten noch unhaltsbedürftige Kinder vorhanden, so stehen diese grundsätzlich dem Ehegatten bei der Verteilung der finanziellen Mittel gleich. In der Praxis wird der nach dem Einkommen des Pflichtigen sich ergebende Kindesunterhaltsanspruch jedoch vor Berechnung des Ehegattenunterhalts vom bereinigten Nettoeinkommen abgezogen. Nur aus den verbleibenden finanziellen Mitteln wird dann die Unterhaltsquote (3/7 zu 4/7 oder 55 % zu 45 %) gebildet. Nur dann, wenn ein so genannter **Mangelfall** vorliegt, also das vorhandene Geld nicht ausreicht, um alle Unterhaltsansprüche – also auch den der Ehefrau – in voller Höhe zu befriedigen, wird der Unterhalt unter den Berechtigten prozentual verteilt.

Bedeutung haben die Rangverhältnisse vor allem auch dann, wenn neben den geschiedenen Ehegatten ein neuer Ehegatte des Unterhaltspflichtigen tritt, oder mehrere geschiedene Ehegatten zu versorgen sind. Bei der Verteilung der Geldmittel des Unterhaltspflichtigen werden nicht alle gleichmäßig berücksichtigt bzw. gleich behandelt. Die Regelungen zu den Rangverhältnissen sind sehr komplex. Sie sind gesetzlich in den §§ 1581 ff. BGB geregelt. Sind derart komplizierte Familienverhältnisse zu verzeichnen, sollte immer ein kundiger Rechtsanwalt eingeschaltet werden, um den Umfang der eigenen Ansprüche bzw. Verpflichtungen erkennen zu können!

n) Ende des nachehelichen Unterhaltsanspruchs

Der nacheheliche Unterhaltsanspruch endet zum einen dann, wenn die Voraussetzungen des Tatbestandes, nach welchem Unterhalt gewährt wurde, nicht mehr vorliegen. Beispielhaft genannt werden kann hier beispielsweise der Unterhaltsanspruch wegen Betreuung gemeinschaftlicher Kinder, wenn diese ein Alter erreicht haben, in dem die Erwerbsobliegenheit des Betreuenden einsetzt. In den Fällen der §§ 1570 ff. ist dabei stets zu prüfen, ob nicht im Anschluss ein anderer Unterhaltstatbestand eingreift.

Mit dem Tod oder der Wiederheirat des Unterhaltsberechtigten endet der jeweilige Unterhaltsanspruch ebenfalls (§ 1586 Abs. 1 BGB). Ein Anspruch wegen Kinderbetreuung nach § 1570 BGB kann jedoch dann wieder aufleben, wenn die neue Ehe wieder aufgelöst wird. In diesem Fall können dann auch nach Beendigung der Pflege oder Erziehung gemeinschaftlicher Kinder die Unterhaltstatbestände der §§ 1571–1573 und § 1575 BGB eingreifen. Stirbt der Verpflichtete, so geht der Unterhaltsanspruch nicht automatisch unter. Vielmehr wird in diesem Fall die Unterhaltsverpflichtung zur Nachlassverbindlichkeit, die die Erben trifft (§ 1586 b BGB). Diese haften allerdings nicht unendlich, sondern nur mit dem Nachlass und „nicht über den Betrag hinaus, der dem Pflichtteil entspricht, welcher dem Berechtigten zustände, wenn die Ehe nicht geschieden worden wäre“. Der geschiedene Unterhaltsberechtigte soll nämlich nicht besser gestellt sein als der Ehegatte, dessen Ehe durch Tod aufgelöst wird.

o) Auskunftsanspruch

Wie zur Vorbereitung der Geltendmachung des Trennungsunterhaltsanspruchs kann auch für den nachehelichen Ehegattenunterhalt gegenseitig ein Auskunftsanspruch geltend gemacht werden. Insoweit kann auf die Ausführungen zum Trennungsunterhalt verwiesen werden. Schließlich besteht sogar eine **Pflicht zur ungefragten Auskunfterteilung**, wenn das Verschweigen von wesentlichen Änderungen der Einkommens- und Vermögensverhältnisse unredlich und illoyal erscheint.

p) Rückständiger Unterhalt, Abfindung und Unterhaltsverzicht

Der nacheheliche Unterhalt ist grundsätzlich als Barunterhalt in Form einer monatlich im Voraus zu leistenden **Unterhaltsrente** vom Verpflichteten zu erbringen (§ 1585 BGB). Dem Unterhaltsberechtigten ist durch § 1585 Abs. 2 BGB auch die Möglichkeit gegeben, statt der monatlichen Zahlung eine **Kapitalabfindung** zu verlangen, wenn ein wichtiger Grund vorliegt und dies den Verpflichteten nicht unbillig belastet.

> Der Unterhaltsverpflichtete kann vom Unterhaltsberechtigten nicht die Annahme einer Abfindung mit Kapital verlangen.

Für eine Kapitalabfindung können gute Gründe sprechen. Da der Laie aber kaum in der Lage sein dürfte, seine potenziellen Unterhaltsansprüche zu errechnen und vernünftig hochzurechnen, sollte hier stets ein Fachmann eingeschaltet werden.

Die Geltendmachung von **rückständigem nachehelichen Unterhalt** setzt wie beim Trennungsunterhalt voraus, dass sich der Verpflichtete mit seiner Leistung in Verzug befindet. D. h. Unterhalt kann grundsätzlich nur ab dem **Zeitpunkt** gefordert werden, ab dem der Verpflichtete **Kenntnis** vom Grund und der Höhe der Schuld hat! Der Unterhaltsanspruch muss also rechtzeitig beziffert werden! Aus diesem Grund sollte es nicht versäumt werden, rechtzeitig vor Rechtskraft der Ehescheidung das nötige Zahlenmaterial in der Hand zu haben (Stichwort: Auskunftsanspruch)! Der nacheheliche Unterhalt muss in jedem Fall, also auch dann, wenn bereits Trennungsunterhalt bezogen wird, gesondert gegenüber dem Verpflichteten geltend gemacht werden. Beide Ansprüche sind nämlich verschieden und gehen nicht automatisch ineinander über!

Auch beim Verzug des Unterhaltsverpflichteten können beim nachehelichen Unterhalt Rückstände für mehr als ein Jahr vor Rechtshängigkeit einer Unterhaltsklage nur noch im – seltenen – Ausnahmefall gefordert werden, § 1585 b Abs. 3 BGB. Unter Umständen verliert man also einen Teil seiner Ansprüche, wenn man zu lange mit der gerichtlichen Geltendmachung zuwartet.

Anders als beim Trennungsunterhalt kann auf nachehelichen Unterhalt rechtswirksam **verzichtet** werden. Dies geschieht in Form eines Unterhaltsvertrages gemäß § 1585 c BGB. Der Vertrag kann vor, während oder nach der Ehe geschlossen werden. Für den Abschluss eines derartigen Vertrages gilt Formfreiheit; es ist also z. B. keine notarielle Vereinbarung notwendig. Grundsätzlich ist ein Verzicht auf den nachehelichen Unterhalt auch nicht sittenwidrig im Sinne des § 138 BGB. Anders sieht die Rechtslage jedoch dann aus, wenn der Vertrag zu Lasten Dritter, insbesondere der Sozialbehörden geschlossen wird. Ein wirksamer Unterhaltsverzicht setzt also in jedem Fall voraus, dass beide Parteien zum Zeitpunkt des Vertragsschlusses davon ausgehen können, auch in Zukunft in der Lage zu sein, sich eigenständig zu unterhalten.

In der Vergangenheit war grundsätzlich auch ein Unterhaltsverzicht einer gemeinschaftliche Kinder betreuenden Ehefrau auf den Betreuungsunterhalt relativ unproblematisch möglich und wirksam. Es wurde lediglich in gravierenden Einzelfällen von den Gerichten angenommen, dass die Berufung auf den Unterhaltsverzicht dem grundsätzlich pflichtigen Ehegatten nach Treu und Glauben (§ 242 BGB) verwehrt sein sollte, wenn überwiegende schützwürdige Interessen gemeinschaftlicher Kinder entgegenstünden (sog. Ausübungskontrolle).

Das Bundesverfassungsgericht hat dann jedoch in zwei Entscheidungen aus dem Jahr 2001 festgestellt, dass ein Unterhaltsverzicht einer gemeinschaftliche Kinder betreuenden Ehefrau sowohl gegen die Belange der Kinder als auch der Ehefrau selber verstoßen und daher **von vornherein unwirksam sein kann**. Es hat ausgeführt: „Die Eheschließungsfreiheit rechtfertigt nicht die Freiheit zu unbegrenzter Ehevertragsgestaltung und insbesondere nicht eine einseitige ehevertragliche Lastenverteilung" (FamRZ 2001, S. 343 ff., 346). In der Folge hat der Bundesgerichtshof seine Rechtsprechung den Vorgaben des Bundesverfassungsgerichts angepasst. Die „Gerichtsfestigkeit" von Vereinbarungen, die einen Unterhaltsverzicht zum Gegenstand haben, ist dadurch erheblich erschüttert worden. Der Bundesgerichtshof hat zwar betont, dass nach wie vor zwischen den Ehegatten grundsätzlich Vertragsfreiheit hinsichtlich der Scheidungsfolgen gilt. Ein totaler Unterhaltsverzicht ist daher nicht generell verboten. Allerdings dürfe der Schutzzweck der gesetzlichen Regelungen durch Vereinbarungen nicht nach Belieben unterlaufen werden. Ein solches Unterlaufen läge vor, wenn durch die Vereinbarung eine evident einseitige und durch die individuelle Gestaltung der ehelichen Lebensverhältnisse nicht gerechtfertigte Lastenverteilung entstünde, die für den belasteten Ehegatten – bei angemessener Berücksichtigung der Belange des anderen Ehegatten und seines Vertrauens in die Geltung der getroffenen Abrede – bei verständiger Würdigung des Wesens der Ehe unzumutbar erscheine. Hieraus erschließt sich, dass eine **Gesamtbetrachtung der getroffenen Vereinba-**

rungen – einschließlich der Regelungen zum Zugewinn- und Versorgungsausgleich! – vor dem Hintergrund der konkreten (ehelichen) Verhältnisse stattzufinden hat. Bei dieser Betrachtung wiegen die Belastungen des betreffenden Ehegatten umso schwerer, je mehr die getroffene Regelung in den Kern des gesetzlichen Scheidungsfolgenrechts eingreift. Der Gerichtshof hat zur Durchführung der Prüfung quasi eine Art Ranking vorgegeben. Dabei stellt er den Betreuungsunterhalt, der (auch) das zu betreuende Kind schützt, an die oberste Stelle. In diesem Bereich dürfte zukünftig ein Totalverzicht nur noch im Ausnahmefall haltbar sein. Modifikationen, die z. B. Unterhaltshöhe betreffen, dürften hingegen – in angemessenem Rahmen – noch möglich sein. Den weitest gehenden Spielraum für vertragliche Regelungen sieht das Gericht bei der Frage des Zugewinnausgleichs.

Ob und in welchen Fällen ein **Unterhaltsverzicht** sinnvoll bzw. überhaupt noch zulässig ist, sollte daher stets von **fachkundiger Seite** vor Vertragsschluss **geprüft** werden. Bereits vorhandene Vereinbarungen können aufgrund der gewandelten Rechtsprechung unwirksam geworden sein. Nach wie vor gilt jedoch:

> Lassen Sie sich niemals in einer „schwachen Stunde" zu einem Unterhaltsverzicht überreden. Ihre Unterschrift kann weitreichende nachteilige Folgen haben! Genauso seien potenziell Unterhaltsverpflichtete eindringlich davor gewarnt, sich ohne vorherige Beratung zu lebenslangen oder unabänderbaren Unterhaltsleistungen zu verpflichten!

5. Kindesunterhalt

a) Grundsätze

Im Fall der Trennung und Scheidung der Eltern wird neben den Fragen nach dem Ehegattenunterhalt auch die Problematik des Kindesunterhalts akut. Die Kinder haben gemäß §§ 1601 ff. BGB neben dem bedürftigen Elternteil einen eigenen Anspruch auf angemessenen Unterhalt. Dieser Unterhaltsanspruch hat seine Grundlage nicht in der elterlichen Sorge, sondern vielmehr im **Verwandtschaftsverhältnis** zwischen Eltern und Kindern. § 1601 BGB erfasst daher nicht ausschließlich die Fälle des Kinder-Eltern-Unterhalts, sondern den Verwandtenunterhalt insgesamt.

Vorrangig haften für den Kindesunterhalt die Eltern (vor den Großeltern). Hierbei ist es unerheblich, ob es sich um eheliche oder nichteheliche Kinder handelt. Entscheidend ist insoweit nur die Frage, ob es sich bei der in Anspruch genommenen Person (rechtlich) um einen Elternteil handelt. Darüber hinaus hängt auch der Kindesunterhalt wie der Trennungs- und Geschiedenenunterhalt von mehreren Grundfaktoren ab:

- Gesetzliche Anspruchsgrundlage § 1601 BGB
- Bedürftigkeit des Unterhalt Begehrenden § 1602 BGB
- Berechnung der Höhe des Unterhalts § 1610 BGB
- Leistungsfähigkeit des Verpflichteten § 1603 BGB
- Besonderheiten im Einzelfall

Im Fall von Trennung und Scheidung der Eltern liegen die praktischen Kernfragen des Kindesunterhaltsrechts im Bereich der minderjährigen, unverheirateten sowie ihnen gleichgestellten volljährigen Kindern. Den Minderjährigen gleichgestellt sind dabei volljährige, unverheiratete Kinder bis zur Vollendung des 21. Lebensjahres, solange sie im Haushalt der Eltern oder eines Elternteils leben **und** sich in der allgemeinen Schulausbildung befinden (§ 1603 Abs. 2 S. 2 BGB). Die nachfolgenden Ausführungen sind im Wesentlichen auf diese Gruppe beschränkt.

Die Eltern haften grundsätzlich anteilig für den Kindesunterhalt. Sie sind als Verwandte in gerader Linie beide unterhaltsverpflichtet. Der Kindesunterhalt erfasst den gesamten Lebensbedarf eines Kindes einschließlich der Kosten einer angemessenen Vorbildung für einen Beruf. Die Eltern sind insoweit also auch verpflichtet, ihren Kindern nach den zur Verfügung stehenden Möglichkeiten eine Schul- oder Berufsausbildung zu finanzieren, die den Neigungen und Begabungen der Kinder entspricht. Während dieser Zeit sind Kinder grundsätzlich nicht verpflichtet, ihren Unterhalt durch eigene Erwerbstätigkeit zu verdienen. Die Kinder sind aber den Eltern gegenüber verpflichtet, jedwede Ausbildung zügig und zielstrebig abzuschließen, um die Unterhaltslast der Eltern in Grenzen zu halten.

Der die Kinder betreuende Elternteil erfüllt dabei regelmäßig seine Unterhaltsverpflichtung durch Gewährung von Naturalunterhalt (Betreuungsunterhalt), d. h. durch kostenfreies zur Verfügung Stellen von Nahrung, Wohnung, Kleidung, Pflege etc. Da die Kinder nach der Trennung bzw. der Scheidung der Eltern zumeist bei einem Elternteil bleiben, geht es in unterhaltsrechtlichen gerichtlichen oder außergerichtlichen Verfahren daher immer nur um den so genannten Barunterhalt, also die Gewährung einer Geldrente durch den nicht betreuenden Elternteil. Ausnahmsweise kann es auch um die Barunterhaltspflicht beider Elternteile gehen, wenn volljährige Kinder nicht mehr bei den Eltern leben.

Ein minderjähriges unverheiratetes Kind ist im Normalfall stets bedürftig.

Es verfügt noch nicht über eine eigene Lebensstellung oder Möglichkeiten, sich selbst zu unterhalten. Selbst wenn es Vermögen hat, braucht es den Vermögensstamm in der Regel nicht zu Unterhaltszwecken verwerten; lediglich Einkünfte aus seinem Vermögen – etwa Zinseinkünfte, Dividenden oder eigene Mieteinkünfte – muss es sich auf seinen Unterhaltsanspruch anrechnen lassen. Soweit eine Ausbildungsvergütung bezogen wird, ist auch diese nach den in Leitlinien der Oberlandesgerichte aufgestellten Grundsätzen anzurechnen. Den Minderjährigen gleichgestellte volljährige Kinder leiten üblicherweise ihre Lebensstellung ebenfalls noch von den Eltern ab.

Die **Höhe des Kindesunterhalts** richtet sich infolgedessen nach der Lebensstellung der Eltern, also deren Einkommens- und Vermögensverhältnissen. Beim Getrenntleben der Eltern oder sofern diese bereits geschieden sind, wird jedoch in der Regel allein auf die wirtschaftlichen Verhältnisse desjenigen Elternteils abgestellt, der seine Unterhaltsverpflichtung durch Barunterhalt erbringen muss. Dies ist leicht einsichtig, denn dieser kann seinen Kindern nicht mehr bieten, als es sein finanzieller Rahmen unter Berücksichtigung sonstiger Verpflichtungen zulässt.

Im Gesetz selbst sind keine festen Sätze, nach denen sich die Höhe des Unterhaltsanspruchs in Abhängigkeit vom Einkommen des Verpflichteten ablesen oder festlegen lässt, enthalten. Gleichwohl hat die Rechtsprechung erkannt, dass der angemessene Barunterhaltsanspruch eines Kindes nicht „Pi mal Daumen" bestimmt werden kann. Um zu einer möglichst gleichmäßigen Behandlung des Kindesunterhaltsanspruchs zu gelangen, ist der angemessene, auf Erfahrungswerten beruhende Unterhaltsanspruch daher als so genannter „Regelbedarf" in Tabellen festgelegt. Eine Vorreiterrolle kommt hierbei der **Düsseldorfer Tabelle** (vgl. Anhang) zu, die in sämtlichen Gerichtsbezirken grundsätzlich zur Unterhaltsbemessung herangezogen und von diesen durch eigene Leitlinien ergänzt und ausgestaltet wird. Lediglich in den neuen Bundesländern ist die Düsseldorfer Tabelle durch die sog. Berliner Vortabelle den dortigen etwas niedrigeren Einkommensverhältnissen angepasst. Im Übrigen wird auch die Düsseldorfer Tabelle regelmäßig den sich ergebenden Nettolohnentwicklungen angepasst.

Die Düsseldorfer Tabelle ist in dreizehn Einkommensgruppen sowie vier Altersstufen unterteilt, nämlich 0–5 Jahre, 6–11 Jahre, 12–17 Jahre sowie ab 18 Jahre. Sie weist damit je nach Einkommensverhältnissen und Alter des Kindes einen Unterhaltsbedarf aus. Bei den in den verschiedenen Einkommensgruppen angegebenen Ausgangsbeträgen sind jeweils die **bereinigten Nettoeinkünfte** des Pflichtigen gemeint (vgl. hierzu die Ausführungen oben S. 93 ff.). In aller Regel gehen die Gerichte bei der Unterhaltsberechnung vom jeweiligen Tabellensatz aus. Dies bedeutet aber nicht, dass nicht aus besonderen Gründen auch Abweichungen nach oben oder unten je nach Anzahl der Unterhaltsberechtigten und unter Berücksichtigung des Selbstbehalts des Unterhaltsverpflichteten erfolgen könnten. Die Tabellensätze der Düsseldorfer Tabelle sind nämlich auf den Fall zugeschnitten, dass der Pflichtige 2 Kindern und einem Ehegatten Unterhalt schuldet.

Beispiel: Herr Liebscher verfügt über ein bereinigtes Nettoeinkommen von 2300 Euro. Er ist lediglich einem Kind im Alter von 2 Jahren gegenüber unterhaltsverpflichtet. Nach seinen Einkommensverhältnissen wäre er grundsätzlich in Einkommensgruppe 6 der Düsseldorfer Tabelle und Altersstufe 1 einzuordnen. Bei ihm wird jedoch – in aller Regel – eine Höherstufung um 2 Einkommensgruppen vorgenommen, weil er nur einem Kind unterhaltsverpflichtet ist. Nach Einkommensgruppe 8 schuldet er daher einen Kindesunterhalt von 306 Euro. Hiervon ist der hälftige Kindergeldanteil in Höhe von 77 Euro abzuziehen. Herr Liebscher muss daher 229 Euro zahlen.

Die Düsseldorfer Tabelle enthält auch einen sog. **Bedarfskontrollbetrag**. Dieser soll eine ausgewogene Verteilung des Einkommens zwischen dem Unterhaltspflichtigen und den Kindern gewährleisten. Ist der Pflichtige nach seinem Nettoeinkommen zum Beispiel in Gruppe 7 der Düsseldorfer Tabelle einzuordnen, führt die Anwendung der sich nach dieser Gruppe ergebenden Tabellensätze jedoch dazu, dass der Bedarfskontrollbetrag unterschritten wird, so ist der Tabellenbetrag einer niedrigeren Einkommensgruppe anzusetzen, bei der der Bedarfskontrollbetrag gewahrt bleibt.

Es kommt in der Praxis insbesondere recht häufig vor, dass die untersten in der Düsseldorfer Tabelle ausgewiesenen Bedarfsbeträge bei mehreren Unterhaltsberechtigten nicht voll geleistet werden können.

In einem derartigen **Mangelfall** wird das nach Abzug des Selbstbehalts zur Verfügung stehende Einkommen des Pflichtigen nach Rangverhältnissen prozentual gleichmäßig verteilt.

Beispiel: Herr Meier verfügt über ein bereinigtes Nettoeinkommen von 1250 Euro. Er hat drei unterhaltsberechtigte Kinder im Alter von 5, 8 und 12 Jahren. Nach der Düsseldorfer Tabelle beliefe sich der nach der Einkommensgruppe 1 zu zahlende Unterhalt – ohne Kindergeldanrechnung – auf jeweils 204, 247 und 291 Euro, mithin auf eine Gesamtsumme von 742 Euro. Herrn Meier bleiben also nur 508 Euro übrig. Der Selbstbehalt des erwerbstätigen Pflichtigen beträgt jedoch 890 Euro (West). Tatsächlich verteilbar sind im Beispielsfall nur 1250 – 890 Euro, d. h. 360 Euro insgesamt.

Beispiel: Herr Fischer ist getrennt lebend und hat einen vierjährigen Sohn. Dieser wird von der Mutter betreut, die über kein Einkommen verfügt. Herr Fischer verdient bereinigt 1500 Euro netto. Unterhaltsberechnung nach Süddt. Leitlinien: 1500 Euro – 233 Euro Kindesunterhalt = 1267 Euro. 1267 Euro – 10 % Erwerbsanreiz = 1140 Euro. Der volle Bedarf beträgt danach 1140 Euro : 2 = 570 Euro. Müsste Herr Fischer diesen Unterhalt an seine Frau zahlen, würde jedoch sein Selbstbehalt von 890 Euro unterschritten. Ihm verblieben nämlich nur noch 697 Euro. Verteilt werden können nur 1500 – 890 Euro = 610 Euro. Nach der Rechtsprechung des Bundesgerichtshofs ist wie folgt zu verteilen: Einsatzbetrag für den Kindesunterhalt 276 Euro (Einkommensstufe 6 – 135 % des Regelbetrages), Einsatzbetrag für den Ehegattenunterhalt 770 Euro (Mindestbedarf). 276 + 770 = 1046 Euro. Die Mangelfallquote beläuft sich daher auf 610 : 1046. Der Kindesunterhalt wird daher um 58,3 % von 276 Euro gekürzt, d. h. auf 161 Euro, der Ehegattenunterhalt auf 58,3 % von 770, d. h. auf 449 Euro. Herrn Fischer verbleiben 890 Euro.

Seltener kommt es vor, dass der Verpflichtete ein Einkommen über Einkommensgruppe 13 der Düsseldorfer Tabelle erzielt. Für diesen Fall werden die Tabellensätze nicht pauschal angehoben; vielmehr muss der Berechtigte hier jeweils konkret nachweisen, dass er tatsächlich einen höheren Unterhaltsbedarf als nach seiner Altersstufe ausgewiesen hat.

Wichtig zu wissen ist schließlich auch, dass in den Tabellenbeträgen keine **Krankenversicherungsbeiträge für die Kinder** enthalten sind. Sofern eine Familienmitversicherung bei den Eltern besteht, erlangt dieser Umstand keine Bedeutung. Sind die Kinder jedoch privat selbst versichert, muss der Krankenversicherungsbeitrag vom Pflichtigen zusätzlich geleistet werden. Allerdings ist der Beitrag dann bei der Bildung des bereinigten Nettoeinkommens als Abzugsposten zu berücksichtigen.

Selbst wenn das zur Verfügung stehende Einkommen zur Bedarfsdeckung aller Unterhaltsberechtigten reicht, handelt es sich bei den in den Tabellen genannten Beträgen nicht um die Beträge, die der Verpflichtete tatsächlich leisten muss, den sog. **Zahlbetrag**. Stets ist nämlich auch noch zu beachten, dass das den Eltern gewährte Kindergeld verrechnet wird (§ 1612 b Abs. 5 BGB). Bis zur Einkommensstufe 6 findet eine prozentuale Anrechnung statt; erst ab Einkommensstufe 7 wird das Kindergeld hälftig auf den Unterhaltsanspruch angerechnet. Bezieht der Unterhaltspflichtige das Kindergeld, so erhöht sich der nach der Düsseldorfer Tabelle ausgewiesene Unterhaltsbetrag

Beispiel: Herr Müller ist unterhaltspflichtig für sein Kind nach Einkommensgruppe 7 und Altersstufe 1 der Düsseldorfer Tabelle. Das Kindergeld beträgt derzeit 154 Euro für das 1. bis 3. Kind. Bezieht er das Kindergeld so muss er zahlen: 213 Euro + 77 Euro = 290 Euro. Bezieht die betreuende Mutter das Kindergeld so muss er zahlen: 290 Euro – 77 Euro Kindergeldanteil, also 213 Euro.

Man sieht auf diese Weise zugleich, dass es für die Höhe des Kindesunterhalts letztlich auch darauf ankommt, wer das Kindergeld tatsächlich bezieht.

Es ist wichtig, darauf zu achten, dass derjenige, der die Kinder betreut, auch tatsächlich das Kindergeld erhält, wie es gesetzlich vorgeschrieben ist (§ 64 Abs. 2 S. 1 EStG)! Gegebenenfalls sollte man sich sofort nach der Trennung mit der Kindergeldkasse in Verbindung setzen.

b) Mehrbedarf und Sonderbedarf

In den Sätzen der Düsseldorfer Tabelle sind über den Regelbedarf des Kindes hinausgehende laufende finanzielle Bedürfnisse, wie z. B. Kosten für Nachhilfeunterricht, Kindergartenkosten etc. nicht enthalten. Die hierfür anfallenden Kosten können bei der Unterhaltsberechnung als so genannter **Mehrbedarf** bedarfserhöhend angesetzt werden, wenn sie regelmäßig anfallen und die Kosten auslösende Maßnahme sachlich begründet ist. Sofern beide Elternteile leistungsfähig sind, haben sie Kosten hierfür grundsätzlich auch anteilig aufzubringen.

Ebenfalls nicht in den Sätzen der Düsseldorfer Tabelle berücksichtigt sind unregelmäßig auftretende, außergewöhnlich hohe Ausgaben, vor allem einmalig auftretende Bedarfsposten des Kindes. Hierunter fallen vor allem Kosten für mehrtägige Klassenfahrten, Kommunion/Konfirmation, kieferorthopädische Behandlung, unvorhergesehene Krankheitskosten etc. Bei diesen notwendigen Ausgaben handelt es sich um **Sonderbedarf**. Bereits die Wortwahl macht deutlich, dass es sich hierbei um Ausnahmekosten handeln muss. Grundsätzlich haften auch für diese Kosten die Eltern anteilig im Rahmen ihrer jeweiligen Leistungsfähigkeit.

c) Leistungsfähigkeit des Unterhaltsverpflichteten

Unterhalt kann vom Verpflichteten nur so weit gefordert werden, als dessen Leistungsfähigkeit dies zulässt. § 1603 regelt dementsprechend: „Unterhaltspflichtig ist nicht, wer bei Berücksichtigung seiner sonstigen Verpflichtungen außerstande ist, ohne Gefährdung seines angemessenen Unterhalts den Unterhalt zu gewähren.“ Wie beim Ehegattenunterhalt endet damit die Leistungsverpflichtung und -fähigkeit des Verpflichteten regelmäßig spätestens beim Existenzminimum von 890/770 bzw. 820/770 Euro! (Vgl. hierzu die Ausführungen oben S. 97 ff.)

Allerdings stehen die minderjährigen und ihnen gleichgestellte volljährige, unverheiratete Kinder insoweit noch unter einem besonderen gesetzlichen Schutz: Den Eltern obliegt nämlich gegenüber diesen Kindern eine gesteigerte Unterhaltsverpflichtung. Sie müssen quasi „das letzte Hemd" und „die letzte Scheibe Brot" mit ihnen teilen. § 1603 Abs. 2 BGB legt den Eltern – gerade auch dem barunterhaltspflichtigen Elternteil – auf, alle verfügbaren Mittel zu ihrem und dem Kindesunterhalt gleichmäßig zu verwenden.

Es ist leider ein bekanntes Übel, dass gerade in der Trennungs- und Scheidungssituation um jeden Cent gefeilscht wird. Aus diesem Grund lässt es mancher Elternteil auch an der nötigen Anstrengung missen, zumutbare Einkunftsquellen auszunutzen oder zu erschließen, um den Kindern den angemessenen Unterhalt zukommen lassen zu können. Es gilt das Motto: „Warum buckeln, wenn ich selbst nichts von dem Geld habe?" Oftmals liegt diesem Gedankengang auch die Vorstellung zu Grunde, dass der betreuende Elternteil sich mittels des Kindesunterhalts ein angenehmes Leben verschafft. Abgesehen davon, dass es sich bei Letzterem um ein leider weit verbreitetes Vorurteil handelt, da Kinder tatsächlich eine Menge Geld kosten, sollte nie vergessen werden, dass auf dieser Basis geführte Unterhaltsstreitereien für die Kinder vielfach schwerwiegende seelische Folgen haben.

Um Derartiges zu verhindern, trifft den Unterhaltsschuldner die **Verpflichtung**, seine **Arbeitskraft** im Interesse der Unterhaltsberechtigten so gut wie möglich **einzusetzen**. Unterlässt er einen solchen Einsatz und ist ihm hierbei ein verantwortungsloses bzw. zumindest leichtfertiges erwerbsplanerisches Fehlverhalten vorwerfbar, so muss sich der Verpflichtete fiktiv solche Einkünfte zurechnen lassen, die er durch eine zumutbare Tätigkeit erzielen könnte. Kündigt der Unterhaltsverpflichtete beispielsweise seinen sicheren Arbeitsplatz, um sich ohne besonderen Grund einer weniger dotierten Stelle zuzuwenden, so wird er unterhaltsrechtlich gleichwohl noch nach seinen alten Einkommensverhältnissen behandelt. Verliert der Verpflichtete unverschuldet seinen Arbeitsplatz, so muss er alles Zumutbare für die Erlangung einer neuen Arbeit unternehmen, evtl. Kündigungsschutzklage erheben oder sogar den Wohnort wechseln. Auch ein Wechsel in die „Hausmannrolle" bei einer neuen Partnerschaft, aus der ein Kind hervorgegangen ist, entlastet keineswegs regelmäßig von den Unterhaltspflichten gegenüber der „alten“ Familie. Betreibt ein Selbständiger ein völlig unrentables Geschäft, so kann er im Einzelfall sogar verpflichtet sein, eine abhängige Beschäftigung anzunehmen bzw. sich einkommensmäßig so stellen zu lassen, wie bei einer entsprechenden abhängigen Beschäftigung. Schließlich kann ein Unterhaltsverpflichteter, der erhebliche Schuldlasten zu tragen hat, die dazu führen, dass der Mindestunterhalt nicht geleistet werden kann, verpflichtet sein, ein Privatinsolvenzverfahren einzuleiten.

d) Rückständiger Unterhalt, Verzug

Die Zahlung rückständigen Kindesunterhalts kann nach § 1613 BGB grundsätzlich nur dann vom Pflichtigen verlangt werden,

- wenn der Pflichtige zur Zahlung eines konkret bezifferten Unterhaltsbetrages angemahnt worden ist, und zwar ab dem Zeitpunkt der Mahnung oder
- wenn der Pflichtige auf Unterhalt verklagt wird ab dem Zeitpunkt der Rechtshängigkeit einer Unterhaltsklage oder
- wenn der Pflichtige zum Zwecke der Geltendmachung des Unterhalts aufgefordert worden ist, Auskunft über seine Einkünfte und sein Vermögen zu erteilen, und zwar ab Aufforderung.

In allen Fällen wird dabei der rückständige Unterhalt ab dem Ersten des Monats geschuldet, in den die Mahnung, Rechtshängigkeit oder Aufforderung zur Auskunftserteilung fällt.

Beispiel: Herr Schlüchter erhält am 30. 5. ein Aufforderungsschreiben zur Auskunftserteilung zum Zwecke der Geltendmachung des Kindesunterhaltsanspruchs. Nach Auskunftserteilung wird ihm 3 Monate später der zu zahlende Unterhaltsbetrag mit Zahlungsaufforderung mitgeteilt. Rückständiger Unterhalt ist hier bereits ab dem 1. 5. geschuldet.

In den festgelegten Ausnahmefällen des § 1613 Abs. 2 BGB kann im Einzelfall auch dann rückständiger Unterhalt verlangt werden, wenn der Berechtigte an der rechtzeitigen Geltendmachung aus Gründen, die in den Verantwortungsbereich des Verpflichteten fallen, gehindert war. Häufigste Fälle sind hierbei die gerichtliche

Vaterschaftsfeststellung und ein unbekannter Aufenthaltsort des Pflichtigen.

> Sollen Kindesunterhaltsansprüche geltend gemacht werden, so ist darauf zu achten, dass dies so schnell wie möglich geschieht, u. U. noch am Letzten des Monats, damit die Unterhaltsansprüche insoweit für diesen Monat nicht verloren gehen. Dabei sollte zu Beweiszwecken die Schriftform gewählt werden.

e) Verwirkung des Kindesunterhaltsanspruchs

Eine Verwirkung des Kindesunterhalts kommt nur in den – praktisch äußerst seltenen – Fällen des § 1611 BGB in Betracht. Diese Vorschrift gilt allerdings **nicht für minderjährige Kinder**, sondern nur für Volljährige, auch wenn diese sich noch in der allgemeinen Schulausbildung befinden. Voraussetzung einer derartigen Unterhaltsverwirkung ist ein schweres sittliches Verschulden bzw. eine schwere Verfehlung gegen den Unterhaltsverpflichteten oder dessen nahe Angehörige. Eine den persönlichen Kontakt zum Unterhaltspflichtigen ablehnende Haltung reicht in keinem Fall allein aus, eine Verwirkung des Unterhaltsanspruchs anzunehmen.

f) Rangfolge zwischen mehreren Kindern und unterhaltsberechtigtem Ehegatten

Für den Fall, dass der Unterhaltspflichtige nicht alle Unterhaltsansprüche vollständig befriedigen kann (Mangelfall) spielt die gesetzlich festgelegte Rangfolge der Berechtigten eine bedeutsame Rolle. Hier gilt Folgendes: Der Ehegatte steht den minderjährigen und privilegierten volljährigen Kindern rangmäßig gleich. Die volljährigen nicht privilegierten Kinder treten hinter den minderjährigen Kindern und dem Ehegatten zurück.

Trotz dieser Rangfolge ist der unterhaltsberechtigte Ehegatte in der Praxis im Rahmen der Unterhaltsberechnungen nicht stets finanziell gleichberechtigt. Es wurde bereits im Zusammenhang mit dem Ehegattenunterhalt erwähnt (vgl. oben S. 96), dass vor der Berechnung des Ehegattengattenunterhalts der sich aus dem bereinigten Nettoeinkommen des Pflichtigen ergebende Kindesunterhalt abgezogen wird. Man spricht hier vom **Vorwegabzug**. Erst dann wird die so genannte Ehegattenquote (3/7 zu 4/7 bzw. nach den Süddt. Leitlinien 45 % zu 55 %) gebildet. Bei der Bestimmung des Ehegattenbedarfs ist damit nicht das volle bereinigte Nettoeinkommen des Pflichtigen Grundlage der Berechnung. Dieses Vorgehen ist jedoch nach allgemeiner Auffassung berechtigt, da während der Ehezeit gleichfalls die Kinder unterhalten werden mussten und hierdurch die ehelichen Lebensverhältnisse geprägt wurden. Der Vorwegabzug betrifft nicht nur den Unterhalt für eheliche, sondern auch nichteheliche Kinder.

Beispiel: Herr und Frau Lethaus haben sich getrennt. Das Paar hat Zwillinge im Alter von 7 Jahren. Herr Lethaus verdient 2500 Euro netto bereinigt. Frau Lethaus betreut ausschließlich die Kinder. Herr Lethaus wäre nach diesen Angaben in Einkommensgruppe 7 der Düsseldorfer Tabelle einzustufen. Die Kinder hätten einen Unterhaltsanspruch von jeweils 351 Euro ohne Berücksichtigung des Kindergeldausgleichs. Zur Berechnung des Ehegattenunterhalts wird nun der Kindesunterhalt in Höhe von insgesamt 702 Euro vom Einkommen des Herrn Lethaus abgezogen. Es verbleiben daher nur noch 2500 – 702 = 1798 Euro zur Bedarfsbestimmung beim Ehegatten. Bei der Unterhaltsberechnung wäre schließlich auch noch der Bedarfskontrollbetrag zu berücksichtigen.

g) Unterhaltsverzicht und Freistellungsvereinbarung zwischen den Eltern

§ 1614 BGB klärt eindeutig, dass ein Verzicht auf laufenden bzw. künftigen Kindesunterhalt unzulässig und damit rechtlich gesehen nichtig ist. Dies gilt auch für einen Teilverzicht, zumindest dann, wenn die Tabellensätze der Düsseldorfer Tabelle um mehr als ein Drittel unterschritten werden. Ein Unterhaltsverpflichteter kann sich beim Kindesunterhalt ebenso wie bei Trennungsunterhalt nicht wirksam darauf berufen, es sei auf ihn verzichtet worden!

Rechtlich bislang zulässig – und vom Verzicht zu unterscheiden – sind jedoch so genannte vertragliche Freistellungsvereinbarungen zwischen den Eltern. Hierbei stellt ein Elternteil den anderen quasi intern von Unterhaltsansprüchen der Kinder frei. Sie beinhalten lediglich, dass sich ein Elternteil verpflichtet, den gesamten Kindesunterhalt allein zu bestreiten und keine familienrechtlichen Ausgleichsansprüche gegen den anderen Elternteil geltend zu machen.

Eine derartige Freistellungsvereinbarung hat nur im Innenverhältnis zwischen den Eltern Bedeutung. Die Kinder können nach wie vor ihre Unterhaltsansprüche auch gegenüber dem „freigestellten" Elternteil geltend machen. Ob im konkreten Einzelfall tatsächlich eine wirksame Freistellungsvereinbarung vorliegt, ist anhand allgemeiner Vertragsauslegungsregeln zu prüfen. In jedem Fall sollten vor Vertragsschluss die rechtlichen Folgen sorgfältig überdacht und berücksichtigt werden, dass als Alternative der Kindesunterhalt – ohne Not – nicht geltend gemacht werden braucht. Dies setzt freilich die tatsächliche Leistungsfähigkeit des freistellenden Elternteils voraus!

Beispiel: Herr und Frau Rot sind geschieden. Beide sind berufstätig und verdienen gut. Sie haben zwei Kinder im Alter von 10 und 14 Jahren. Im Zuge der Scheidung haben sie vereinbart, dass Frau Rot Herrn Rot von den Kindesunterhaltsansprüchen freistellt. Die Kinder können Herrn Rot gleichwohl zu Unterhaltszahlungen auffordern und mit Erfolg verklagen. Herr Rot hat dann jedoch einen – einklagbaren – Anspruch auf Frau Rot, ihm die Unterhaltszahlungen zurückzuzahlen, ihn also „freizustellen".

Ob auch in Zukunft Freistellungsvereinbarungen noch zulässig sein werden, muss abgewartet werden. Nach der jüngeren Rechtsprechung des Bundesverfassungsgerichts können hierdurch letztlich die schutzwürdigen Belange der Kinder erheblich und in nicht hinnehmbarer Weise beeinträchtigt werden.

Fazit: Höchste Vorsicht bei derartigen Abreden! Immer erst anwaltlichen Rat einholen.

h) Vertretung minderjähriger Kinder nach Trennung der Eltern

Ein **minderjähriges Kind** kann seine Unterhaltsansprüche ohne gesetzlichen Vertreter nicht wirksam geltend machen. Es wird durch den jeweils Sorgeberechtigten vertreten (§ 1629 Abs. 1 S. 2 BGB). Soweit – wie dies regelmäßig der Fall ist – nach Trennung der Eltern noch beide sorgeberechtigt sind, wird das Kind durch den Elternteil vertreten, bei dem es lebt. Kommt es zu einem gerichtlichen Unterhaltsverfahren, muss dieser Elternteil den Unterhaltsanspruch des Kindes in seinem eigenen Namen einklagen. Eine hierbei ergehende

Entscheidung wirkt dabei für oder auch gegen das Kind. Nach der rechtskräftigen Scheidung muss das Kind den Unterhalt in seinem eigenen Namen einklagen. Der Elternteil, bei dem das Kind lebt, ist hierbei sein gesetzlicher Vertreter und als solcher zu benennen.

Volljährige Kinder müssen ihre Unterhaltsansprüche gegen die Eltern oder einen Elternteil stets im eigenen Namen einklagen, auch wenn sie noch privilegiert sind und im Haushalt eines Elternteils leben. Wird ein Kind während eines laufenden Unterhaltsverfahrens volljährig, so muss das Kind den Rechtsstreit in eigenem Namen fortführen. Es tritt ein so genannter gesetzlicher Parteiwechsel im Unterhaltsverfahren ein, dem der Gegner nicht zustimmen muss.

Kommt es während eines laufenden Verfahrens zu einem **Wechsel des Aufenthalts** des Kindes – sei es einvernehmlich, sei es durch Sorgerechtsentscheidung des Gerichts – wird die Unterhaltsklage unzulässig. Sie muss dann entweder zurückgenommen werden oder wird vom Gericht als unzulässig abgewiesen. Ging es beim Unterhaltsverfahren auch um von einem Elternteil bereits „verauslagte" Unterhaltsrückstände, so müssen diese nun im Wege eines Ausgleichsanspruchs zwischen den Eltern zurückverlangt werden.

i) Vereinfachte Titulierung eines Kindesunterhaltsanspruchs

Das Bestehen eines bezifferten Unterhaltsanspruchs allein bedeutet noch nicht, dass in allen Fällen der Pflichtige tatsächlich freiwillig seinen Unterhalt leistet. Vielmehr benötigt man einen so genannten **Titel**, um einen bestehenden Unterhaltsanspruch auch notfalls beim Pflichtigen vollstrecken zu können. Die Jugendämter bieten hierfür die Möglichkeit der Erstellung einer **Jugendamtsurkunde** an, in welcher sich der Pflichtige zur Leistung des berechneten – und vom ihm anerkannten – Unterhalts verpflichtet. Die Erstellung der Jugendamtsurkunden ist kostenfrei und bietet damit allen Beteiligten die günstigste und schnellste Möglichkeit, einen Titel zu schaffen. Es empfiehlt sich daher stets, vom Verpflichteten auch im Falle der Einigkeit über den Kindesunterhaltsanspruch die Vorlage einer solchen Jugendamtsurkunde zu verlangen.

> Der Berechtigte hat auch dann, wenn freiwillig gezahlt wird, einen Anspruch auf Titulierung des Kindesunterhalts!

In einer Jugendamtsurkunde kann ein fester Unterhaltsbetrag tituliert werden. Es ist darüber hinaus jedoch auch möglich, stattdessen einen dynamischen Unterhalt festschreiben zu lassen. Letztere Variante hat den Vorteil, dass nicht bei jeder Anpassung der Düsseldorfer Tabelle an die Nettolohnentwicklung und nicht bei jedem Wechsel der Altersstufe des Kindes eine neue Jugendamtsurkunde errichtet werden muss, um den aktuellen erhöhten Unterhaltsbetrag vollstrecken zu können. Das Jugendamt berät über die Vor- und Nachteile!

Weigert sich der Pflichtige, eine Jugendamtsurkunde errichten zu lassen, so bleibt nur das gerichtliche Verfahren. Auch hierbei gibt es gegenüber der normalen Unterhaltsklage noch eine weitere Möglichkeit, rasch zu einem Unterhaltstitel zu gelangen. Es handelt sich hierbei um das so genannte **vereinfachte Verfahren zur Festsetzung von Kindesunterhalt**, §§ 645 ff. ZPO. Das vereinfachte Verfahren wird vom Rechtspfleger bei den Amtsgerichten (Familiengerichten) durchgeführt und ist sehr formell. Es ähnelt dem Mahnverfahren. Der Einschaltung eines Rechtsanwalts bedarf es hierfür nicht. Erhebt der Pflichtige binnen bestimmter Frist keine Einwände hinsichtlich seiner Leistungsfähigkeit und legt nicht die zum Nachweis erforderlichen Belege vor, so wird der Unterhalt festgesetzt. Hiergegen kann der Pflichtige wiederum nur durch rechtzeitige Erhebung einer speziellen Abänderungsklage (§ 654 ZPO) vorgehen.

Anstelle des vereinfachten Verfahrens kann selbstverständlich auch eine normale Unterhaltsklage erhoben werden. Dies empfiehlt sich vor allen Dingen, wenn bereits im Vorfeld abzusehen ist, dass der Pflichtige zahlreiche Einwendungen gegen den Unterhaltsanspruch vorbringen wird. Bei der Erhebung einer normalen Unterhaltsklage gilt der Anwaltszwang, d. h. die Klage kann nur durch einen zugelassenen Rechtsanwalt erhoben werden.

j) Unterhaltsvorschussleistungen

Nach dem Unterhaltsvorschussgesetz (UVG) besteht schließlich für Kinder bis zum 12. Lebensjahr für die Dauer von längstens sechs Jahren ein Anspruch auf Unterhaltsvorschuss, wenn der Pflichtige den Unterhalt nicht regelmäßig zahlt, das Geld jedoch dringend benötigt wird. Über die Voraussetzungen und die Antragstellung geben die Jugendämter Auskunft. Soweit Unterhaltsvorschussleistungen erbracht werden, gehen die Unterhaltsansprüche in der gewährten Höhe auf das Land über, welches dann in der Regel Regress beim Unterhaltspflichtigen nimmt. Während die Unterhaltsvorschussleistungen gezahlt werden, wird häufig parallel ein Unterhaltsklageverfahren durchgeführt, um die Leistungsfähigkeit des Pflichtigen zu überprüfen und den entsprechenden Unterhalt zu titulieren.

> Bei besonders engen wirtschaftlichen Verhältnissen sollte stets das Jugendamt aufgesucht werden, um Unterhaltsvorschussleistungen zu beantragen!

6. Zusatzinformationen

a) Darlegungs- und Beweislast

Wie bereits eingangs der Darstellung des Unterhalts bei Trennung und Scheidung ausgeführt, sind Unterhaltsfragen fast stets kompliziert. Es ist daher ratsam, unterhaltsrechtliche Entscheidungen nicht ohne vorherige fachkundige Beratung durch das Jugendamt oder einen Rechtsanwalt zu regeln. Unterhaltsrechtliche Sachverhalte können weitreichende Folgen haben! So ist beispielsweise auch zu beachten, dass jede Partei in einem Unterhaltsverfahren die für sie **günstigen Voraussetzungen** einer Rechtsnorm **darlegen** und **beweisen** muss. So muss derjenige, der Unterhalt einfordern will (Kläger), nachweisen, dass er einen Unterhaltsanspruch hat, bedürftig ist und ihm Unterhalt in der verlangten Höhe zusteht. Der Pflichtige (Beklagte) hingegen ist beweispflichtig hinsichtlich seiner (mangelnden) Leistungsfähigkeit, insbesondere sein niedrigeres Einkommen sowie sonstiger Einwendungen wie z. B. Verwirkung, kein Verzug etc.

b) Verletzung von Unterhaltspflichten

Grundsätzlich ist es Sache des Einzelnen, seine Ansprüche selbst zu verfolgen. Um den Unterhaltspflichtigen auf Unterhalt verklagen zu können, muss der Berechtigte allerdings „seiner habhaft" sein, d. h. seinen Wohn- und Aufenthaltsort kennen. Es kommt aber immer wieder vor, dass Unterhaltspflichtige jeglichen Kontakt zur Familie abbrechen und auch trotz größter Anstrengungen für den Betroffenen nicht auffindbar sind. Soweit in derartigen Fällen Unterhaltsvorschüsse oder Sozialhilfe geleistet werden, schalten die Sozialbehörden sich üblicherweise mit in die Suche ein. Es können auch öffentliche Zustellungen erfolgen, die aber im Rahmen von Unterhaltsverfahren meist wenig bringen. Wichtig ist daher zu wissen, dass Unterhaltspflichtige, die sich ihrer gesetzlichen Unterhaltspflicht entziehen und damit den Lebensbedarf der Berechtigten gefährden, sich nach § 170 StGB wegen Verletzung der Unterhaltspflicht strafbar machen können. Ein solcher Fall kann auch dann vorliegen, wenn der akute Unterhaltsbedarf durch die Hilfe z. B. des Sozialamts gedeckt wird. Soweit konkrete Anhaltspunkte für das Begehen einer solchen Straftat vorliegen, sind die Strafverfolgungsbehörden zum Einschreiten und zur Aufnahme von Ermittlungen verpflichtet. Diese Ermittlungen beinhalten auch das Aufspüren des Aufenthaltsorts des Pflichtigen. Konnte zwar noch ein Unterhaltstitel (z. B. Urteil, Jugendamtsurkunde) gegen den Verpflichteten erwirkt werden, ist jedoch eine Vollstreckung nicht mehr möglich, weil sich der Verpflichtete abgesetzt hat oder sonst wie die Vollstreckung vereitelt, kommt ebenfalls eine Straftat – nämlich Vollstreckungsvereitelung – in Betracht. Auch hier gilt bei entsprechenden Anhaltspunkten eine Verpflichtung der Strafbehörden zum Einschreiten.

c) Finanzielle Hilfen bei der Rechtsverfolgung

Alleinerziehende haben einen Anspruch, vom Jugendamt – kostenfrei – bei der Geltendmachung von Kindesunterhaltsansprüchen unterstützt zu werden. Im Übrigen sollte man auf die Einholung anwaltlichen Rats nicht wegen vermeintlich hoher Kosten verzichten.

Eine Partei, die nach ihren persönlichen und wirtschaftlichen Verhältnissen die Kosten einer Prozessführung nicht, nur zum Teil oder nur in Raten aufbringen kann, erhält auf Antrag durch das Familiengericht **Prozesskostenhilfe**. Für das außergerichtliche Verfahren (anwaltliche Beratung im Vorfeld einer Klageerhebung) kann **Beratungshilfe** bei der Rechtsantragsstelle der Amtsgerichte beantragt werden. Schließlich gibt es in familienrechtlichen Verfahren über Familien- und Trennungsunterhalt (nicht nachehelicher Unterhalt!) sowie beim Kindesunterhalt auch noch die Möglichkeit der Geltendmachung eines **Prozesskostenvorschusses** gegen den pflichtigen Gegner bzw. bei Kindesunterhaltsansprüchen gegen beide Elternteile. Ein solcher Anspruch geht dem Anspruch auf Prozesskostenhilfe vor. Er setzt voraus, dass die beabsichtigte Rechtsverfolgung nicht mutwillig ist und hinreichende Aussicht auf Erfolg besteht. Darüber hinaus muss der Pflichtige nach seinen finanziellen Verhältnissen entsprechend leistungsfähig sein. Dies ist spätestens dann nicht mehr der Fall, wenn er selbst Prozesskostenhilfe beantragen könnte.

d) Familiengerichtliches Verfahren

Bei unterhaltsrechtlichen Streitigkeiten – Ehegattenunterhalt und Kindesunterhalt – handelt es sich um Familiensachen, die vor den Amtsgerichten in einer Spezialabteilung für Familiensachen, dem Familiengericht, behandelt werden. In Familiensachen entscheidet grundsätzlich der Richter, und zwar in der ersten Instanz als Einzelrichter. Welches Familiengericht örtlich zuständig ist, hängt davon ab, ob bereits ein Scheidungsverfahren vor Gericht anhängig ist. Ist ein Scheidungsverfahren anhängig, d. h. der Scheidungsantrag bereits eingereicht, so ist das für das Scheidungsverfahren örtlich zuständige Gericht auch für die Unterhaltssachen zuständig.

Ist noch kein Scheidungsverfahren von einer Partei eingeleitet oder ist das Scheidungsverfahren bereits rechtskräftig abgeschlossen, so gilt Folgendes: Für Unterhaltsverfahren über den Kindesunterhalt minderjähriger Kinder ist das Familiengericht ausschließlich örtlich zuständig, bei dem das Kind oder sein gesetzlicher Vertreter seinen allgemeinen Gerichtsstand hat. Gemeint ist damit das Gericht, in dessen Gerichtsbezirk das Kind mit dem betreuenden Elternteil lebt. Für den Ehegattenunterhalt ist das Gericht örtlich zuständig, in dessen Gerichtsbezirk der Pflichtige (Beklagte) lebt. Ist in diesem Fall bereits ein Verfahren wegen Unterhalts für ein minderjähriges Kind an dessen Wohnort anhängig, so kann auch der Ehegattenunterhaltsspruch dort geltend gemacht werden. Durch diese Verbindung der Verfahren wird letztlich erreicht, dass sich ein und dasselbe Gericht zusammenhängend mit „einer" Familienunterhaltssache befasst, was für sämtliche Beteiligten mit Vorteilen verbunden ist.

e) Sicherung des Unterhalts durch vorläufigen Rechtsschutz

Familiengerichtliche Unterhaltsverfahren können wegen der Komplexität der Materie und der manchmal notwendigen Beweiserhebungen nicht immer zügig abgeschlossen werden. Dies bedeutet für die betroffenen Unterhaltsberechtigten, dass sie - sofern keine Ansprüche auf soziale Unterstützung bestehen – bisweilen in arge finanzielle Bedrängnis geraten können. Aus diesem Grund kommt der sog. **einstweiligen Anordnung** große praktische Bedeutung zu. Mit ihrer Hilfe kann der Unterhalt vorläufig – bis zum Abschluss des Hauptsacheverfahrens – schnell geregelt werden, wenn bereits ein Unterhaltsverfahren anhängig oder ein Prozesskostenhilfeantrag eingereicht ist. Eine einstweilige Anordnung kann sowohl für den Kindes- als auch den Ehegattenunterhalt für die Zeit ab Antragstellung erwirkt werden. Es handelt sich hierbei um ein Nebenverfahren des Hauptantrags, bei dem das Gericht auf Antrag einer Partei nach pflichtgemäßem Ermessen eine vorläufige summarische Prüfung der Unterhaltsverpflichtung vornimmt. Eine erlassene einstweilige Anordnung stellt keine rechtkräftige Entscheidung dar. Im Hauptsacheverfahren kann es daher durchaus zu einer völlig anderen unterhaltsrechtlichen Beurteilung des Unterhaltsanspruchs kommen. Es besteht Anwaltszwang!

f) Änderung von Unterhaltsansprüchen

Die Voraussetzungen für die Gewährung eines Unterhaltsanspruchs können sich im Laufe der Zeit ändern, manchmal sogar mehrfach. Aus diesem Grund sieht das Gesetz auch die Möglichkeit vor, ausgeurteilte oder anderweit titulierte Unterhaltsansprüche (z. B. gerichtlicher Vergleich, Jugendamtsurkunde) im Wege einer Abänderungsklage abzuändern und an die neuen Verhältnisse anzupassen. Nach § 323 ZPO kommt eine Abänderung dann in Betracht, wenn sich die für die ursprüngliche Beurteilung des Unterhaltsanspruchs festgestellten Grundlagen wesentlich und nachhaltig verändert haben. Dies kann beispielsweise der Fall sein bei

Änderungen der Kindesunterhaltsbeträge nach der Düsseldorfer Tabelle, bei wesentlicher Veränderung der Einkommensverhältnisse etc. Wurde der Kindesunterhalt durch Jugendamtsurkunde tituliert und dabei zugleich als dynamischer Betrag festgesetzt, so tritt die Abänderung für den dynamisierten Bereich (Änderung der Altersstufe des Kindes) ohne weiteres ein.

Auch außergerichtliche Vergleiche zwischen den Parteien können abgeändert werden. Dies geschieht jedoch nicht mit einer Abänderungsklage, sondern – sofern die Parteien sich nicht wiederum außergerichtlich einigen können – mittels einer schlichten Reduzierung des Unterhalts auf Seiten des Pflichtigen oder mittels einer Klage auf erhöhte Unterhaltsleistung seitens des Berechtigten.

Sofern nach gewisser Zeit ein Unterhaltsanspruch weder dem Grund noch der Höhe nach besteht, so besteht ein Anspruch des Pflichtigen auf Herausgabe des Titels bzw. auf Unterlassung der Vollstreckung aus dem Titel.

g) Unterhaltsfälle mit Auslandsberührung

Bei allen Unterhaltsfällen mit Auslandsberührung, sei es, dass eine oder beide Parteien ausländische Staatsangehörige sind, sollte immer unverzüglich ein Rechtsanwalt eingeschaltet werden. Über das Internationale Privatrecht sowie zahlreiche zwischenstaatliche Abkommen lässt sich durch den Anwalt rasch aufklären, ob deutsches Unterhaltsrecht überhaupt Anwendung findet oder der Sachverhalt vor einem deutschen Gericht auf der Grundlage ausländischen Unterhaltsrechts geprüft und abgewickelt werden muss.

7. Unterhaltsansprüche zwischen nicht miteinander verheirateten Eltern

a) Überblick

Viele Kinder werden außerhalb einer ehelichen Gemeinschaft geboren. Die Zunahme nichtehelicher Lebensgemeinschaften steigt stetig an. Darüber hinaus werden zahlreiche Kinder auch außerhalb jeglicher Gemeinschaft der Eltern geboren. Auch in solchen Fällen sind die Kinder und ihre Eltern im Hinblick auf Unterhaltsansprüche nicht „rechtlos“ gestellt.

Nichteheliche und eheliche **Kinder** sind in ihrem Status gleichgestellt. Es gelten die Grundsätze des Verwandtenunterhalts nach den **§§ 1601 ff. BGB.** Auch die außerhalb der Ehe geborenen Kinder haben daher gegen ihre Eltern einen Unterhaltsanspruch. Der betreuende Elternteil erfüllt seine Unterhaltsverpflichtung durch seine Betreuungsleistung sowie Naturalunterhalt. Der andere Elternteil ist grundsätzlich barunterhaltspflichtig. Insoweit kann auf die Ausführungen zum Kindesunterhalt verwiesen werden.

Die **Unterhaltsansprüche zwischen den nicht miteinander verheirateten Eltern** sind ausschließlich in den **§§ 1615 l ff. BGB** geregelt. Von den Vorschriften sind nicht nur die – in der Praxis am häufigsten vorkommenden – Unterhaltsansprüche der nichtehelichen Mutter gegen den Vater des Kindes, sondern auch umgekehrt die Unterhaltsansprüche des das Kind betreuenden nichtehelichen Vaters gegenüber der Kindsmutter erfasst. Die gesetzlichen Unterhaltsansprüche zwischen verheirateten bzw. geschiedenen Eltern, insbesondere der Betreuungsunterhaltsanspruch des § 1570 BGB, finden keine – auch keine entsprechende – Anwendung.

Die Unterhaltsansprüche nach §§ 1615 l ff. BGB sind Ausfluss der Schwangerschaft und der daraus folgenden Notwendigkeit der Kinderbetreuung. Auch nichteheliche Kinder sollen in ihren ersten Lebensjahren in den Genuss einer persönlichen Betreuung durch einen Elternteil kommen, auch dann, wenn Dritte die Betreuung übernehmen könnten. Die Unterhaltsansprüche greifen allerdings längst nicht so weit wie die ehebedingten Unterhaltsansprüche. Es zeigt sich mithin deutlich, dass der Ehe im Unterhaltsrecht nach wie vor eine Sonderstellung eingeräumt ist.

Auch bei den Unterhaltsansprüchen nicht miteinander verheirateter Eltern kommt es neben einer gesetzlichen Anspruchsgrundlage auf die Bedürftigkeit des Unterhalt Begehrenden und natürlich die Leistungsfähigkeit des Verpflichteten an. Insoweit gelten auch hier die oben dargestellten Grundsätze (siehe oben S. 84).

Weitere allgemeine Voraussetzung der Unterhaltsansprüche ist, dass die **Vaterschaft rechtswirksam gerichtlich festgestellt worden ist** (§ 1600 d BGB) **oder der Vater die Vaterschaft förmlich anerkannt hat** (§ 1594 Abs. 1 BGB) **oder die Vaterschaft nicht bestreitet.** Die Jugendämter stehen hinsichtlich der Klärung der Vaterschaftsfrage hilfreich zur Seite! Sie sind verpflichtet, Alleinerziehende insoweit nach allen Seiten hin zu unterstützen. Selbstverständlich kann auch jederzeit anwaltlicher Rat eingeholt werden.

b) Unterhaltsansprüche der Mutter des Kindes gegen den Vater

Die nicht verheiratete Kindesmutter kann gegen den Vater drei verschiedene Unterhaltsansprüche haben:

- Anspruch auf Unterhalt bis zur und nach der Geburt des Kindes gemäß § 1615 l Abs. 1–3 BGB
- Anspruch auf Erstattung der Schwangerschafts- und Entbindungskosten gemäß § 1615 l Abs. 1 Satz 1 BGB
- Anspruch bei Tot- oder Fehlgeburt des Kindes gemäß § 1615 n Satz 1 und 2 BGB in Verbindung mit § 1615 l Abs. 1 Satz 2 BGB

Nach § 1615 l BGB können der Kindesmutter grundsätzlich für frühestens vier Monate vor bis zu drei Jahren nach der Geburt Unterhaltsansprüche gegen den Kindesvater zustehen. Diese Unterhaltsansprüche sind in verschiedene Zeiträume untergliedert und haben unterschiedliche Voraussetzungen. Der Gesetzgeber hat dabei zwischen einem „allgemeinen" Unterhaltsanspruch und einem zusätzlichen Bedingungen unterliegenden „besonderen" Unterhaltsanspruch unterschieden.

Allgemeiner Unterhaltsanspruch: Allgemein kann die Kindesmutter nach § 1615 l Abs. 1 BGB für den Zeitraum von **sechs Wochen vor bis acht Wochen nach der Geburt Unterhalt** für sich verlangen, wenn sie bedürftig und der Kindesvater leistungsfähig ist. Von einer tatsächlichen Bedürftigkeit der Kindesmutter kann in der Regel nur dann ausgegangen werden, wenn sie in keinem Arbeitsverhältnis steht und nicht in der gesetzlichen Krankenversicherung versichert ist, und daher kein Mutterschaftsgeld erhält. (Arbeitgeber und Krankenversicherung können hinsichtlich der von ihnen zu erbringenden Leistungen keinen Regress beim Vater des Kindes nehmen! Zahlt jedoch das Sozialamt an die Mutter, so ist der Vater von seiner Leistungspflicht nicht befreit. Der Anspruch auf Unterhaltszahlungen geht dann nämlich auf die Sozialbehörden über.)

Geschuldet wird vom Kindesvater grundsätzlich der nach der Lebensstellung der Mutter des Kindes angemessene Unterhalt. Damit stellt sich die Frage, wie der Bedarf der Mutter und damit die Höhe des Unterhalts im Einzelfall festgelegt werden.

War die Mutter **vor der Geburt des Kindes erwerbstätig**, so richtet sich ihr Bedarf nach ihrem früheren Erwerbseinkommen und dem um Kindesunterhalt und sonstige Abzugsposten bereinigten Nettoeinkommen des Vaters.

Beispiel: Herr Gröschel und Frau Seiler leben seit einem Jahr zusammen. Herr Gröschel verdient bereinigt 5000 Euro, Frau Seiler verdient 2000 Euro. Als Frau Seiler schwanger wird, verlässt Herr Gröschel sie. Mit Kindern kann er nichts anfangen. Frau Seiler hört sechs Wochen vor der Geburt auf zu arbeiten und betreut nach der Geburt ausschließlich die kleine Tochter. Sie verlangt jetzt Unterhalt vom Vater ihrer Tochter:

Nach den Süddt. Leitlinien erhielte das Kind 331 Euro, Frau Seiler 2000 Euro, entsprechend ihrem Bedarf aus der Zeit der Berufstätigkeit, da Herr Gröschel den vollen Unterhaltsbedarf von Frau Seiler mit seinem Einkommen abdecken kann. Ihm verbleiben 2669 Euro. (Könnte Herr Gröschel mangels eigenem hohen Einkommen das frühere Gehalt von Frau Seiler nicht voll aufbringen, würde der Unterhalt für Frau Seiler entsprechend der Leistungsfähigkeit von Herrn Gröschel gekürzt.)

Hat die Kindesmutter keine Berufstätigkeit ausgeübt, wird von den Gerichten ein Mindestbedarf angesetzt. Dieser beträgt derzeit 770 Euro.

Beispiel: Hätte im Fall oben Frau Seiler nicht vor der Geburt des Kindes gearbeitet, würde ihr Bedarf mit 770 Euro angesetzt. Für das Kind wären nach den Süddt. Leitlinien 331 Euro zu leisten, Frau Seiler erhielte aber trotz des hohen Einkommens von Herrn Gröschel nur 770 Euro, also den Mindestbedarf.

Erhält die Mutter des nichtehelichen Kindes Lohnfortzahlung oder Krankengeld werden diese Zahlungen auf den Bedarf angerechnet; Erziehungsgeld wirkt sich hingegen nicht bedarfsmindernd aus. Darüber hinaus besteht grundsätzlich auch eine Verpflichtung, vorhandenes Vermögen bis auf einen „Notgroschen" einzusetzen, wenn dessen Verwertung nicht unwirtschaftlich ist.

Nicht jeder Vater ist finanziell in der Lage, neben dem Kindesunterhalt auch den vollen Unterhaltsbedarf der Kindsmutter abzudecken. Es muss daher stets die individuelle **Leistungsfähigkeit** überprüft werden. Für die Feststellung des bereinigten Nettoeinkommens des Pflichtigen gelten die allgemeinen Grundsätze. Insoweit kann auf die Ausführungen zum Unterhalt bei Trennung und Ehescheidung verwiesen werden (vgl. S. 97). Eine gesteigerte Erwerbspflicht gegenüber der Kindesmutter – wie beim Unterhalt für minderjährige Kinder – besteht nicht. Zudem hat der Vater des nichtehelichen Kindes gegenüber dessen Mutter einen **erhöhten Selbstbehalt**. Dieser beträgt zurzeit je nach Oberlandesgerichtsbezirk zwischen 800 und 1000 Euro.

Beispiel: Herr Zeisig und Frau Reisig hatten eine kurze Affäre, in deren Verlauf Frau Reisig schwanger wurde. Sie entbindet nach der Trennung einen kleinen Sohn. Vor der Affäre hat sie nicht gearbeitet. Nun verlangt sie vom Kindsvater, der 1500 Euro verdient, Unterhalt für sich und das Kind. Mit dem Einkommen des Herrn Zeisig kann der Bedarf des Kindes (nach dem Einkommen Gruppe 2 + 1 = 233 Euro) und Frau Reisig (Mindestbedarf 770 Euro) nicht abgedeckt werden. Gegenüber Frau Reisig besteht zudem ein erhöhter Selbstbehalt in Höhe von 1000 Euro. Unterhaltsberechnung: 1500 – 233 – 770 = 497 Euro. Der Unterhalt der Mutter ist daher zu kürzen auf 770 – 1000 + 497 = 267 Euro. Das Kind erhält 233 – Kindergeldanrechnung 34 Euro = 199 Euro. Herrn Zeisig verbleiben 1034 Euro.

Besonderer Unterhaltsanspruch: Über den Zeitraum von sechs Wochen vor bis zu acht Wochen nach der Geburt hinaus besteht ein Unterhaltsanspruch von **höchstens vier Monaten vor** bis zu **drei Jahren nach der Geburt** nur dann, wenn die Mutter des nichtehelichen Kindes entweder

- bedingt durch die Schwangerschaft selbst oder durch eine durch die Schwangerschaft oder Entbindung verursachte Erkrankung keiner oder jedenfalls nur eingeschränkt einer Erwerbstätigkeit nachgehen kann (§ 1615 l Abs. 2 Satz 1 BGB) oder
- von ihr wegen der Pflege oder Erziehung des Kindes eine Erwerbstätigkeit nicht erwartet werden kann (§ 1615 l Abs. 2 S. 2 BGB).

Der erstgenannte besondere Unterhaltsanspruch kommt nur dann in Betracht, wenn die Schwangerschaft, Entbindung oder eine dadurch verursachte Erkrankung mindestens mitursächlich dafür ist, dass eine Erwerbstätigkeit nicht aufgenommen werden kann. An dieser Regelung ist ersichtlich, dass der Kindesvater nur insoweit unterhaltsverpflichtet ist, als die Unterhaltsbedürftigkeit der Kindesmutter von ihm verursacht wurde. War die Mutter z. B. bereits vor der Schwangerschaft nicht erwerbstätig oder aus anderen Gründen an der Erwerbstätigkeit verhindert, scheidet auch ein Anspruch nach § 1615 l Abs. 2 Satz 1 BGB aus.

Praktisch wesentlich bedeutsamer ist jedoch der zweite genannte besondere Unterhaltsanspruch. Er greift nur für den Zeitraum ab acht Wochen bis zu drei Jahren nach der Geburt ein. Bei ihm kommt es letztlich nur darauf an, dass das Kind von seiner Mutter betreut wird, betreuungsbedürftig ist und daher von der Mutter eine Erwerbstätigkeit nicht erwartet werden kann.

Der Kindesmutter wird mit diesem Unterhaltsanspruch praktisch unter finanziellen Aspekten ein (zeitlich eingeschränktes) Recht auf eigene Betreuung des Kindes eingeräumt. Bis zu einem Kindesalter von drei Jahren geht das Gesetz durch die gewählte Formulierung nämlich grundsätzlich davon aus, dass das Kind betreuungsbedürftig ist und seiner Mutter eine Erwerbstätigkeit nicht zuzumuten ist. Die Mutter des nichtehelichen Kindes muss also nicht nachweisen, dass sie keine anderweitige Betreuungsmöglichkeit für das Kind hat. Selbst wenn sie eine solche hätte, ist sie unterhaltsrechtlich grundsätzlich gegenüber dem Vater nicht verpflichtet, diese anzunehmen, um erwerbstätig sein zu können. Ein Ausnahmefall ist zwar prinzipiell denkbar. Hier wäre es allerdings an dem nichtehelichen Vater, ausführlich darzulegen und zu beweisen, dass der Mutter trotz des geringen Alters des Kindes eine Erwerbstätigkeit zumutbar ist.

Hinsichtlich der Bedürftigkeit, der Höhe des Unterhalts sowie der Leistungsfähigkeit des Pflichtigen gelten die bereits oben aufgezeigten Grundsätze.

Gegen die zeitliche Begrenzung des Unterhaltsanspruchs auf drei Jahre nach der Geburt sind in jüngster Zeit erhebliche verfassungsrechtliche Bedenken aus verschiedenen Gesichtspunkten, insbesondere aber im Hinblick auf die Gleichbehandlung zwischen ehelichen und nichtehelichen Kindern geltend gemacht worden. Das Bundesverfassungsgericht hat zwar mit mehreren Entscheidungen aus dem Jahr 2004 die Problematik offen gelegt, hatte in den ihm vorgelegten Fällen jedoch noch keine Veranlassung zur Entscheidung darüber, ob die Vorschrift des § 1615l BGB insoweit verfassungsgemäß ist. Die weitere Entwicklung bleibt daher abzuwarten.

Härtefälle: In Härtefällen kann nach § 1615l Abs. 2 Satz 3 BGB **ausnahmsweise** auch noch ein Unterhaltsanspruch der Mutter eines nichtehelichen Kindes **über den Zeitraum von drei Jahren nach der Geburt hinaus** bestehen. Dies kann beispielsweise der Fall sein, wenn durch eine Behinderung oder sonstige schwere körperliche oder psychische Erkrankung bzw. Fehlentwicklung des Kindes eine besondere Betreuungsbedürftigkeit besteht. Allein der Wunsch der Mutter des nichtehelichen Kindes nach längerer alleiniger Betreuung reicht keinesfalls für den Fortbestand des Anspruchs auf Unterhalt aus. Der Unterhaltstatbestand kann auch noch neu nach dem Ablauf von drei Jahren eingreifen, wenn zu einem späteren Zeitpunkt eine besondere Betreuungsbedürftigkeit des Kindes eintritt.

Auch **Schwangerschafts- und Entbindungskosten** können von der Mutter des nichtehelichen Kindes beansprucht werden, soweit nicht die Krankenversicherung hierfür eintritt und finanzielle Bedürftigkeit besteht. Zu diesen Kosten gehören u. a. auch Schwangerschaftskleidung und Kosten für Schwangerschaftsgymnastik.

Bis auf den Unterhalt nach der Geburt des Kindes können grundsätzlich alle Kosten und damit Unterhaltsansprüche auch dann entstehen, wenn es zu einer Tot- oder Fehlgeburt kommt. Zu erstatten sind in der Regel dann zusätzlich auch die Kosten der Beerdigung des Kindes.

Für den Fall, dass die Mutter eines nichtehelichen Kindes infolge der Schwangerschaft oder Entbindung stirbt, muss der Vater auch die Kosten ihrer Beerdigung tragen, soweit diese nicht von den Erben erlangt werden können.

Im Mangelfall, d. h. für den Fall, dass der Kindesvater mehreren Personen gegenüber unterhaltspflichtig ist und nicht sämtliche Ansprüche voll erfüllen kann, steht die nichteheliche Mutter im Rang den minderjährigen und volljährigen privilegierten Kindern des Unterhaltsverpflichteten sowie dessen geschiedener oder jetziger Ehefrau nach.

c) Unterhaltsansprüche des Vaters gegenüber der Mutter

Dem Vater eines nichtehelichen Kindes kann nach § 1516l Abs. 5 BGB für die Zeit von acht Wochen nach der Geburt bis zu drei Jahren ein Anspruch auf Unterhalt gegen die Mutter zu stehen. Voraussetzung hierfür ist, dass in diesem Fall ausschließlich der Vater die Kindesbetreuung wahrnimmt. Der Anspruch des Vaters kann grundsätzlich auch dann vorliegen, wenn der Vater nicht die elterliche Sorge für das Kind innehat, ihm jedoch die Betreuung übertragen wurde.

VI. Zugewinnausgleich: Der Kampf ums „Eingemachte“

1. Überblick: Worum geht es?

Scheidung bedeutet gewöhnlich auch, dass die Ehegatten sich in Bezug auf das Vermögen auseinander setzen müssen. Was zu teilen ist und wie die Auseinandersetzung vorgenommen wird, hängt hauptsächlich davon ab, in welchem **Güterstand** die Ehegatten leben.

Der gesetzliche Güterstand ist die **Zugewinngemeinschaft**. Sie bedeutet: Mit der Eheschließung ändert sich an der Zuordnung der Güter zunächst nichts – jeder Ehegatte bleibt Inhaber seines Eigentums, er verwaltet auch sein Vermögen selbst, was er in der Ehe erwirbt, gehört ihm. Aber: Wenn die Ehe aufgelöst wird, wird eine Rechnung aufgemacht. Es wird festgestellt, wie viel an Vermögen jeder Ehegatte während der Ehe hinzugewonnen hat (**Zugewinn**). Derjenige, der den höheren Zugewinn erzielt hat, muss die Hälfte seines Überschusses an den anderen abgeben. Grundgedanke ist: Was die Ehegatten während der Ehe erwirtschaften, haben sie letztlich beide „verdient“, gleichgültig, bei welchem Partner sich der Gewinn realisiert hat.

Die Zugewinngemeinschaft wird den Ehegatten nicht aufgezwungen. Sie können durch **Ehevertrag** einen anderen Güterstand wählen. Der Ehevertrag muss beim **Notar** geschlossen werden (§ 1410 BGB).

Wichtig: Verträge, die sich auf den Güterstand beziehen, sind nur gültig, wenn sie beim Notar geschlossen werden. Bei Vereinbarungen, die die Zuordnung der Vermögen der Ehegatten ordnen wollen, muss stets überlegt werden, ob sie nicht unter diese Formpflicht fallen!

2. Die vertraglichen Wahlgüterstände

Anstelle der Zugewinngemeinschaft haben die Ehegatten nach dem Gesetz die Wahl zwischen folgenden Möglichkeiten:

(a) Sie können **Gütertrennung** vereinbaren (§ 1414 BGB). Dann bleiben die Vermögen getrennt, und es findet bei Auflösung der Ehe auch kein Zugewinnausgleich statt. Die Ehe ist gegenüber dem Vermögen „neutral". Das schließt nicht aus, dass zwischen den Ehegatten Vermögensbeziehungen bestehen können wie zwischen beliebigen Personen, z. B. wenn sie Miteigentümer einer Wohnung werden oder eine Gesellschaft zusammen gründen. Insoweit gilt für sie auch das Recht wie zwischen Miteigentümern oder Gesellschaftern allgemein.

Um Gütertrennung zu erreichen, genügt es, wenn der gesetzliche Güterstand ausgeschlossen oder aufgehoben wird oder wenn die Ehegatten „den Ausgleich des Zugewinns" ausschließen. Sogar wenn nur der Versorgungsausgleich (S. 175 ff.) ausgeschlossen wird, soll nach dem Gesetz die Gütertrennung gewählt sein (§ 1414 S. 2 BGB).

Wichtig: Schlägt der Partner vor, den Versorgungsausgleich auszuschließen, so ist größte Vorsicht am Platz! Es tritt damit automatisch die Gütertrennung ein, wenn nicht ausdrücklich das Gegenteil im Ehevertrag festgehalten wird!

(b) Die Ehegatten können ferner die **Gütergemeinschaft** wählen (§§ 1415 ff. BGB). Ist dies vor der Heirat geschehen, so wachsen mit der Eheschließung das Vermögen der Frau und das Vermögen des Mannes zu einem gemeinschaftlichen Gut (**Gesamtgut**) zusammen. Auch was während der Ehe erworben wird, fällt in das Gesamtgut. Ausgenommen vom gemeinschaftlichen Vermögen sind nur das **Sondergut**, d. h. Gegenstände, die nicht übertragbar sind, sowie das **Vorbehaltsgut**. Zum Vorbehaltsgut gehören vor allem diejenigen Vermögensgegenstände, die einem Ehegatten mit der Bestimmung zugewendet werden, dass das Erworbene Vorbehaltsgut sein soll, sowie Gegenstände, die im Ehevertrag von vornherein aus dem Gesamtgut ausgenommen sind.

Die Gütergemeinschaft entspricht einer hohen Ethik der Ehe: So wie die Herzen eins sind, so auch das Vermögen. Für den, der mehr in die Ehe einbringt oder in der Ehe erwirbt, ist der Güterstand nicht ungefährlich. Er ist auch recht umständlich, weil ausführlich geregelt werden muss, wer das Gesamtgut verwaltet, wer über die Gegenstände verfügen kann, wer für welche Schulden haftet. Im Falle der Scheidung ergibt sich die Notwendigkeit einer komplizierten Auseinandersetzung des Gesamtguts (§§ 1471 ff. BGB). Die Gütergemeinschaft ist daher nur noch regional verbreitet, z. B. in bäuerlichen Kreisen Bayerns.

Die Gütergemeinschaft kann auch in der Weise vereinbart werden, dass nur dasjenige, was die Ehegatten während der Ehe erwerben, in das Gesamtgut fällt, während die in die Ehe mitgebrachten Gegenstände Vorbehaltsgut bleiben. Man spricht dann von **Errungenschaftsgemeinschaft** (Gesamtgut ist das, was die Eheleute während der Ehe „erringen"). Die Errungenschaftsgemeinschaft ist in vielen europäischen Ländern der gesetzliche Güterstand.

(c) In diesem Zusammenhang ist wichtig, dass auch in der **ehemaligen DDR** eine Art Errungenschaftsgemeinschaft den gesetzlichen Güterstand gebildet hat: die **„Eigentums- und Vermögensgemeinschaft"** (§ 13 Familiengesetzbuch der DDR). Danach gehörten alle von einem oder beiden Ehegatten während der Ehe durch Arbeit oder aus Arbeitseinkünften erworbenen Gegenstände beiden Ehegatten gemeinsam. Bei Herstellung der deutschen Einheit mutete der Einigungsvertrag den Eheleuten, die in diesem Güterstand lebten, einen jähen Wechsel zu: Vom 3. Oktober 1990 an gilt auch für diese Ehen die Zugewinngemeinschaft als gesetzlicher Güterstand. Doch konnte jeder Ehegatte bis zum Ablauf einer zweijährigen Frist erklären, dass die Eigentums- und Vermögensgemeinschaft fortgelten sollte. Soweit dies geschehen ist, gilt der gesetzliche Güterstand des DDR-Rechts weiter, bei Scheidung sind dann nach wie vor die Bestimmungen des Familiengesetzbuchs maßgebend.

(d) Im Übrigen können die Eheleute durch Ehevertrag den gesetzlichen Güterstand oder die Gütergemeinschaft **in einzelnen Punkten verändern** – in welchen Punkten und wie weit das möglich ist, bedarf eingehender notarieller Beratung. Eheverträge können auch noch während der Ehe geschlossen werden, die Eheleute können den Güterstand auch während der Ehe wechseln.

Beispiel: Vor der Heirat vereinbaren die Verlobten Gütergemeinschaft. Die Ehe wird dann geschlossen. Nach 5 Jahren schließt das Paar einen neuen Ehevertrag, in dem nun die Gütergemeinschaft aufgehoben wird.

Dann tritt von diesem Zeitpunkt an Gütertrennung ein (§ 1414 S. 2 BGB). Nach weiteren 4 Jahren schließen die Ehegatten einen erneuten Ehevertrag, mit dem sie den gesetzlichen Güterstand der Zugewinngemeinschaft wählen.

Die in den Eheverträgen getroffenen Regelungen über den Güterstand können in ein amtliches Register (Güterrechtsregister) eingetragen werden. Dieses Register wird bei den Amtsgerichten geführt und soll sicherstellen, dass interessierte Dritte von den güterrechtlichen Verhältnissen Kenntnis nehmen können.

Wichtig: Die Wahl des Güterstandes kann weitreichende steuerliche Folgen haben. Auch diese sind mit dem Notar vor einem güterrechtlichen Vertrag zu klären!

3. Die richterliche Kontrolle der Eheverträge

Nach dem Gesetz steht es den Ehegatten völlig frei, welchen Güterstand sie wählen wollen, insbesondere ob sie es bei dem gesetzlichen Güterstand der Zugewinngemeinschaft belassen oder ob sie sich stattdessen für die Gütertrennung entscheiden wollen. Doch setzt die neueste Rechtsprechung des Bundesverfassungsgerichts (FamRZ 2001, 343, 985) der Vertragsfreiheit dann Grenzen, wenn die Vereinbarung einen der Ehegatten stark benachteiligt und dies auf der einseitigen Dominanz des anderen bei den Vertragsverhandlungen beruht. In solchem Fall müssen die Familiengerichte nach Auffassung des Verfassungsgerichts den Vertrag darauf hin überprüfen, ob er sittenwidrig ist (§ 138 BGB) oder die Berufung auf ihn gegen Treu und Glauben verstößt (§ 242 BGB). Anlass für das Eingreifen des Verfassungsgerichts waren außergewöhnliche Fälle, in denen schwangere Frauen bei der Eheschließung von ihren Partnern veranlasst worden waren, vertraglich in weitgehende Rechtsnachteile für den Fall der Scheidung einzuwilligen. Auch der Bundesgerichtshof (FamRZ 2004, 601) bejaht die richterliche Kontrolle von Vereinbarungen unter den Ehegatten, um zu verhindern, dass durch den Vertrag eine evident einseitige, durch die individuellen Lebensverhältnisse nicht gerechtfertigte Lastenverteilung entsteht, die für den benachteiligten Ehegatten unzumutbar ist.

Diese Rechtsprechung besagt nicht, dass die Gütertrennung überhaupt nicht mehr als Güterstand gewählt werden kann, doch ist bei der Option für diese Möglichkeit eingehende Rechtsberatung erforderlich. Zwar hat der Bundesgerichtshof (a.a.O.) klargestellt, dass der gesetzliche Güterstand der Zugewinngemeinschaft nicht zum Kernbereich des Scheidungsfolgenrechts gehört und dass nach wie vor grundsätzlich Vertragsfreiheit im Güterrecht herrscht. Doch kann im Einzelfall gleichwohl die Vereinbarung der Gütertrennung juristisch zweifelhaft sein, z. B. wenn sie in Kombination mit dem Ausschluss anderer gesetzlicher Scheidungsfolgen (Unterhaltsverzicht, Ausschluss des Versorgungsausgleichs, Verzicht auf gesetzliches Erb- und Pflichtteilsrecht) vereinbart wird. Auch ist Vorsicht geboten, wenn Ehegatten, die in Zugewinngemeinschaft leben, während der Ehe den Güterstand wechseln und auf Gütertrennung übergehen wollen; denn nun müsste an sich der bis dahin aufgelaufene Zugewinnausgleich durchgeführt werden – soll das nach dem Vertrag ausgeschlossen sein, so wird dem Ausgleichsberechtigten der Verzicht auf ein schon erworbenes Recht zugemutet, was im Einzelfall unfair sein kann.

4. Der gefesselte Ehegatte – geschäftliche Beschränkungen in der Zugewinngemeinschaft

Wir hatten gesehen, dass im gesetzlichen Güterstand jeder Ehegatte Inhaber seines Vermögens bleibt und es auch selbständig verwaltet. Doch sind seiner wirtschaftlichen Bewegungsfreiheit mit Rücksicht auf die Interessen des anderen Teils Grenzen gesetzt. In bestimmten Fällen ist nämlich seine Befugnis, Verpflichtungen einzugehen oder Verfügungen über sein Vermögen vorzunehmen, vom Gesetz beschränkt, und zwar in zwei Fällen:

(a) wenn es um Gegenstände geht, die zwar ihm gehören, die aber in den ehelichen Haushalt eingebracht sind (**Haushaltsgegenstände**, § 1369 BGB);

(b) wenn er über sein **Vermögen im Ganzen** verfügen oder sich zu einer solchen Verfügung verpflichten will (§ 1365 BGB).

In diesen Fällen bedarf der Ehegatte der Zustimmung seines Partners.

Bei **Haushaltsgegenständen** ist das ohne weiteres einsichtig. Jeder Ehegatte hat ein Recht zu Mitbesitz und Mitbenutzung des ehelichen Hausrats, gleichgültig wer Eigentümer ist. Das zeigt sich auch bei Trennung und Scheidung. Bei Getrenntleben kann zwar jeder die ihm gehörenden Haushaltsgegenstände herausverlangen; er ist jedoch verpflichtet, sie seinem Partner zur Nutzung zu überlassen, wenn dieser sie für seinen Haushalt benötigt und die Überlassung der Billigkeit entspricht (§ 1361 a Abs. 1 BGB). Auch bei Scheidung kann das Gericht dem einen Teil Haushaltsgegenstände, die dem anderen gehören, zum Gebrauch zuweisen und sogar auf ihn übereignen (freilich gegen Entgelt, § 9 Abs. 2 S. 2 Hausratsverordnung). Kein Wunder also, dass das Gesetz verhindern will, dass ein Ehegatte durch Verfügung über sein Eigentum das Mitbenutzungsrecht des anderen vereitelt!

Beispiel: In der Ehe Adler kriselt es. Herr Adler hat eine Druckgrafik mit in die Ehe gebracht, die im Wohnzimmer hängt und Frau Adler sehr gut gefällt. Sie gefällt aber auch Egon, dem Skatfreund von Herrn Adler. Herr Adler verkauft die Grafik an Egon für 150 Euro, was ungefähr ihrem Wert entspricht.

Die Grafik ist, da sie die eheliche Wohnung schmückt, Gegenstand des ehelichen Haushalts. Herr Adler kann, obwohl er Eigentümer ist, ohne die Zustimmung seiner Frau nicht darüber verfügen und sich dazu auch nicht verpflichten (§ 1369 BGB).

Erst recht könnte Herr Adler nicht über die Haushaltsgegenstände verfügen, die seiner Frau gehören!

Praktisch wichtiger ist die Beschränkung der wirtschaftlichen Bewegungsfreiheit bei **Verfügungen über das Vermögen im Ganzen** bzw. der Verpflichtung hierzu (§ 1365 BGB). Nach der Rechtsprechung fallen darunter auch Geschäfte, die sich nur auf einen **einzelnen Gegenstand** beziehen, der aber **tatsächlich** das ganze Vermögen ausmacht. Jedenfalls gilt das, wenn dem Geschäftspartner die Vermögensverhältnisse des Verfügenden bekannt oder evident sind. Und es soll auch schon genügen, wenn das Geschäft **fast** das ganze Vermögen des Verfügenden betrifft.

Beispiel: Herr Bolle ist Eigentümer eines unbebauten Grundstücks. Außer persönlicher Habe hat er sonst kein nennenswertes Vermögen. Um Spielschulden zu tilgen, verkauft er das Grundstück an Herrn Doll, der die Vermögensverhältnisse des Bolle kennt. Seiner Frau sagt Herr Bolle davon nichts.

Schon der Kaufvertrag mit Doll bedarf der Zustimmung von Frau Bolle, weil das Grundstück fast das ganze Vermögen des Ehemannes ausmacht und Doll diesen Umstand kennt. Zunächst tritt ein Schwebezustand ein. Wenn Frau Bolle ihre Genehmigung verweigert, wird der Vertrag endgültig unwirksam. Auch das Eigentum an dem Grundstück kann Herr Bolle dem Doll nicht ohne Zustimmung seiner Frau verschaffen.

Die geschilderte Einschränkung der rechtsgeschäftlichen Freiheit ist praktisch sehr bedeutsam. Bei Grundstücksgeschäften holen die Notare vorsorglich die Zustimmung des jeweiligen Ehepartners ein, damit z. B. der Verkauf eines Grundstücks nicht an § 1365 BGB scheitern kann. Das alles gilt nur in der Zugewinngemeinschaft, nicht bei Gütertrennung!

Damit ein Ehegatte den anderen nicht **willkürlich** in der Vermögensverwaltung behindern kann, ist die Einschaltung des Vormundschaftsgerichts möglich: Das Gericht kann die nötige Zustimmung ersetzen, wenn das geplante Geschäft den Grundsätzen einer ordnungsmäßigen Vermögensverwaltung entspricht (§ 1365 Abs. 2 BGB).

An der Regelung ist vieles ungereimt, ihr Nutzen zweifelhaft. Es kommt überhaupt nicht darauf an, ob das Geschäft wirtschaftlich vorteilhaft ist oder nicht. Andererseits soll nach der Praxis die Aufnahme von Schulden und Stellung von Bürgschaften generell nicht zustimmungspflichtig sein, obwohl solche Geschäfte das Vermögen sehr viel eher gefährden als der Verkauf eines Gegenstandes!

5. Der Zugewinnausgleich im Todesfall

In dem Fall, dass die Zugewinngemeinschaft durch Tod eines Ehegatten endet, sollen keine komplizierten Rechnungen angestellt werden, wer nun den höheren Zugewinn erzielt hat. Das Gesetz sieht vielmehr einen pauschalen Ausgleich in der Weise vor, dass sich der gesetzliche Erbteil des überlebenden Ehepartners um $^1/_4$ der Erbschaft erhöht (§ 1371 Abs. 1 BGB).

Beispiel: Das Ehepaar Engerling lebt im gesetzlichen Güterstand. Eines Tages stirbt Herr Engerling, ohne ein Testament zu hinterlassen. Er wird von seiner Frau und seinen drei Söhnen beerbt.

Ohne Berücksichtigung des Güterstandes ergäben sich folgende Anteile: Frau Engerling erhält $^1/_4$ des Nachlasses (§ 1931 Abs. 1 S. 1 BGB), die Söhne teilen sich den Rest, erhalten also auch je $^1/_4$ der Erbschaft (§ 1924 Abs. 1, 4 BGB). Da aber Zugewinngemeinschaft besteht, ändern sich die Quoten: Frau Engerling erhält ein weiteres Viertel (§ 1371 Abs. 1 BGB), insgesamt also $^1/_2$. Die Söhne müssen sich die andere Hälfte teilen, jeder erhält nur $^1/_6$.

Dabei kommt es nicht darauf an, ob während der Ehe überhaupt Zugewinne gemacht wurden und welcher Ehegatte den höheren Zugewinn erzielt hat! In der Zugewinngemeinschaft werden die Kinder erbrechtlich klar benachteiligt. Das ist aber vom Gesetz so gewollt.

Auch bei Tod eines Ehegatten kann es im Übrigen zu einem regulären Zugewinnausgleichsverfahren kommen, z. B. wenn der Verstorbene den überlebenden Ehegatten enterbt und auch sonst nicht bedacht hat (§ 1371 Abs. 2 BGB). Der Anspruch des Überlebenden richtet sich dann gegen die Erben!

Beispiel: Im obigen Fall hat Herr Engerling seine Frau durch Testament enterbt, ohne sonst eine Bestimmung zu treffen. Die Söhne erben in diesem Fall zu je $^1/_3$. Frau Engerling bleibt ihr Pflichtteil. Zudem kann sie von ihren Söhnen als den Erben Ausgleich des Zugewinns verlangen, wenn Herr Engerling in der Ehe den höheren Zugewinn erzielt hatte.

6. Zugewinnausgleich bei der Scheidung

a) Der Ausgleichsanspruch

Wenn die Zugewinngemeinschaft durch Scheidung endet, so hat derjenige Ehegatte, der während des Güterstandes den geringeren Zugewinn gemacht hat, einen Ausgleichsanspruch gegen den anderen Teil, und zwar in Höhe der Hälfte des vom anderen erzielten Gewinnüberschusses (§ 1378 Abs. 1 BGB). Im Regelfall geht die Ausgleichsforderung auf Geldzahlung, ausnahmsweise kann auch die Übertragung von Vermögensgegenständen angeordnet werden (§ 1383 BGB). Der Ausgleichsanspruch wird durch Klage geltend gemacht, die mit dem Scheidungsantrag verbunden werden kann.

b) Die Feststellung der Zugewinne

Um den Zugewinnausgleichsanspruch festzustellen, sind detaillierte Berechnungen nötig. Denn es muss geklärt werden, um wie viel sich das Vermögen jedes Ehegatten **während des Güterstandes wertmäßig erhöht** hat – das ist sein **Zugewinn**. Bei jedem Ehegatten sind folglich zwei Vermögensstände gegenüberzustellen:

- das **Anfangsvermögen**, d. h. das Vermögen, dass jeder Ehegatte zu Beginn des Güterstandes (meist: bei Eheschließung) hatte, und
- das **Endvermögen**, d. h. das Vermögen, das jeder Ehegatte am Ende des Güterstandes hatte. Bei Scheidung ist der maßgebende Endstichtag der Tag der Erhebung des Scheidungsantrags (§ 1384 BGB).

Zugewinn jedes Ehegatten ist der Betrag, um den der Wert des Endvermögens den des Anfangsvermögens übersteigt.

Um das Anfangs- wie das Endvermögen festzustellen, sind folgende Einzelschritte nötig:

- Es ist festzustellen, welche Vermögensgegenstände die Ehegatten am jeweiligen Stichtag hatten.
- Für diese einzelnen Gegenstände ist der Geldwert zu beziffern, den die Gegenstände damals, d. h. zum jeweiligen Stichtag hatten.
- Aus den Einzelwerten ist die Wertsumme zu bilden.
- Davon sind die am betreffenden Stichtag bestehenden Schulden abzuziehen.

Beispiel: Das Ehepaar Fuhrmann (Eheschließung September 1980) lässt sich scheiden. Der Scheidungsantrag wird im Mai 2002 rechtshängig. Die Eheleute leben von Beginn an im gesetzlichen Güterstand. Frau Fuhrmann macht einen Zugewinnausgleichsanspruch geltend. In der folgenden Aufstellung sind die Beträge des Anfangsvermögens von DM auf Euro umgerechnet.

Frau Fuhrmann

Anfangsvermögen (Vermögen bei Eheschließung):		**Endvermögen** (Vermögen bei Scheidungsantrag):	
Sparkonto	15000	Sparkonto	35000
Obligationen	80000	Aktien	125000
Grundstück	250000	Grundstück	500000
Schmuck	5000	Schmuck	10000
	350000		670000
abzüglich Schulden	50000	abzüglich Schulden	170000
	300000		500000

Frau Fuhrmann hat einen Zugewinn von 500 000 minus 300 000 = 200 000 € erzielt.

Herr Fuhrmann

Anfangsvermögen		**Endvermögen**	
Girokonto	10 000	Girokonto	10 000
Aktien	120 000	Festgeldkonten	240 000
Festgeldkonten	180 000	Pfandbriefe	200 000
Mietshaus	800 000	Mietshaus	900 000
	1 110 000		1 350 000
abzüglich Schulden	150 000	abzüglich Schulden	10 000
	960 000		1 340 000

Herr Fuhrmann hat einen Zugewinn von 1 340 000 minus 960 000 = 380 000 € erzielt.

Da der Zugewinn von Herrn Fuhrmann höher ist, hat er die Hälfte des Überschusses herauszugeben. Der Anspruch der Frau beträgt 380 000 (Zugewinn des Mannes) – 200 000 (Zugewinn der Frau) = 180 000 € : 2 = 90 000 €.

Dabei ist zu bedenken:
Die Werte der einzelnen Gegenstände richten sich nach dem jeweiligen Stichtag, z. B. der Wert der Aktien im Anfangsvermögen von Frau Fuhrmann nach dem Börsenkurs zur Zeit der Eheschließung, das Mietshaus im Endvermögen von Herrn Fuhrmann nach dem Marktwert zur Zeit der Erhebung des Scheidungsantrags.

Es ist völlig gleichgültig, ob die Vermögensgegenstände des Anfangsvermögens im Endvermögen noch vorhanden oder zwischenzeitlich durch andere ersetzt sind. Entscheidend ist, was zum jeweiligen Stichtag **vorhanden** ist – welche Erwerbsvorgänge dazu geführt haben, ist grundsätzlich ohne Bedeutung.

Offenkundig hat – im Beispiel – Herr Fuhrmann die Aktien, die er zu Beginn der Ehe hatte, inzwischen verkauft und den Erlös anderweitig angelegt, während das Mietshaus möglicherweise noch dasselbe ist wie zu Anfang – all das ist gleichgültig.

Das bedeutet: Auch wenn die Vermögensgegenstände im Anfangsvermögen dieselben sind wie am Endstichtag, kann ein Zugewinn entstehen, wenn der Wert dieser Gegenstände während der Ehe ansteigt. Das ist in der Vergangenheit besonders bei Grundstücken, aber auch bei Aktien der Fall gewesen. Auch in solchen

Fällen geht das Gesetz davon aus, dass die Gewinne „gemeinschaftlich erwirtschaftet" sind!

Bei Überschuldung werden das Anfangsvermögen und grundsätzlich auch das Endvermögen mit **mindestens null**, also nicht mit einer negativen Größe angesetzt. Demzufolge beträgt auch der Zugewinn eines Ehegatten mindestens null, selbst wenn ein Ehegatte während der Ehe Verluste erwirtschaftet hat. Diese Regelung des Gesetzes führt freilich zu groben Ungerechtigkeiten.

Beispiel: Herr Gansel ist zu Beginn der Ehe stark verschuldet (Überschuldung 500 000 €). Es gelingt ihm, bis zur Erhebung des Scheidungsantrags die Schuldenlast erheblich zu mindern (Überschuldung nur noch 200 000 €). Frau Gansel hatte zu Beginn der Ehe Ersparnisse von 10 000 €, am Ende von 30 000 €.

Obwohl Herr Gansel sein Vermögen während der Ehe um 300 000 € steigern konnte, hat er keinen Zugewinn gemacht. Denn sein überschuldetes Anfangsvermögen wird mit 0 angesetzt, ebenfalls sein überschuldetes Endvermögen, der Zugewinn beträgt also ebenfalls 0.

Frau Gansel hingegen hat aus der Steigerung ihrer Ersparnisse einen Zugewinn von 20 000 € erzielt. Sie muss nun an den Mann die Hälfte des Überschusses = 10 000 € herausgeben. Das ist grob ungerecht. Es hilft vielleicht die Härteklausel des § 1381 BGB (dazu unten S. 171).

c) Die Berücksichtigung der Geldentwertung

Im Falle Fuhrmann (oben S. 165) haben wir einen wichtigen Gesichtspunkt noch nicht berücksichtigt, nämlich die **fortlaufende Entwertung des Geldes**, die sich seit der Nachkriegszeit fast kontinuierlich ereignet hat. So war die DM im Jahre 1970 sehr viel mehr „wert" als im Jahre 2000, d. h. man konnte 1970 für die gleiche Summe Geldes sehr viel mehr Güter kaufen als im Jahre 2000. Auch nach der Umstellung auf den Euro ist mit solchen Entwicklungen zu rechnen, auch wenn die Kaufkraft der neuen Währung bisher relativ stabil geglieben ist. Damit nun keine Scheingewinne ausgeglichen werden müssen, in denen sich nur die Geldentwertung ausdrückt, rechnen die Gerichte den Wert des Anfangsvermögens auf den Kaufkraftwert des Geldes am Tag des Endstichtags um. Es geschah dies bislang mit Hilfe des allgemeinen Lebenshaltungskostenindexes, seit Neuestem mit Hilfe des allgemeinen Verbraucherpreisindexes, welchen das Statistische Bundesamt fortlaufend erstellt

(Tabelle bei Gutdeutsch, Zeitschrift für das gesamte Familienrecht 2003, 1061). Dadurch verändern sich natürlich die Zugewinne und die Höhe des Ausgleichsanspruchs.

d) Das Herausrechnen von Erbschaften und Schenkungen

Man wird sich fragen: Fallen wirklich alle Erwerbsvorgänge in den Zugewinnausgleich? Auch das, was ein Ehegatte z. B. während der Ehe von seinen Eltern ererbt hat? Die Antwort lautet: Nein! Was ein Ehegatte während der Ehe von Todes wegen erwirbt und was ihm geschenkt wird, soll er mit dem anderen bei der Scheidung nicht teilen müssen. Das Gesetz erreicht dies, indem der Wert des Nachlasses oder der Schenkung dem Anfangsvermögen des Empfängers zugerechnet wird (§ 1374 Abs. 2 BGB) – es wird so getan, als ob der Ehegatte diese Vermögensgegenstände schon von Anfang an gehabt hätte. Allerdings: Wertsteigerungen, die der Gegenstand zwischen dem Zeitpunkt der Zuwendung und dem Endstichtag erfährt, gehen in die Ausgleichsrechnung ein!

Beispiel: Herr und Frau Hartig leben von Beginn der Ehe an im gesetzlichen Güterstand. Nach der Heirat beerbt Frau Hartig ihre Eltern, der Nachlass ist im Zeitpunkt des Erbfalls 500 000 € wert, weil ein schönes Grundstück dazu gehört. Dieser Betrag ist dem Anfangsvermögen von Frau Hartig hinzuzurechnen. Im Endvermögen wird das ererbte Gut – soweit es noch vorhanden ist – aber mit dem Wert angesetzt, den es bei Erhebung des Scheidungsantrags hat. Sind die ererbten Gegenstände z. B. jetzt 800 000 € wert, so ist dieser Betrag im Endvermögen anzusetzen, die Wertsteigerung des ererbten Gutes fällt also in den Zugewinn!

e) Unfaire Vermögensminderungen zwischen den Stichtagen

In der Ehekrise denken manche Ehegatten, die bei Scheidung voraussichtlich ausgleichspflichtig sein werden, darüber nach, wie sie den Ausgleich verhindern können. Es liegt nahe, noch vor der Erhebung des Scheidungsantrags Vermögen beiseite zu schaffen, damit das Endvermögen und somit der Zugewinn möglichst niedrig ausfallen. Auch das versucht das Gesetz zu verhindern. Unfaire Vermögensminderungen zwischen den Stichtagen werden dadurch unschädlich gemacht, dass sie dem Endvermögen des verfügenden Ehegatten **hinzugerechnet** werden (§ 1375 Abs. 2 BGB) –

es wird also so angesehen, als seien die Vermögensgegenstände in seinem Endvermögen noch vorhanden.

Beispiel: Herr Ibach hat, obwohl verheiratet, eine Freundin. Als er merkt, dass sich seine Frau mit Scheidungsabsichten trägt, schenkt er der Freundin das ihm gehörende Ferienhaus in den Alpen im Wert von 350 000 €, weil er einen hohen Zugewinnausgleichsanspruch seiner Frau fürchtet.

Das nützt Herrn Ibach nichts. Zwar ist, wenn nun Frau Ibach die Scheidung beantragt, das Haus nicht mehr im Endvermögen des Mannes vorhanden. Der Wert des Hauses wird aber trotzdem dem Endvermögen hinzugerechnet (§ 1375 Abs. 2 BGB).

Die Hinzurechnung betrifft alle **unentgeltlichen Zuwendungen**, die nicht einer sittlichen Pflicht oder der Rücksicht auf den Anstand entsprechen; es könnte also anders aussehen, wenn Herr Ibach das Haus nicht seiner Freundin, sondern seinen Kindern schenkt. Doch auch dann bleibt die Sache zweifelhaft. Denn schon, wenn eine Maßnahme in der **Absicht** vorgenommen wurde, den anderen Ehegatten **zu benachteiligen**, findet die genannte Hinzurechnung statt, ferner im Fall der **Vermögensverschwendung**. Bei unentgeltlichen Zuwendungen kann sogar der Empfänger (also z. B. die Freundin des Herrn Ibach) zu Zahlungen herangezogen werden, wenn bei dem zuwendenden Ehegatten selbst nichts mehr zu holen ist (§ 1390 BGB).

f) Unfaire Vermögensminderungen nach Erhebung des Scheidungsantrags

Unerklärlicherweise lässt das Gesetz dem Ausgleichspflichtigen trotz alledem ein Schlupfloch, um der Ausgleichspflicht zu entgehen. § 1378 Abs. 2 BGB sagt: „Die Höhe der Ausgleichsforderung wird durch den Wert des Vermögens begrenzt, das nach Abzug der Verbindlichkeiten bei Beendigung des Güterstandes vorhanden ist." Das heißt: Mehr, als der pflichtige Ehegatte tatsächlich noch besitzt, soll er nicht herausgeben müssen; er soll sich nicht verschulden müssen, um seinen Ex-Partner zufrieden zu stellen. Der Pfiff an der Sache liegt im Zeitpunkt: Stichtag für die Berechnung des Endvermögens ist der Tag der **Zustellung des Scheidungsantrags** (§ 1384 BGB), die Aussage des § 1378 Abs. 2 bezieht sich hingegen auf die **Beendigung des Güterstandes**, also den Tag, in dem das Scheidungsurteil unanfechtbar geworden und damit die Ehe aufgelöst ist! Ein böswilliger (wenngleich fachlich versiert beratener) Ehegatte könnte also Folgendes tun: **Nach** Zustellung des Scheidungsantrages, aber **vor** Rechtskraft des Scheidungsurteils wendet er sein Vermögen anderen Personen zu oder verschwendet es; dann beruft er sich auf § 1378 Abs. 2 BGB, wonach sich der Ausgleichsanspruch auf das beschränkt, was er bei Rechtskraft des Scheidungsurteils noch hat. Eine Zurechnung der weggegebenen Vermögensgegenstände zum Endvermögen ist in diesem Fall nach dem Gesetz nicht möglich, weil die Maßnahmen ja erst nach dem Endstichtag (Erhebung des Scheidungsantrags) erfolgt sind. Natürlich wäre ein solches Verhalten ausgesprochen unfair. Es führt auch oft nicht zum Erfolg, weil die Gerichte über Möglichkeiten verfügen, solchen Manipulationen den Erfolg zu versagen.

g) Die Anrechnung von Zuwendungen unter den Ehegatten

Haben sich die Ehegatten während des Güterstandes etwas geschenkt oder sonst zugewendet, so wird dies möglicherweise auf den Ausgleichsanspruch angerechnet. Es kommt darauf an, was der zuwendende Ehegatte bestimmt hat (§ 1380 Abs. 1 S. 1 BGB). Allerdings vermutet das Gesetz, dass angerechnet werden soll, wenn die Zuwendung den Wert von Gelegenheitsgeschenken überschreitet, die unter den Gatten üblich sind (§ 1380 Abs. 1 S. 2 BGB). Höherwertige Zuwendungen wie Grundstücke, Anlagekapital etc. werden also im Zweifel angerechnet, die üblichen Geburtstags- und Weihnachtsgeschenke hingegen nicht (wenn vom Schenker nichts anderes bestimmt ist). Die Anrechnung geschieht mit Hilfe komplizierter Rechnungen und bedeutet: Der Empfänger soll insgesamt nicht besser stehen, als wenn er die Zuwendung nicht erhalten hätte – die Zuwendung war dann sozusagen nur eine Vorauszahlung auf den künftigen Zugewinnausgleich.

h) Die Möglichkeit der Stundung des Ausgleichsanspruchs

Der Zugewinnausgleich kann zu hohen Ausgleichsforderungen führen. Es ist zu bedenken, dass auch das **betriebliche Vermögen** eines Ehegatten sowie **Gesellschaftsanteile** in das Anfangs- und das

Endvermögen fallen, ja sogar der so genannte Good Will einer Arzt- oder Anwaltspraxis. Geschäftsinhaber, die in der Zugewinngemeinschaft leben, befinden sich bei Scheidung nicht selten in einer schwierigen Situation, weil sie den Betrieb verschulden müssen, um die Ausgleichsforderung ihres geschiedenen Partners erfüllen zu können. Das Gesetz sieht Regelungen vor, die dem Pflichtigen eine untragbare Belastung möglichst ersparen wollen. So kann das Gericht auf Antrag des Ausgleichspflichtigen anordnen, dass die Forderung aus Billigkeitsgründen gestundet wird (§ 1382 BGB). Voraussetzung ist, dass die sofortige Zahlung „zur Unzeit" erfolgen würde, zum Beispiel, wenn der Ausgleichspflichtige einen Wertgegenstand in einer äußerst ungünstigen Marktsituation verkaufen müsste, um den Ausgleich zahlen zu können. „Zur Unzeit" würde die sofortige Zahlung auch erfolgen, wenn sie die Wohn- und Lebensverhältnisse der gemeinschaftlichen Kinder nachhaltig verschlechtern würde.

Beispiel: Das Ehepaar Schumann wird geschieden, nachdem Frau Schumann ihren Mann und die beiden Kinder (9 und 7 Jahre) verlassen hat. Frau Schumann klagt auf Zugewinnausgleich. Herr Schumann müsste, um den geltend gemachten Betrag zahlen zu können, das ihm gehörige Wohnhaus verkaufen, in dem er mit den Kindern lebt und in dem die Kinder ihren Lebensmittelpunkt haben.

i) Korrektur des Zugewinnausgleichs bei grober Unbilligkeit

Im Einzelfall kann der Zugewinnausgleich so ungerecht sein, dass auch eine Stundung das Ergebnis nicht erträglich macht. Dem Zahlungspflichtigen steht dann ein Leistungsverweigerungsrecht zur Seite, soweit der Ausgleich nach den Umständen des Falles grob unbillig wäre (§ 1381 Abs. 1 BGB). Die Rechtsprechung ist allerdings hier sehr zurückhaltend. Gegenüber dem Argument, dieser oder jener Erwerbsvorgang habe mit dem Sinn des Zugewinnausgleichs nichts zu tun, stellen sich die Gerichte geradezu taub. So hat z. B. ein durch Unfall dauerhaft und schwer geschädigter Mann das Schmerzensgeld und die Entschädigung, die er von der Versicherung des Schädigers erhalten hatte, durch den Zugewinnausgleich mit seiner Frau teilen müssen – ein empörendes Ergebnis! Die Gerichte sind auch nicht sehr geneigt, dem Vorwurf ehewidrigen Fehlverhaltens bei Anwendung der Härteklausel große Bedeutung beizumessen. Wenn das Fehlverhalten auf **wirtschaftlichem Gebiet** liegt, verlangt allerdings das Gesetz (§ 1381 Abs. 2 BGB) die Berücksichtigung. Hatte das Fehlverhalten aber keine wirtschaftlichen Auswirkungen, so bedarf es schon ganz krasser Fälle, um die Gerichte zur Anwendung der Härteklausel zu bewegen.

Beispiele: So genügte es nach der Rechtsprechung nicht, dass eine Frau in sechsjähriger Ehe über 3 Jahre lang Beziehungen zu einem anderen Mann unterhalten hatte, um ihr den Zugewinnausgleich zu versagen. Wird im Ehebruch ein (zunächst „scheineheliches“) Kind gezeugt, so sind die Aussichten des Mannes besser, weil der zunächst unterhaltspflichtige Ehemann hier auch einen wirtschaftlichen Schaden hat.

Auch langes Getrenntleben allein soll die Verweigerung der Ausgleichszahlung im Allgemeinen nicht rechtfertigen, wohl aber kann die grobe Unbilligkeit bejaht werden, wenn der Zugewinn von der neuen Lebensgefährtin des getrennt lebenden Ehegatten wesentlich miterwirtschaftet wurde.

k) Praktische Probleme

In der Durchführung bereitet der Zugewinnausgleich viele praktische Probleme. Das fängt schon bei der Frage an, welche Gegenstände die Ehegatten am Anfangs- und am Endstichtag jeweils besessen haben. Das **Anfangsvermögen** betreffend mutet das Gesetz den Ehegatten zu, ein Vermögensverzeichnis anzulegen, jeder Ehegatte kann verlangen, dass der andere daran mitwirkt (§ 1377 Abs. 2 BGB). In Wirklichkeit tut das fast niemand. Doch wird dann, wenn kein Verzeichnis erstellt wurde, vermutet, dass zu Beginn des Güterstandes kein Vermögen vorhanden war (§ 1377 Abs. 3 BGB) – jeder Ehegatte muss dann also beweisen, dass er schon am Anfang etwas gehabt hat. Je höher das Anfangsvermögen, desto kleiner der Zugewinn und umgekehrt!

Das **Endvermögen** betreffend hat jeder Ehegatte gegen den anderen einen klagbaren **Auskunftsanspruch** (§ 1379 BGB), um den oft nicht minder gestritten wird als um den Ausgleichsbetrag selbst.

Erhebliche Probleme bereitet die **Bewertung der Gegenstände** zu den jeweiligen Stichtagen. Bei Börsenpapieren ist das nach dem Kurs des betreffenden Tages leicht festzustellen, aber was ist ein

Grundstück wert, ein Bäckereibetrieb, eine Arztpraxis, ein Gemälde? Der Zugewinnausgleich ist ein Tummelplatz der Sachverständigen, die mit unterschiedlichen Methoden und Begriffen („Verkehrswert", „Substanzwert", „Liquidationswert", „Ertragswert") operieren und oft zu recht unterschiedlichen Ergebnissen gelangen. Die Fixierung des Wertes ist oft deshalb unsicher, weil im Zeitpunkt der Wertschätzung noch gar nicht überblickt werden kann, ob sich die damit verbundenen Hoffnungen erfüllen.

Beispiel: Eine Ehefrau hat am Endstichtag eine fällige Forderung von 100 000 € gegen eine Bank, die als sehr seriös gilt. In ihrem Endvermögen wird die Forderung mit ihrem vollen Betrag angerechnet, diese erhöht also das Endvermögen um 100 000 €. Zwei Monate nach der Scheidung stellt sich heraus, dass die Bank zahlungsunfähig ist und dass die Ehefrau von dem Geld nichts sehen wird. Sie hat die 100 000 € aber schon im Zugewinnausgleich gegenüber ihrem geschiedenen Mann ausgeglichen!

In solchen Fällen wissen die Gerichte keinen Weg zur Gerechtigkeit. Unsichere Rechte sind zu schätzen, und wenn eben falsch geschätzt wurde, hat derjenige Ehegatte Pech gehabt, zu dessen Lasten sich die Fehlschätzung auswirkt. Ein „Nachkarten" durch einen neuen Prozess, der den Zugewinnausgleich berichtigt, gibt es nicht!

l) Vereinbarungen

Durch Ehevertrag können die Eheleute, wie bereits dargestellt (S. 157), einen anderen Güterstand als die Zugewinngemeinschaft wählen. Sie können es auch bei der Zugewinngemeinschaft belassen, aber deren Regeln modifizieren. So sind z. B. Vereinbarungen möglich, dass bestimmte Vermögensgegenstände wie das Betriebsvermögen, das ein Unternehmer innehat, aus dem Zugewinnausgleich ausgeklammert bleiben sollen oder dass Gegenstände, die identisch dem Anfangs- und dem Endvermögen angehören, mit ihrem jeweiligen Wert aus dem jeweiligen Stichtagsvermögen herauszurechnen sind.

Auch im Vorfeld einer Scheidung sind Vereinbarungen über den Zugewinnausgleich möglich. Die güterrechtliche Auseinandersetzung muss nicht in einem gerichtlichen Verfahren durchgeführt werden. Den Parteien steht es vielmehr frei, den Zugewinnausgleich durch Vereinbarung zu regeln. Dabei muss man freilich beachten, dass nach § 1378 III 2 BGB eine Vereinbarung, welche die Ehegatten während eines Scheidungsverfahrens für den Fall der Scheidung über den Zugewinnausgleich treffen wollen, der notariellen Beurkundung bedarf. Auch vor der Rechtshängigkeit eines Scheidungsverfahrens können die Ehegatten nach herrschender Auffassung bereits Vereinbarungen über die künftige Durchführung des Zugewinnausgleichs treffen, sofern die notarielle Form gewahrt wird. Hierbei ist die Rechtsprechung über die richterliche Vertragskontrolle (oben S. 160) zu beachten.

7. Vorzeitiger Ausgleich

Um zu seinem Ausgleichsanspruch zu kommen, muss ein Ehegatte nicht unbedingt warten, bis es zur Scheidung kommt. Das Gesetz gibt in bestimmten Fällen die Befugnis, schon vorher auf „vorzeitigen Ausgleich des Zugewinns" zu klagen. Wichtigster Fall ist das **Getrenntleben seit mindestens drei Jahren** (§ 1385 BGB). Auch wenn der andere Ehegatte seine wirtschaftlichen Ehepflichten schuldhaft nicht erfüllt hat und auch voraussichtlich nicht erfüllen wird, gewährt das Gesetz die Klage auf vorzeitigen Ausgleich, ferner wenn sich der andere Ehegatte beharrlich weigert, den Partner über den Bestand seines Vermögens zu unterrichten (§ 1386 BGB).

Die Erhebung einer solchen „vorzeitigen" Klage muss man sich gut überlegen. Denn der Tag der Klageerhebung ist dann der Stichtag für die Berechnung des Endvermögens; was danach kommt, bleibt unberücksichtigt. So kann es z. B. sein, dass der klagende Ehegatte sich besser stellt, wenn er mit der Klage zuwartet, weil bei dem anderen noch Vermögenszuwächse wahrscheinlich sind. Umgekehrt wird der voraussichtlich ausgleichspflichtige Teil möglichst rasch die Chance des vorzeitigen Ausgleichs nutzen, wenn er in der Zukunft gute Gewinne erwartet. Man sieht: Es gilt, in der Partnerkrise auf der Hut zu sein!

VII. Meine Rente – deine Rente: der Versorgungsausgleich

1. Voraussetzungen und Formen des Ausgleichs

Ähnlich wie die allgemeinen Vermögenszugewinne sind auch die Rentenanwartschaften unter den geschiedenen Ehegatten auszugleichen. Bei der Reform des Scheidungsrechts im Jahre 1976 ist dafür ein eigenständiges Instrument geschaffen worden: der Versorgungsausgleich (§§ 1587–1587 p BGB). Er betrifft die Aussichten und Anwartschaften auf eine Versorgung wegen Alters oder verminderter Erwerbsfähigkeit, gleichgültig, ob sie im öffentlichen Sozialrecht wurzeln (z. B. Angestelltenversicherung) oder privatrechtlich begründet sind (z. B.: privater Rentenversicherungsvertrag). Grundidee ist die Vorstellung, dass die von einem Ehegatten während der Ehe hinzugewonnenen Versorgungspositionen vom anderen mitverdient sind. Damit soll insbesondere in der Hausfrauenehe (Hausmannsehe) der nicht voll berufstätige Teil wenigstens bei der Scheidung zu eigenen (oder höheren) Versorgungsanrechten kommen.

Auf den Versorgungsausgleich legt das Scheidungsrecht großen Wert. Das zeigt sich schon darin, dass das Ausgleichsverfahren **von Amts wegen** einzuleiten ist, d. h. auch dann, wenn keiner der Partner es beantragt (§ 623 Abs. 1 S. 3 ZPO). Verträge über den Versorgungsausgleich sind nur unter erschwerten Bedingungen möglich (unten S. 179).

Auszugleichen sind nur solche Anrechte, die von den Ehegatten „in der Ehezeit ... begründet oder aufrechterhalten worden sind" (§ 1587 Abs. 1 S. 1 BGB). Es geht also nur um den Teil aus der Gesamtversorgung eines Ehegatten, der während der Ehe begründet oder fortgeführt wurde; die **vor der Eheschließung** erworbenen Anrechte bleiben den Ehegatten also voll erhalten. Als „**Ehezeit**" versteht das Gesetz die Zeit vom Beginn des Monats, in dem die Ehe geschlossen wurde, bis zum Ende des Monats, der der Erhebung des Scheidungsantrags vorausgeht (§ 1587 Abs. 2 BGB).

Beispiel: Herr Albert ist ab 1. Januar 1978 Beamter des Freistaates Bayern. Er heiratet am 14. Juli 1984. Frau Albert beantragt im Frühjahr 2000 die Scheidung; der Scheidungsantrag wird Herrn Albert am 17. Mai 2000 zugestellt.

Die Ehezeit läuft vom 1. Juli 1984 bis 30. April 2000. Dem Versorgungsausgleich unterliegt also nur der Teil der Beamtenversorgung von Herrn Albert, der auf diesen Zeitraum entfällt. Die vorher erworbenen Anrechte bleiben ihm voll erhalten.

Dem Ausgleich unterliegen ferner nur solche Versorgungsanrechte, die auf der Arbeit oder dem Vermögen der Ehegatten beruhen (§ 1587 Abs. 1 S. 2 BGB), z. B. nicht die Unfallrente oder eine Schadensersatzrente gegen einen verantwortlichen Schädiger. Auch muss es sich um Anwartschaften oder Aussichten auf fortlaufende Leistungen handeln; Anrechte aus einer Kapitalversicherung unterfallen nicht dem Versorgungsausgleich (wohl aber dem Zugewinnausgleich!).

Bei den auszugleichenden Versorgungspositionen handelt es sich hauptsächlich um folgende Arten: Anrechte aus der gesetzlichen Rentenversicherung (z. B. Arbeiterrente, Angestelltenrente etc.), aus öffentlich-rechtlichen Dienstverhältnissen (z. B. Beamtenversorgung), aus einer betrieblichen Altersversorgung, aus berufsständischen Versorgungen (z. B. Ärzteversorgung), aus Rentenversicherungsverträgen usw. Eine erschöpfende Aufzählung ist nicht möglich, zu vielfältig sind die Altersversorgungen. Daraus ergeben sich übrigens auch schwierige Probleme: Nicht alle Versorgungen sind gleichwertig, die einen sind beispielsweise „voll dynamisch“, d. h. sie werden an die Einkommensentwicklung automatisch angepasst, die anderen hingegen nur teilweise oder gar nicht. Bevor die verschiedenen Versorgungsanrechte miteinander verrechnet werden können, müssen sie zuvor „gleichwertig gemacht“, d. h. durch Rechenmanipulationen auf einen Nenner gebracht werden.

Die Berechnung des Versorgungsausgleichs ist oft kompliziert und setzt Kenntnisse im Sozialversicherungsrecht und im gesamten Versorgungssystem voraus. Hier können nur einige Grundprinzipien erläutert werden.

Für den Versorgungsausgleich stellt das Gesetz zwei Formen zur Verfügung:

- Der **öffentlich-rechtliche Versorgungsausgleich (Wertausgleich)** geschieht in der Weise, dass der Verpflichtete dem Berechtigten eigenständige Versorgungsanrechte verschafft, und zwar – von Ausnahmen abgesehen – in der gesetzlichen Rentenversicherung.

  Beispiel: wie oben: Bei Scheidung der Ehe Albert ist Herr Albert ausgleichspflichtig, seine Frau hatte in der Ehezeit überhaupt keine Versorgungsanrechte erworben. Herr Albert wird nun verpflichtet, seiner Frau Anwartschaften in der gesetzlichen Rentenversicherung zu verschaffen, und zwar auf Kosten seiner Beamtenversorgung.

- Der **schuldrechtliche Versorgungsausgleich** setzt gewöhnlich voraus, dass beide Ehegatten bereits Rente oder Pension beziehen (bzw. die Voraussetzungen dafür erfüllen). Der Ausgleich geschieht dann dadurch, dass derjenige, der die höheren Versorgungsleistungen aus der Ehezeit herleitet, dem anderen die Hälfte der Überschussbetrages entrichtet.

Das Gesetz favorisiert den Wertausgleich, weil dieser für den Empfänger eine größere Sicherheit gewährt. Üblicherweise werden die Ehen ja geschieden, schon bevor ein Ehegatte oder beide das Rentenalter erreicht haben. Der öffentlich-rechtliche Ausgleich verschafft dann dem Ausgleichsberechtigten eigenständige Rentenanwartschaften, die ihm nicht mehr genommen werden können, und die ihm dann – zusammen mit Anwartschaften aus eigener Berufstätigkeit – im Alter zugute kommen. Deshalb findet der schuldrechtliche Versorgungsausgleich nur ausnahmsweise statt (§§ 1587 f. BGB; §§ 2 ff. des Gesetzes zur Regelung von Härten im Versorgungsausgleich).

Wird der öffentlich-rechtliche Ausgleich – wie gewöhnlich – zu einem Zeitpunkt durchgeführt, in dem die Eheleute noch nicht das Ruhestandsalter erreicht haben, so merken sie zunächst nicht, dass sich in ihrem Vermögen etwas verändert hat. Denn die Versorgungsanwartschaften machen sich ja erst dann auf Heller und Pfennig bemerkbar, wenn der „Versicherungsfall“ gegeben ist, also das Ruhestandsalter erreicht wird oder der Fall der verminderten Erwerbsfähigkeit eintritt. Für den ausgleichspflichtigen Teil bedeutet das: In seiner Altersversorgung ergibt sich durch den Ausgleich eine Versorgungslücke, die er zwar jetzt noch nicht bemerkt, die er aber im Alter schmerzlich zu spüren bekommen wird. Es ist daher dem Pflichtigen dringend anzuraten, diese Lücke nach Möglichkeit schon jetzt wieder zu schließen, z. B. wenn er Rentenanwartschaften in der gesetzlichen Rentenversicherung hat abgeben müssen, durch Wiederauffüllen mit Hilfe von Beitragszahlungen. Auch Beamte können Kürzungen ihrer Versorgungsanrechte durch Kapitalzahlung abwenden.

> Versorgungsausgleichspflichtige Ehegatten sollten sich bei der Scheidung fachkundig informieren lassen, welche Versorgungslücke für sie nun entstanden ist und welches die günstigste Möglichkeit ist, diese Lücke rechtzeitig zu schließen.

Der **auszugleichende Betrag** wird nach ähnlichen Grundsätzen errechnet wie beim Zugewinnausgleich.

- Im **ersten Schritt** wird für jeden Ehegatten gesondert festgestellt, welche Versorgungswerte er in der Ehezeit erworben oder aufrechterhalten hat. Der Wert wird jeweils als Betrag einer Monatsrente ausgedrückt. Hat der Ehegatte mehrere Versorgungen, so sind die ehezeitbezogenen Einzelwerte zusammenzurechnen.
- Im **zweiten Schritt** werden die Summen der von jedem Ehegatten in der Ehezeit erworbenen Werte gegenübergestellt. Der Ehegatte mit den werthöheren Positionen ist verpflichtet, die Hälfte des Wertunterschiedes auszugleichen.

Für die **Art des öffentlich-rechtlichen Ausgleichs** stellt das Gesetz wiederum mehrere Formen zur Verfügung, die aber in einer klaren Rangfolge zueinander stehen. An **erster Stelle** steht das **Splitting**, d. h. die Umbuchung von einem Rentenkonto in der gesetzlichen Rentenversicherung auf ein anderes Konto dieser Art.

An **zweiter Stelle** steht das so genannte **Quasi-Splitting**. Hier werden für den Berechtigten Rentenanwartschaften in der gesetzlichen Rentenversicherung auf Kosten einer Versorgung begründet, die der Verpflichtete aus öffentlichem Dienstverhältnis hat, z. B. auf Kosten einer Beamtenversorgung.

Soweit Splitting und Quasisplitting nicht möglich sind oder nicht zum vollen Ausgleich führen, kommen **weitere Ausgleichsformen** in Betracht, an letzter Stelle der schon genannte „schuldrechtliche" Versorgungsausgleich.

Auch der Versorgungsausgleich kennt eine **Härteklausel**, mit der sich der in Anspruch genommene Ehegatte gegen den Verlust eines Teils seiner Altersversorgung wehren kann (§ 1587 c BGB). So kann die Durchführung des Ausgleichs im Einzelfall ganz oder teilweise **grob unbillig** erscheinen (§ 1587 c Nr. 1 BGB). Freilich ist die Hürde recht hoch. Die Durchführung des Ausgleichs kann aber grob unbillig sein, wenn der Berechtigte selbst über eine ausreichende Altersversorgung verfügt, während der Verpflichtete auf seine Rentenanwartschaften dringend angewiesen ist. Auch langes Getrenntleben kann für eine Minderung des Ausgleichs sprechen, führt aber nicht schon automatisch zu einer Kürzung. Die grobe Unbilligkeit soll nicht allein aus den Zerrüttungsursachen der Ehe hergeleitet werden (§ 1587 c Nr. 1 BGB, letzter Halbsatz), wohl aber können auch solche Gesichtspunkte im Zusammenhang mit wirtschaftlichen Argumenten eine Rolle spielen.

2. Vereinbarungen

Der Versorgungsausgleich ist den Ehegatten nicht zwingend auferlegt. Sie können von vornherein oder später einen Ausschluss vereinbaren oder das Ergebnis vertraglich regeln. Freilich legt das Gesetz gewisse Hindernisse in den Weg.

(a) Schon vor der Heirat, aber auch später können die Eheleute den Versorgungsausgleich durch **notariellen Ehevertrag** ausdrücklich ausschließen (§ 1408 Abs. 2 S. 1 BGB). Freilich ist der Ausschluss unwirksam, wenn binnen eines Jahres nach dem Abschluss des Ehevertrags Scheidung beantragt wird (§ 1408 Abs. 2 S. 2 BGB). Man muss sich also einen Scheidungsantrag in diesem Fall gut überlegen. Darüber hinaus ist zu bedenken, dass der Ausschluss des Versorgungsausgleichs nach der neuen Rechtsprechung des Bundesverfassungsgerichts und des Bundesgerichtshofs zu den Grenzen der Vertragsfreiheit unwirksam sein kann (siehe S. 160); der Notar wird also sorgsam bedenken müssen, ob ein völliger Ausschluss des Versorgungsausgleich nicht einen der Ehegatten voraussichtlich unangemessen benachteiligen wird. Der Ausschluss des Versorgungsausgleichs bedeutet, soweit nichts Gegenteiliges im Vertrag steht, zugleich Gütertrennung (dazu schon oben S. 158).

(b) Die Ehegatten können ferner **im Zusammenhang mit der Scheidung** eine **Vereinbarung** über den Versorgungsausgleich treffen (§ 1587 o BGB). Auch hier besteht Formzwang: Entweder muss die Vereinbarung notariell beurkundet werden oder in ein gerichtliches Vergleichsprotokoll aufgenommen sein. Außerdem muss das Familiengericht die Vereinbarung genehmigen. Das Gesetz ist also gegenüber der Vertragsfreiheit recht misstrauisch: Zu groß ist die Sorge, die eine Partei könnte durch die andere „über den Tisch gezogen" werden.

Im Ganzen ist sichergestellt, dass Abweichungen von den gesetzlichen Ausgleichsvorschriften nur unter Beiziehung juristischen Sachverstands möglich sind.

3. Praktische Hinweise

Wird der öffentlich-rechtliche Ausgleich zu einem Zeitpunkt durchgeführt, in dem einer der Eheleute in absehbarer Zeit in Ruhestand gehen und Altersversorgung beziehen wird, ist Vorsicht geboten. Ein zu schneller Scheidungsantrag kann hier zu großen finanziellen Verlusten auf Seiten desjenigen Gatten führen, der die höheren Rentenanwartschaften erworben hat und damit ausgleichspflichtig ist. Nur dann, wenn die Pension/Rente vor Eintritt der Rechtskraft des Scheidungsurteils bewilligt ist, greift nämlich das so genannte „**Rentnerprivileg**" ein. Dieses bedeutet, dass die Pension bzw. Rente nach § 57 Abs. 1 BeamtVG bzw. § 101 Abs. 3 SGB VI erst dann gekürzt wird, wenn auch der geschiedene Ehegatte aus dem Versorgungsausgleich Pension/Rente erhält. Die Pension/Rente wird also trotz des Versorgungsausgleichs zunächst ungekürzt ausgezahlt.

Wird die Pension/Rente erst nach Rechtskraft des Scheidungsurteils bewilligt, erhält der Betroffene nur die um den Versorgungsausgleich gekürzte Pension/Rente, ohne dass der geschiedene Ehegatte, der noch nicht in Rente ist, hieraus einen finanziellen Vorteil hätte. Also: Bei bevorstehendem Ruhestand keine Eile mit dem eigenen Scheidungsantrag. Für den Fall, dass der Ehegatte die Scheidung einreicht, sollte – selbstverständlich nur mit legalen Mitteln – versucht werden, die Rechtskraft der Scheidung so lange hinauszuzögern, bis die Rente bewilligt worden ist.

Besteht ein Unterhaltsanspruch des geschiedenen Gatten nach den §§ 1570 ff. BGB, wird die Rente – ohne Rücksicht auf den Eintritt der Rechtskraft der Scheidung – gemäß § 5 VAHRG nicht gekürzt. Es nutzt jedoch nichts, einfach eine Unterhaltszahlung auf dem Papier zu vereinbaren, um eine Rentenkürzung zu vermeiden. Der tatsächliche Unterhaltsanspruch wird sorgfältig geprüft!

VIII. Sonstige Fragen der Vermögensauseinandersetzung

Außer den güterrechtlichen Beziehungen können zwischen den Ehegatten mannigfaltige Rechtsverhältnisse entstehen, wie sie zwischen beliebigen Personen möglich sind: Der eine Partner gibt dem anderen ein Darlehen. Oder er leistet für ihn eine Bürgschaft. Oder er schließt mit ihm einen Arbeitsvertrag und arbeitet als dessen Bürohilfe. Oder er gründet mit ihm eine Gesellschaft, die Computer-Software vertreibt. Oder er schenkt ihm ein Paket Aktien, usw.

Auch aus solchen besonderen Beziehungen kann bei Trennung und Scheidung Streit entstehen. Dafür gelten dann zunächst einmal die allgemeinen gesetzlichen Vorschriften wie für beliebige Personen, also die Vorschriften des BGB über den Darlehensvertrag, Bürgschaft, und so fort. Die Tatsache, dass es sich um Eheleute handelt, kann gleichwohl rechtliche Bedeutung haben – die eheliche Lebensgemeinschaft und die sonstigen Rechtsbeziehungen lassen sich nicht völlig voneinander trennen. Auf einige Problembereiche wollen wir näher eingehen.

1. Geschenkt ist geschenkt – oder?

Wenn ein Paar verlobt war, das Verlöbnis aber in die Brüche ging, so hat jeder einen Anspruch auf Rückgabe der Geschenke, soweit der andere dadurch noch bereichert ist (§ 1301 BGB). Dieser Anspruch wird anscheinend selten eingeklagt. Man geniert sich, Geschenke zurückzuverlangen: „Geschenkt ist geschenkt“ lautet ein weit verbreitetes Sprichwort.

Wie ist es aber bei Ehescheidung? Sind auch da die gegenseitigen Geschenke zurückzugeben? Das wäre, etwa nach 20 Ehejahren, eine komplizierte Sache. Das Gesetz sieht dergleichen auch nicht vor. Eine Vorschrift, die wie beim Verlöbnis einen Rückgabeanspruch gewährt, gibt es für den Fall der Ehescheidung nicht. Jeder darf grundsätzlich das Geschenkte behalten.

Damit ist das Problem allerdings noch nicht völlig abgehandelt. Denn es gilt auch für Schenkungen unter Ehegatten das allgemeine Schenkungsrecht. Und danach kann der Schenker in zwei Fällen das Geschenk zurückfordern:

(1) wenn er **später so verarmt**, dass er sich nicht mehr angemessen unterhalten oder seine Unterhaltspflichten nicht mehr erfüllen kann (§ 528 BGB);

(2) wenn sich der Beschenkte durch eine **schwere Verfehlung** gegen den Schenker oder einen nahen Angehörigen des Schenkers eines **groben Undanks** schuldig macht. In diesem Fall kann der Schenker seine Zuwendung widerrufen und seine Gabe bzw. ihren Wert zurückverlangen, soweit der Beschenkte noch bereichert ist (§ 530, § 531 Abs. 2 BGB).

Man kann sich leicht vorstellen, dass die Sache mit dem „groben Undank“ die Gemüter erregt. Wenn ein Ehepaar sich trennt, stehen oft gegenseitige Vorwürfe im Raum: „Du hast mich grundlos verlassen!“, „Du hast mich betrogen“ und so weiter. Und bei wertvollen Geschenken liegt es dann nahe, mit solchen Begründungen die Rückgabe zu verlangen. Wiederum stellt sich die Frage, ob im System der Zerrüttungsscheidung Verschuldensvorwürfe noch eine Rolle spielen dürfen.

Die Sache ist streitig. Die Gerichte vertreten im Allgemeinen die Ansicht, dass ehewidriges Verhalten eine schwere Verfehlung darstellen **kann**, die den Vorwurf des groben Undanks begründet. Umstritten ist nur, wie schwer die Eheverfehlung sein muss, ob also sozusagen der normale Ehebruch genügt oder ein „exzessives Fehlverhalten“ die Voraussetzung bildet.

Beispiel: Eine Ehefrau schenkt und überträgt ihrem Mann einen Miteigentumsanteil an der ihr gehörigen Wohnung, in der das Paar lebt. Der Mann nutzt alsbald eine Dienstreise der Frau, um seine Freundin in die Wohnung einzuladen und mit ihr dort Ehebruch zu begehen. In einem solchen Fall ist „grober Undank“ bejaht worden. Dies ist besonders dann gerechtfertigt, wenn sich der Mann in einem Zeitpunkt hat beschenken lassen, in dem das ehewidrige Verhältnis schon bestand.

Grober Undank wurde auch in dem Fall bejaht, in dem der beschenkte Ehegatte den anderen verleumdet und dadurch in seinem gesellschaftlichen Ruf schwer geschädigt hat.

Bei sehr wertvollen Geschenken, die während der Ehe gemacht wurden, ist jedenfalls an den Schenkungswiderruf zu denken, wenn sich der Beschenkte später ausgesprochen unfair verhalten hat. Doch sind, ehe man dem Beschenkten den Widerruf erklärt, einige wichtige Überlegungen anzustellen, die wiederum rechtlichen Rat erfordern.

Zunächst einmal können solche Geschenke **nicht widerrufen** und zurückgefordert werden, die einer **sittlichen Pflicht oder der Rücksicht auf den Anstand** entsprechen (§ 534 BGB). Unter die „Anstandsschenkungen“ zählt man die üblichen Gelegenheitsgeschenke wie Geburtstags- und Weihnachtsgeschenke, soweit sie das bei entsprechendem Einkommen übliche Maß nicht überschreiten. Die Goldkette zu Weihnachten ist also widerrufsfest – es käme sonst zu einer unerträglichen Rückabwicklung der in langen Ehejahren laufend gemachten Zuwendungen.

Wichtiger noch: Bei Zuwendungen unter Ehegatten nehmen die Gerichte oft an, dass **keine Schenkung** gegeben ist und somit ein Widerruf wegen groben Undanks ausscheidet. Man sagt: Nicht alles, was sich Ehegatten zuwenden, ist „unentgeltlich“. Viele Zuwendungen erklären sich als Ausgleich für geleistete Mitarbeit und als angemessene Beteiligung an den Früchten des ehelichen Zusammenlebens, sie dienen letztlich der Verwirklichung und Ausgestaltung der ehelichen Gemeinschaft. Man spricht von **ehebedingten Zuwendungen**, die nach Auffassung der Gerichte keine Schenkungen sind, daher auch nicht dem Widerruf wegen groben Undanks unterliegen. Das typische Beispiel ist die Beteiligung des anderen Ehegatten am Eigenheim, das nur durch den berufstätigen Teil finanziert wird, dem anderen aber mitgehören soll.

Beispiel: Die Eheleute Dehmel führen eine Alleinverdienerehe. Frau Dehmel führt den Haushalt, Herr Dehmel ist berufstätig. Man spart auf ein Häuschen auf dem Lande. Eines Tages ist es so weit: Von dem Geld, das Herr Dehmel von seinem Gehalt zurückgelegt hat, wird ein Grundstück gekauft, das beide Ehegatten zu Miteigentum von je $^1/_2$ erwerben. Auf dem Grundstück wird ein Haus gebaut.

Man kann sagen: Herr Dehmel wendet seiner Frau das Miteigentum an dem Grundstück zu. Denn mit seinem Geld wird das Grundstück finanziert. Gleichwohl handelt es sich nicht um eine Schenkung, sondern um eine ehebedingte Zuwendung. Denn die Zuwendung erfolgt im Hinblick darauf, dass Frau Dehmel auf eigene Berufstätigkeit um der Familie willen verzichtet, dass das Grundstück dem gemeinsamen Wohnen dienen soll und dass man sich das Grundstück letztlich gemeinsam erspart hat.

Liegt eine ehebedingte Zuwendung vor, so kommt eine Rückforderung wegen groben Undanks nicht in Frage. Freilich lässt die Rechtsprechung auch hier eine Möglichkeit offen: Wenn das Ergebnis unangemessen ist, so kommt eine (teilweise) Rückgängigmachung der Zuwendung wegen Wegfalls der Geschäftsgrundlage in Betracht. Dafür sind dann aber weniger die Eheverfehlungen als die wirtschaftliche Unerträglichkeit des Ergebnisses maßgebend.

Die Grenze zwischen Schenkungen und ehebedingten Zuwendungen ist schwer zu ziehen. Bei alledem spielt auch eine Rolle, in welchem Güterstand die Ehegatten leben. Bei Zugewinngemeinschaft muss man sich gut überlegen, ob ein Schenkungswiderruf überhaupt Vorteile bringt. Bei ehebedingten Zuwendungen ist ohnehin erst das Ergebnis des Zugewinnausgleichs abzuwarten; erst wenn dieses völlig unangemessen ist, kann mit dem „Wegfall der Geschäftsgrundlage" argumentiert werden.

2. Gemeinsame Wertschöpfung in einer „Innengesellschaft"

Ausgleichsforderungen eines Ehegatten gegen den anderen bei Trennung oder Scheidung können auch aus **Gesellschaftsrecht** begründet sein. Das ist nicht nur dann der Fall, wenn die Ehegatten durch ausdrückliche Vereinbarung eine Gesellschaft gegründet haben, die nach außen als solche auftritt (etwa eine offene Handelsgesellschaft, die elektronische Software vertreibt). Vielmehr anerkennt die Rechtsprechung schon dann ein gesellschaftsrechtliches Verhältnis, wenn zwar nach außen keine Gesellschaft sichtbar wird, aber **im Innenverhältnis eine Kooperation der Ehegatten zu einem das eheliche Leben überschreitenden Zweck** stattfindet (so genannte Innengesellschaft). Eine derartige Konstruktion hat die Rechtsprechung z. B. in Fällen der wesentlichen Mitarbeit eines Ehegatten im Betrieb des anderen gewählt.

Beispiel: Herr Kneitinger betreibt ein Fitness-Studio, das schlecht floriert. Als die Kinder etwas älter sind, kümmert sich seine Ehefrau, eine

Sportlehrerin, um den Betrieb. Herrn Kneitinger ist das sehr recht, sieht er doch, wie das Studio durch die Fachkompetenz und den Charme seiner Frau aufblüht. Ausdrückliche Vereinbarungen, etwa ein Arbeitsvertrag, werden nicht geschlossen. Einige Jahre später scheitert die Ehe, der Betrieb ist hingegen durch seinen angewachsenen Kundenstamm und seinen guten Ruf sehr wertvoll geworden.

In solchen Fällen wird angenommen, dass die Ehegatten auch ohne ausdrückliche Abrede einen Gesellschaftsvertrag geschlossen haben, der zwar keine Gesellschaft im Geschäftsverkehr mit Dritten, aber ein gesellschaftsrechtliches Verhältnis unter den Ehegatten entstehen lässt. Dieses Verhältnis berechtigt Frau Kneitinger bei Auflösung der Gesellschaft, ihren Anteil am Betriebsvermögen in der Form eines finanziellen Ausgleichs (analog § 738 Abs. 1 S. 2 BGB) zu verlangen. Die Beteiligungsquote bemisst sich nach ihrem Einsatz für die Wertschöpfung. Die Auflösung der Gesellschaft wird mit der endgültigen Trennung der Ehegatten und dem dadurch bedingten Ende der Mitarbeit angenommen.

Leben im geschilderten Fall die Eheleute Kneitinger im gesetzlichen Güterstand, so kann es freilich sein, dass Frau Kneitinger schon durch den Zugewinnausgleich zu einer angemessenen Teilhabe an den Früchten ihrer Arbeit kommen kann.

(1) Wenn die Ehegatten **Gütertrennung** vereinbart haben, so können bei Trennung und Scheidung gleichwohl Ausgleichsansprüche des einen gegen den anderen aus allgemeinen Rechtsgrundlagen bestehen, z. B. auf Rückgabe einer Schenkung, auf Ausgleich ehebedingter Zuwendung, auf Teilhabe an einer Innengesellschaft u. a. m. Gütertrennung macht also – was den Vermögensausgleich betrifft – nicht völlig rechtlos!
(2) Auch wenn die Eheleute **im gesetzlichen Güterstand** leben und daher ein Zugewinnausgleich stattfindet oder stattfinden kann, kommen möglicherweise **darüber hinaus** die genannten allgemeinen Ansprüche in Betracht, zumal wenn der Zugewinnausgleich zu einem eklatant ungerechten Ergebnis führt. Wenn Ihr Anwalt Ihnen also mitteilt, beim Zugewinnausgleich sei „nichts zu holen“, so fragen Sie nach weiteren möglichen Ansprüchen. Diese liegen in allen Fällen nahe, in denen ein Ehegatte Arbeits- und Vermögensleistungen erbracht hat, die dauerhaft das Vermögen des anderen vermehrt haben.
(3) Der Vermögensausgleich bei Trennung oder Scheidung ist eine juris-

tisch komplizierte Sache, bei der fachlich versierter Rat unumgänglich ist. Völlig falsch wäre die „edle“ Haltung: „Von diesem Mann/dieser Frau möchte ich kein Geld.“ Wenn die Sachlage klar ist, sollte man auf seine wohlerworbenen Rechte nicht verzichten. Die Regeln über den Vermögensausgleich haben den Sinn, zu verhindern, dass ein Teil durch die Leistungen des anderen dauerhaft bereichert seiner Wege gehen kann.

Ein **Beispiel** kann das deutlich machen: Wir nehmen an, im obigen Beispiel lebte das Ehepaar Kneitinger im gesetzlichen Güterstand. Herr Kneitinger war am Anfang der Ehe mit 200 000 € überschuldet, sein Anfangsvermögen also = 0. Am Ende der Ehe hatte er durch den Wert des Fitness-Studios, an dem seine Frau entscheidend mitgearbeitet hat, seine Vermögensbilanz ausgeglichen. Sein Endvermögen ist also ebenfalls = 0, folglich hat er keine Zugewinn. Frau Kneitinger hat demnach keinen Anspruch auf Zugewinnausgleich, obwohl ihr Mann mir ihrer Hilfe sein Vermögen um 200 000 € vermehrt hat!

In solchen Fällen kann ein Ausgleichsanspruch auf den Gedanken der „Innengesellschaft“ gestützt werden: Die Ehegatten haben mit der Zusammenarbeit im Betrieb des Mannes einen über die eheliche Gemeinschaft hinausreichenden wirtschaftlichen Zweck verfolgt und waren daher zu einer Innengesellschaft verbunden, die mit dem Scheitern der Ehe aufgelöst ist. Die Frau hat Anspruch auf einen Wertanteil, der ihrem Einsatz für die Vermögensbildung entspricht. Dass sie keinen Zugewinnausgleich verlangen kann, hindert sie nicht, den gesellschaftsrechtlichen Anspruch geltend zu machen. Für diesen sind nicht die Familiengerichte, sondern die allgemeinen Streitgerichte zuständig.

3. Gemeinsames Eigentum

Wie schon erwähnt, erwerben die Eheleute oft gemeinsames Eigentum, vor allem am **Familienheim**. Bei Trennung und Scheidung fragt sich dann, was mit den gemeinsamen Gütern geschehen soll. Nicht selten ist das Eigenheim, auf das man gespart und hingearbeitet hat, gerade fertig, die Familie gerade eingezogen, und plötzlich bricht die Ehekrise aus!

Die Sache ist dramatisch: Jeder Miteigentümer kann jederzeit die Aufhebung der Miteigentümergemeinschaft verlangen (§ 749

Abs. 1 BGB). Grundstücke, die in Miteigentum stehen, werden auf Antrag eines Ehegatten zwangsversteigert und dann der Erlös geteilt (§ 753 Abs. 1 S. 1 BGB; § 180 Zwangsversteigerungsgesetz). Das Eigenheim kann also ein trauriges Schicksal haben, das man ihm aber vernünftigerweise erspart – durch Vereinbarungen, die regeln, welcher der beiden Ehegatten das Objekt übernimmt und wie der andere dafür entschädigt wird.

Bevor ein Antrag auf Teilungsversteigerung gestellt wird, muss Folgendes bedacht werden: Solange die Ehe noch besteht, kann es im gesetzlichen Güterstand der Zugewinngemeinschaft sein, dass ein Ehegatte den Antrag nicht ohne Zustimmung des anderen stellen kann. Dies kommt dann in Betracht, wenn der Grundstücksanteil praktisch das ganze Vermögen desjenigen ausmacht, der den Versteigerungsantrag stellen will (§ 1365 Abs. 1 BGB, dazu oben S. 162 f.).

Ferner kann der andere Ehegatte erreichen, dass das beantragte Versteigerungsverfahren einstweilen eingestellt wird, wenn dies zur Abwendung einer ernsthaften Gefährdung des Wohls eines gemeinschaftlichen Kindes erforderlich ist (§ 180 Abs. 3 Zwangsversteigerungsgesetz). Das kann z. B. der Fall sein, wenn es sich um das Familienheim handelt und der Ehegatte, der das Sorgerecht für die Kinder erhält, keine andere angemessene Wohnung finden kann.

Oft unterhalten die Ehegatten auch ein **gemeinschaftliches Bankkonto**, auch wenn nur einer von ihnen regelmäßige Erwerbseinkünfte hat oder wenn die Ehegatten verschieden hohe Monatseinkommen beziehen. Der Bank gegenüber pflegen dann beide Ehegatten jeweils selbständig verfügungsbefugt zu sein. Für das Verhältnis unter den Ehegatten besteht im Regelfall eine **gleiche Berechtigung** am Guthaben, gleichgültig, ob beide berufstätig waren oder nicht. Denn auch die Haushaltsführung ist ein gleichwertiger Beitrag zum Familienunterhalt. Hebt ein Ehegatte nach der Trennung vom gemeinsamen Konto mehr ab, als ihm nach diesen Grundsätzen gebührt, so kann er zur Rückzahlung verpflichtet sein.

Miteigentum entsteht häufig auch an **Haushaltsgegenständen**, die während der Ehe angeschafft werden. Hier ist zu bedenken, dass die Benutzung des Hausrats bei Getrenntleben durch das Familiengericht geregelt werden kann (§ 1361 a BGB). Aus Anlass der Scheidung kann das Gericht den Hausrat auf Antrag gerecht und zweckmäßig verteilen und dabei auch die Eigentumsverhältnisse ändern. Haushaltsgegenstände, die den Ehegatten gemeinsam gehören, gehen in das Alleineigentum des Ehegatten über, dem sie vom Richter zugewiesen werden (Näheres in der so genannten Hausratsverordnung, § 8). Wenn es der Billigkeit entspricht, kann dem Ehegatten, der auf diese Weise Alleineigentum erwirbt, eine Ausgleichszahlung an den anderen auferlegt werden. Zum Hausrat gehören nicht nur Besteck und Geschirr etc., sondern auch Möbel, Bilder und sonstige Einrichtungsgegenstände, möglicherweise auch der Pkw, der hauptsächlich für familiäre Zwecke genutzt wurde. Ein besonderes Problem bilden die Haustiere: Man kann natürlich einen Hund nicht dem „Hausrat“ zurechnen, zumal Tiere von unserem Recht nicht mehr als Sachen angesehen werden (§ 90 a BGB). Doch da das Gesetz den Streit um das Haustier nicht besonders regelt, bleibt nichts anderes übrig, als gemäß der Hausratsverordnung zu verfahren.

Beispiel: Das kinderlose Ehepaar Eisenmann lässt sich scheiden. Während der Ehe wurde von einem Züchter der Dackel „Marc Aurel“ gekauft, der Preis wurde vom gemeinsamen Konto bezahlt. Bei der Scheidung streiten sich die Eisenmanns darum, wer den Hund bei sich aufnehmen darf.

Die Entscheidung erfolgt nach der genannten Hausratsverordnung. Es ist anzunehmen, dass die Ehegatten Miteigentümer des Hundes sind. Freilich hat es das Gericht schwer: Was heißt hier „gerecht und zweckmäßig?“ Es geht letztlich darum, dass das Tier beiden ans Herz gewachsen ist, also um eine sehr persönliche Angelegenheit. In diesem Zusammenhang entsteht auch die im Gesetz nicht geregelte Frage, ob z. B. Frau Eisenmann, wenn sie schon den Hund nicht bekommt, wenigstens das Recht haben soll, den Hund von Zeit zu Zeit zu besuchen, auszuführen usw. Das lässt sich auf jeden Fall vereinbaren, ist auch schon gerichtlich erstritten worden.

4. Zu den Schulden

Bei Trennung und Scheidung sind die Eheleute nicht selten verschuldet. Es entsteht dann die Frage, wer nun, nachdem die Eheleute auseinander gehen, Zins und Tilgung in der Zukunft bezahlen soll. Dabei ist es wichtig, das Verhältnis zu den Gläubigern (Außenverhältnis) und das Verhältnis der Ehegatten untereinander (Innenverhältnis) klar zu unterscheiden.

Im **Verhältnis zu den Gläubigern** (Außenverhältnis) ändert sich durch Trennung und Scheidung nichts. Es schuldet derjenige Ehegatte, der eine entsprechende Verpflichtung eingegangen ist, z. B. derjenige, der bei der Bank ein Darlehen aufgenommen und sich zur Rückzahlung verpflichtet hat.

> Der Güterstand der Zugewinngemeinschaft zieht nicht etwa eine Haftung für die Schulden des Partners nach sich. Viele Leute wissen das nicht und meinen, sie müssten für die Verbindlichkeiten des Partners geradestehen – das ist nicht der Fall! Gleiches gilt bei Gütertrennung; völlig anders ist die Lage hingegen bei Gütergemeinschaft.

Beispiel: Herr und Frau Forstmann leben im gesetzlichen Güterstand. Herr Forstmann hat ein Mietshaus von seinen Eltern geerbt, das er mit großem Aufwand saniert. Er nimmt zu diesem Zweck bei der Bank ein Baudarlehen auf.

Frau Forstmann haftet weder für die Zinsen noch für die Tilgungsraten. Sie hat mit dem Darlehen nichts zu tun. Das gilt auch dann, wenn die Forstmanns in dieses Haus einziehen sollten.

Weil das so ist, versuchen die Banken, die Ehepartner ihres Schuldners in die Haftung hineinzuziehen: Sie machen die Gewährung des Kredits davon abhängig, dass der andere Ehepartner **vertraglich die Mithaftung** oder eine **Bürgschaft** übernimmt. Wenn sich der andere Ehegatte darauf einlässt, kann er in Anspruch genommen werden. Unter bestimmten Voraussetzungen behandelt die Rechtsprechung die Mithaftung des Ehepartners, der keinerlei eigenes Interesse an dem Kredit hat, als sittenwidrig und nichtig (§ 138 Abs. 1 BGB), doch sollte man es nicht darauf ankommen lassen. Besser ist es, eine solche Haftung für die Schulden des Partners erst gar nicht zu übernehmen.

> Verlangt eine Bank bei den Kreditverhandlungen mit einem Ehegatten die Mithaftung des anderen, der mit dem Geschäft gar nichts zu tun hat, so ist größte Vorsicht am Platz. Man muss sich fragen: Wie wichtig ist der Kredit für die Versorgung der Familie? Werde ich je in der Lage sein, das

Geld notfalls auch aufzubringen? Ist die Bank nicht schon anderweitig, z. B. durch Grundschulden, gesichert?

Eine gemeinsame Schuldenhaftung ist dann gerechtfertigt, wenn die zu finanzierende Maßnahme beiden Ehegatten zugute kommt. Das klassische Beispiel ist das Eigenheim.

Auch in der Hausfrauenehe, in der der Ehemann aus seinem Einkommen allein den Schuldendienst für das erbaute Familienheim leistet, ist es gewöhnlich gerechtfertigt, dass die Ehefrau die Mithaftung übernimmt, vor allem wenn sie als Miteigentümerin im Grundbuch eingetragen ist.

Eine gemeinsame Schuldenhaftung kann sich auch daraus ergeben, dass ein Ehegatte ein Geschäft auf Kredit abschließt, mit dem der angemessene Lebensbedarf der Familie gedeckt werden soll. Solche Geschäfte berechtigten und verpflichten ohne weiteres auch den anderen Ehegatten (**Schlüsselgewalt**, § 1357 BGB), auch wenn dieser davon nichts weiß. Auch kommt es nicht darauf an, ob dem Geschäftspartner klar ist, dass auch der andere Ehegatte mitberechtigt und mitverpflichtet sein soll.

Beispiel: Die verheiratete Frau Gneisenau, deren Kleider nicht mehr recht passen, kauft sich in der Boutique „Matrone“ (Inhaberin Frau Hingerl) ein Sommerkleid. Sie nimmt das Kleid gleich mit; die Zahlung soll eine Woche später erfolgen.

Der Kauf dient der Deckung des Lebensbedarfs von Frau Gneisenau, also eines Familienmitglieds. Wenn der Preis die Lebensverhältnisse der Gneisenaus nicht überschreitet, haftet auch Herr Gneisenau für die Zahlung des Kaufpreises. Dafür ist nicht nötig, dass Frau Gneisenau bei dem Kauf im Namen ihres Mannes handelt, Frau Hingerl muss noch nicht einmal wissen, dass ihre Kundin verheiratet ist.

Nach Auffassung der Gerichte besteht die Schlüsselgewalt allerdings nicht für Geschäfte, die so wichtig sind, dass sich die Ehegatten vorher darüber zu verständigen pflegen.

Ab Eintritt des Getrenntlebens kann die Schlüsselgewalt nicht mehr ausgeübt werden (§ 1357 Abs. 3 BGB). Der getrennt lebende Partner kann also den anderen nicht durch Bedarfsdeckungsgeschäfte in Schulden stürzen!

Wenn die Ehegatten gemeinsam dem Gläubiger haften, ergibt sich die zweite Frage, wie die Schuldenlast **im Verhältnis unter den Ehegatten selbst** (Innenverhältnis) zu verteilen ist. Kann z. B. der Partner, der die Zins- und Tilgungsleistungen für eine bestimmte Zeit allein erbracht hat, vom anderen hälftigen Ausgleich verlangen? Das hängt ganz von den konkreten Umständen ab, insbesondere davon, ob der Kredit beiden Ehegatten zugute gekommen ist (etwa bei Finanzierung des Eigenheims) oder nur einem (etwa bei Mithaftung für die Geschäftsschulden des anderen). Wer für die Schulden seines Ehepartners ohne eigenes Interesse an der Angelegenheit einsteht, um auf Wunsch der Bank den Kredit abzusichern, kann vom Partner in der Regel vollen Ausgleich verlangen, wenn er aus der Mitverpflichtung in Anspruch genommen wird. Es kann auch ein Anspruch gegen den Partner gegeben sein, nach der Scheidung von der Mithaftung freigestellt zu werden, etwa dadurch, dass der Partner dem Gläubiger anderweitige Sicherheiten stellt.

IX. Ehescheidung und Namensrecht

1. Gleichberechtigung auch im Namensrecht

Vorbei sind die Zeiten, da der Ehemann seiner geschiedenen Frau verbieten konnte, den Ehenamen – der obligatorisch der Mannesname war – weiterzuführen. Inzwischen haben wir auch im Namensrecht die volle Gleichberechtigung der Geschlechter erreicht. Sowohl der Name des Mannes als auch der Name der Frau kann, je nach Wahl der Brautleute, gemeinsamer Ehename werden. Zudem brauchen die Ehegatten seit 1991 überhaupt keinen gemeinsamen Ehenamen mehr zu führen: Jeder kann den Namen, den er bei Eheschließung trägt, beibehalten, so dass die Eheleute verschiedene Namen tragen (§ 1355 Abs. 1 S. 3 BGB).

Bei der Scheidung ändert sich am Namen der Geschiedenen grundsätzlich nichts, doch erfreut uns der Gesetzgeber hier mit einigen Namensoptionen. Um sie zu verstehen, zunächst ein allgemeiner Blick auf das Ehenamensrecht.

2. Die Bestimmung eines gemeinsamen Ehenamens

Der Standesbeamte fragt die Verlobten vor der Eheschließung, ob sie einen **gemeinsamen Ehenamen** wählen wollen und gegebenenfalls welchen. Zur Wahl standen bisher der Geburtsname des Mannes und der Geburtsname der Frau (§ 1355 Abs. 2 BGB). Doch hat das Bundesverfassungsgericht entschieden, dass außerdem auch ein in früherer Ehe angeheirateter Name in der neuen Ehe zum Ehenamen bestimmt werden kann (Entscheidung vom 18. 2. 2004, FamRZ 2004, 515). Hingegen darf als Ehename kein aus Mannes- und Frauenname kombinierter Doppelname gewählt werden.

Beispiel: Ein Mann, geborener Schall, will eine geschiedene Frau heiraten, die von Geburt an Rauch hieß. Im Zeitpunkt der Eheschließung führt die Frau aber den Namen Faust, weil sie zuvor mit Herrn Faust verheiratet und dieser Name zum Ehenamen bestimmt worden war. Als gemeinsamen Ehenamen könnten die Eheschließenden nun wählen: Schall

(Geburtsname des Mannes), Rauch (Geburtsname der Frau) oder Faust (Name, den die Frau im Zeitpunkt der Eheschließung führt).

Hingegen können sie aus diesen Namen keinen Doppelnamen als Ehenamen bilden (also nicht Schall-Rauch oder Schall-Faust etc.).

Hat jemand als Geburtsnamen oder als aktuell geführten Namen bereits einen Doppelnamen, so kann auch dieser Doppelname gewählt werden; es können nur nicht aus Anlass der Heirat neue Doppelnamen gebildet werden.

Die **Kinder** aus der Ehe erhalten automatisch den von den Ehegatten bestimmten Ehenamen als Geburtsnamen (§ 1616 BGB).

3. Der persönliche Namenszusatz

Bestimmen die Verlobten einen gemeinsamen Ehenamen, so muss also ein Partner „zurückstecken" und den Namen wechseln. Dies wird dadurch abgemildert, dass dieser Partner seinen bisherigen Namen als persönlichen Namenszusatz führen darf (§ 1355 Abs. 4 BGB). Dazu ist notwendig, dass er gegenüber dem Standesbeamten eine entsprechende Erklärung abgibt. Der persönliche Namenszusatz kann dem Ehenamen vorangestellt oder auch angefügt werden. Der betreffende Ehegatte kann nach seiner Wahl entweder den Geburtsnamen oder den Namen hinzufügen, den er im Zeitpunkt, da der Ehename bestimmt wird, führt. Das heißt im Klartext: Auch der angeheiratete Name aus früherer Ehe kann hinzugefügt werden.

Nehmen wir an, im obigen **Beispiel** wird bei der Heirat als gemeinsamer Ehename der Mannesname, also Schall gewählt. Die Ehefrau kann dann als Namenszusatz sowohl ihren Geburtsnamen Rauch als auch den zuletzt geführten Namen Faust voranstellen oder hinanfügen. Es stehen ihr folgende Namen zur Auswahl:

- Rauch-Schall,
- Schall-Rauch,
- Faust-Schall,
- Schall-Faust.

WICHTIG: Der persönliche Namenszusatz beschränkt sich auf den Ehegatten, der ihn führt, und geht nicht auf die gemeinsamen Kinder über!

Beispiel: Im obigen Fall hat das Ehepaar zwei Kinder. Der Ehemann heißt Schall, die Kinder heißen Schall und nur die Ehefrau trägt einen der genannten Doppelnamen.

Ist der Ehename schon Doppelname, so darf kein persönlicher Namenszusatz geführt werden – das Gesetz will unter allen Umständen verhindern, dass Dreifachnamen entstehen.

4. Kein Zwang zum gemeinsamen Ehenamen

Man sieht: Es gibt aus Anlass der Heirat eine Reihe von Möglichkeiten, den Namen zu verändern! Die weitere Möglichkeit hatten wir schon angedeutet: Die Ehegatten brauchen überhaupt keinen gemeinsamen Ehenamen zu führen und heißen dann nach der Heirat ebenso wie zuvor. Zwar sagt das Gesetz, die Eheleute **sollen** einen Ehenamen wählen (§ 1355 Abs. 1 S. 1 BGB), wenn sie es aber nicht tun wollen, so wird ihnen die Eheschließung nicht verwehrt.

Freilich entstehen dann Probleme mit dem **Namen der Kinder**. Diese erhalten dann nicht etwa einen Doppelnamen aus Mutter- und Vaternamen. Vielmehr müssen die Eltern durch besondere Erklärung gegenüber dem Standesbeamten bestimmen, ob das Kind den Vaternamen oder den Mutternamen tragen soll. Dabei stehen die Namen zur Wahl, die die Elternteile zur Zeit dieser Namensbestimmung führen (das kann also auch ein in früherer Ehe angeheirateter Name sein!). Mögliche Ergebnisse sind nicht ohne Pikanterie.

Beispiel: Eine Frau geb. Hieb ist in erster Ehe mit Herrn Stich verheiratet. Als Ehename wird Stich gewählt. Frau Stich verlässt ihren Mann, weil sie sich für einen anderen interessiert. Sie lässt sich scheiden, behält aber den Namen Stich bei. Dann heiratet sie Herrn Stumpf, in dieser Ehe wird kein gemeinsamer Ehename gewählt. Frau Stich und Herr Stumpf bekommen nun eine Tochter, deren Name bestimmt werden muss.

Für die Tochter kann der Name Stumpf oder Stich gewählt werden, nicht aber Hieb. Wird Stich gewählt, so heißt die Tochter zwar nicht wie ihr Vater, aber wie der frühere Ehemann der Mutter!

Auf diese Weise können Kinder übrigens zu echten Doppelnamen kommen, die sie später durch Heirat weitergeben können.

Angenommen: In obigem **Beispiel** hatte die Frau in erster Ehe zu dem Ehenamen Stich einen persönlichen Namenszusatz geführt (Hieb-Stich) und diesen Namen nach der Scheidung beibehalten. In der zweiten Ehe mit Herrn Stumpf, in der kein Ehename gebildet wird, heißt sie nun weiterhin Hieb-Stich. Also kann auch als Name für die Kinder aus der zweiten Ehe entweder der Vatername Stumpf oder der Muttername Hieb-Stich gewählt werden!

Der Name, der für das erste gemeinsame Kind bestimmt wird, gilt zum Glück für alle weiteren. Es soll vermieden werden, dass die Kinder unterschiedliche Namen tragen.

Können sich die Eltern, die keinen gemeinsamen Ehenamen gewählt haben, nicht einigen, wie das Kind heißen soll, so greift das Familiengericht ein. Ist binnen eines Monats der Name des Kindes nicht einvernehmlich bestimmt, so überträgt das Gericht die Bestimmungsbefugnis auf Vater oder Mutter allein. Das Gericht kann dem Bestimmungsberechtigten dann eine Frist setzen; fruchtet dies nicht, so erhält das Kind den Namen des Bestimmungsberechtigten!

Beispiel: Herr Kurz und Frau Klein sind verheiratet und bekommen ein Kind. Sie können sich auf den Geburtsnamen des Kindes nicht einigen. Nach 1 Monat überträgt das Familiengericht die Namensbestimmung auf Frau Klein und setzt ihr eine Frist. Nachdem Frau Klein auch in dieser Frist keine Erklärung abgegeben hat, steht fest, dass das Kind Klein heißt.

Ein ähnlicher Streit kann übrigens um den Vornamen eines Kindes entbrennen. Auch hier kann das Gericht die Bestimmungsbefugnis einem Elternteil übertragen (§ 1628 BGB).

Probleme können dann entstehen, wenn die Ehegatten zunächst verschiedene Namen tragen, sich dann aber später während der Ehe zu einem gemeinsamen Ehenamen entschließen. Sie können das noch zu einem beliebigen Zeitpunkt nachholen. Dann ergibt sich die Frage, wie sich die Namensänderung auf die vorher geborenen gemeinsamen Kinder auswirkt. Hier differenziert das Gesetz nach dem Alter der Kinder (§ 1617 c BGB): Kinder bis 5 Jahre werden in die mögliche Namensänderung automatisch einbezogen, ab dann können sie sich unter weiteren altersbezogenen Modalitäten anschließen.

5. Der Einfluss der Scheidung auf den Namen

Führen die Eheleute keinen gemeinsamen Ehenamen, so ändert sich mit der Scheidung der Ehe an ihren Namen nichts. Das ist logisch: Wenn die Heirat nichts ändert, dann auch nicht die Scheidung.

Haben die Ehegatten einen Ehenamen gewählt, so ergibt sich mit der Scheidung zwar auch kein automatischer Wechsel: Die Geschiedenen führen den Ehenamen einfach fort (§ 1355 Abs. 5 S. 1 BGB). Doch gibt das Gesetz demjenigen, dessen Name nicht als Ehename gewählt worden war, die Chance, wieder zu einem früheren Namen zurückzukehren (§ 1355 Abs. 5 S. 2 BGB). Es könnte ja sein, dass ein Ehepartner nach unglücklich verlaufener Ehe auch „namentlich" nichts mehr mit dem anderen zu tun haben möchte.

Beispiel: Eine Frau, geborene Becker, heiratet Herrn Fleischer. Als Ehename wird Fleischer gewählt. Die Ehe verläuft unglücklich, Frau Fleischer fühlt sich von ihrem Mann gepeinigt und erniedrigt. Die Ehe wird auf ihren Antrag geschieden. Sie möchte nun auch nicht mehr durch den Namen an ihren früheren Ehemann erinnert werden.

Das Gesetz gibt ihr folgende Möglichkeiten:

- Sie kann durch Erklärung gegenüber dem Standesbeamten ihren Geburtsnamen Becker wieder annehmen.
- Sie kann aber auch jetzt einen Doppelnamen wählen, indem sie zwar den Ehenamen Fleischer weiterführt, aber ihren Geburtsnamen voranstellt oder anfügt. Das heißt also: Die Frau kann sich Becker-Fleischer oder Fleischer-Becker nennen.

Interessant ist, dass ein Ehegatte, der in zweiter (oder weiterer) Ehe verheiratet ist, nach der Scheidung auch zu dem Namen zurückkehren kann, den er bis zur Bestimmung des Ehenamens der letzten Ehe geführt hat, also auch zu einem früher angeheirateten Namen.

Beispiel: Im obigen Fall war die geborene Frau Becker in erster Ehe mit Herrn Tischler verheiratet gewesen (Ehename: Tischler), bevor sie in zweiter Ehe Herrn Fleischer (Ehename: Fleischer) heiratete. Nach der Scheidung von Herrn Fleischer kann sie wahlweise zum Geburtsnamen Becker oder zu dem vor der Heirat mit ihrem zweiten Mann geführten Namen Tischler zurückkehren.

Keinen Einfluss hat die Scheidung grundsätzlich auf den **Namen der Kinder**. Auch wenn der Ehegatte, der dem Kind den Namen gegeben hat oder der das Sorgerecht ausübt, anderweitig heiratet und den Namen des neuen Partners als Ehenamen annimmt, hat das keine Auswirkung auf den Kindesnamen (§ 1617 c Abs. 2 Nr. 2 BGB). Das wird manchmal als unerwünscht angesehen, wenn das Kind aus erster Ehe in eine neue Familie hineinwächst und sich durch die Namensverschiedenheit ausgegrenzt fühlen könnte.

Beispiel: Das Ehepaar Schmuck hat eine Tochter Eva. Als diese 3 Jahre alt ist, wird die Ehe geschieden. Das Sorgerecht bleibt gemeinsam, vereinbarungsgemäß lebt das Kind bei seiner Mutter. Frau Schmuck heiratet nun Herrn Talmi. In dieser Ehe wird der Ehename Talmi gewählt. Aus dieser Ehe entstammen weitere Kinder, die den Namen Talmi tragen. Nun lebt die kleine Eva in einer Familie, in der alle Talmi heißen, nur sie selbst heißt Schmuck.

Für solche Fälle besteht die Möglichkeit, dass der sorgeberechtigte Elternteil (hier: die Mutter) und ihr Ehegatte (hier: Herr Talmi) dem Kind den neuen Ehenamen „erteilen" können (§ 1618 BGB). Die Sache ist jedoch problematisch, da die Interessen des Kindesvaters (im Beispiel: des Herrn Schmuck) stark tangiert sind, denn seine Tochter erhält den Namen des neuen Ehemannes seiner früheren Frau. Auch erscheint es zweifelhaft, ob eine solche Namensänderung, die das Verhältnis des Kindes zu dem anderen Elternteil belasten kann, wirklich im Interesse des Kindeswohls erforderlich ist. Das Gesetz bindet eine solche „Namenserteilung" an enge Voraussetzungen:

- Es muss sich um ein minderjähriges, unverheiratetes Kind handeln;
- der einbenennende Elternteil muss die elterliche Sorge allein oder zusammen mit dem anderen innehaben;
- der einbenennende Elternteil und sein (neuer) Ehegatte müssen das Kind in ihren gemeinsamen Haushalt aufgenommen haben;
- der andere Elternteil muss zustimmen, wenn ihm die elterliche Sorge gemeinsam mit dem einbenennenden Elternteil zusteht oder wenn das Kind seinen Namen führt; freilich kann die Zustimmung durch das Gericht ersetzt werden, wenn die Einbenen-

nung zum Wohl des Kindes erforderlich ist (was selten der Fall sein wird);

- ferner muss das Kind, wenn es das 5. Lebensjahr vollendet hat, zustimmen (beachte die Regeln des § 1617 c Abs. 1 S. 2, 3).

In dem oben genannten Fall sind nach § 1618 BGB auch andere Namensgestaltungen für das Kind möglich: Unter denselben Voraussetzungen kann für das Kind auch ein Doppelname aus dem bisherigen Namen und dem neuen Ehenamen der Mutter gebildet werden (§ 1618 Abs. 1 S. 2 BGB).

Beispiel: Im oben stehenden Fall bestehen also, vorausgesetzt Herr Schmuck stimmt zu oder seine Zustimmung wird durch das Gericht ersetzt, folgende Möglichkeiten für die Gestaltung des Kindesnamens:

(1) Dem Kind wird der Name Talmi erteilt.

(2) Das Kind erhält den Namen Schmuck-Talmi.

(3) Das Kind erhält den Namen Talmi-Schmuck.

X. Rechtsfragen um die nichteheliche Lebensgemeinschaft

1. Was ist eine nichteheliche Lebensgemeinschaft?

In Deutschland leben heute Millionen von Menschen in informellen Paarbeziehungen. Es gibt heterosexuelle und homosexuelle Lebensgemeinschaften, Wohn- und Wirtschaftsgemeinschaften unter Geschwistern und unter Studenten usw. Von den nachfolgenden Ausführungen werden nur die nichtehelichen Lebensgemeinschaften erfasst, wie sie dem „allgemeinen Sprachgebrauch" entsprechen, nämlich **heterosexuelle Partnerschaften** mit **gemeinsamem Haushalt**, aber **ohne formale Eheschließung**.

Der nichtehelichen Lebensgemeinschaft zwischen verschieden geschlechtlichen Paaren haftete lange der Makel der „Sittenwidrigkeit" an. Hiervon konnte sie sich jedoch seit geraumer Zeit befreien. Mit der veränderten moralischen Bewertung der nichtehelichen Lebensgemeinschaften und ihrer gesellschaftlichen Akzeptanz, haben diese stark zugenommen. Bislang hat dieser Umstand – anders als bei homosexuellen Lebensgemeinschaften – jedoch noch nicht dazu geführt, dieser Bindungsform einen gesetzlichen Rahmen zu geben. Die rechtlichen Verbindungen der Eheleute sind maßgeblich im Bürgerlichen Gesetzbuch erfasst; das so genannte **Lebenspartnerschaftsgesetz** behandelt ausführlich die Fragen der Eingehung, Ausgestaltung sowie Beendigung der **homosexuellen Partnerschaft**. Und was ist mit der nichtehelichen Lebensgemeinschaft? Bewegt sie sich „im rechtsfreien Raum"? Oftmals ist ja auch gerade die Ablehnung des rechtlichen Rahmens einer Ehe der Grund für die Partner, in einer nichtehelichen Lebensgemeinschaft zusammenzuleben. Die Partnerschaft soll vielmehr wieder formlos aufgelöst werden können.

2. Die rechtliche Lage der nichtehelichen Lebensgemeinschaft

Auch wenn der gesetzliche Rahmen der Ehe oder des Lebenspartnerschaftsgesetzes fehlt, bedeutet dies nicht, dass die Partner einer nichtehelichen Lebensgemeinschaft überhaupt keine Rechte und Verpflichtungen untereinander haben. Ihre Bindungen untereinander werden vielmehr weitgehend nicht nach speziellen familienrechtlichen Vorschriften und Grundsätzen, sondern nach den **allgemeinen Gesetzen** und **Grundsätzen** beurteilt. Dies führt freilich dazu, dass es in der Praxis bisweilen im Ernstfall zu missliebigen und unbefriedigenden Ergebnissen bei der Auseinandersetzung der Lebensgemeinschaft kommt.

Böse Überraschungen können vielfach durch **rechtzeitige Eigeninitiative** vermieden werden. Den Partnern einer nichtehelichen Lebensgemeinschaft steht ein breites Spektrum an vertraglichen Gestaltungsmöglichkeiten zur Verfügung. Mit derartigen **„Partnerschaftsverträgen"** kann individuell ein rechtlicher Rahmen geschaffen werden, der den Partnern eine Rechts- und Planungssicherheit für die gemeinsame Zukunft bietet.

Beispiel: Annette und Dieter ziehen in eine gemeinsame Wohnung und wollen miteinander leben und wirtschaften. Das „Spektakel" einer Hochzeit wollen sie unbedingt vermeiden, da innerhalb der Familien Zwistigkeiten bestehen. Vor dem Zusammenziehen schließen sie jedoch einen Vertrag, nachdem sie im Fall der Trennung so verpflichtet sein wollen, wie Eheleute dies auch sind. Nach mehrjährigem Zusammenleben erkrankt Annette schwer und kann für die Dauer von mindestens zwei Jahren nicht mehr arbeiten. Dieter trennt sich von ihr. Nun verlangt Annette Unterhalt. Aufgrund der vertraglichen Regelung wollte das Paar im Fall der Trennung so gestellt sein, wie es Eheleute im Falle der Trennung und Scheidung sind. Ein Unterhaltsanspruch Annettes nach § 1572 BGB (Unterhalt wegen Krankheit) kommt jedoch nicht in Betracht, da die beiden gerade keine Ehe geschlossen haben. Die Vorschrift ist daher nicht anwendbar. Jetzt hilft der Vertrag! Von einer Sittenwidrigkeit des Vertrages kann vorliegend nicht ausgegangene werden. Zum einen gelten Verträge innerhalb nichtehelicher Lebensgemeinschaften nicht mehr als generell sittenwidrig, zum anderen sind hier keine Gründe ersichtlich, die zu einer sittenwidrigen Knebelung einer der Vertragsparteinen führt. Es gibt auch keine Verbote, die dazu führen, dass Partner einer nichtehelichen Lebensgemeinschaft sich nicht zu einer quasi ehegleichen Solidarität verpflichten könnten. Aus diesem Grund kann man davon ausgehen, dass Annette für die Zeit ihrer Krankheit ein vertraglicher Unterhaltsanspruch gegen Dieter zusteht.

Es würde den Umfang dieses Buches bei weitem sprengen, alle denkbaren Gestaltungsmöglichkeiten aufzuzeigen. Hier sollte nach Möglichkeit ein Rechtsanwalt oder Notar ins Vertrauen gezogen werden, der die persönlichen Wünsche und Bedürfnisse in rechtliche Form gießen kann. Ein schriftlich fixierter Partnerschaftsvertrag bietet zudem gegenüber einer lediglich mündlichen Abrede den großen Vorteil, dass im Fall des Falles Beweis geführt werden kann. In jedem Fall sollten sich die (angehenden) Partner einer nichtehelichen Lebensgemeinschaft über folgende Aspekte Gedanken machen:

- Wie ist das gemeinsame Wohnen geregelt?
- Soll es unterhaltsrechtliche Regelungen und Vereinbarungen hinsichtlich der Altersvorsorge geben?
- Welche Vorstellungen bestehen über die Erziehung gemeinschaftlicher Kinder?
- Was wird in den Haushalt eingebracht und wie steht es mit Neuanschaffungen?
- Soll eine Immobilie angeschafft werden?
- Was passiert mit Giro-, Spar- und Darlehenskonten?
- Ist eine berufliche Zusammenarbeit vorgesehen?
- Sollen gegenseitig Vollmachten erteilt werden?
- Will man einander beerben?

Die Fülle dieser Fragen ist freilich nur ein Ausschnitt aus einem großen Spektrum denkbarer Gestaltungsmöglichkeiten. Sie erfassen lediglich die in der Praxis am häufigsten vorkommenden Problemfelder der nichtehelichen Lebensgemeinschaft vor allem bei deren Auflösung, die auch nachfolgend kurz aufgezeigt werden sollen.

3. Die Trennung

Eine nichteheliche Lebensgemeinschaft kann – anders als die Ehe – jederzeit und ohne Angaben von Gründen beendet werden. Eine „Trennungszeit“ gibt es ebenso wenig wie einen allgemeinen Vermögensausgleich vergleichbar dem Zugewinnausgleich. Vielmehr ist die Unverbindlichkeit der Beziehung der Partner geradezu kennzeichnend für die nichteheliche Lebensgemeinschaft. Den Partnern sollte aber in jedem Fall klar sein, dass mit der Beendigung der Partnerschaft nicht automatisch die rechtsgeschäftlichen Beziehungen zu Dritten, etwa dem Vermieter, der Bank etc. enden. Hieraus ergeben sich recht häufig Unstimmigkeiten. Auch sollte nicht ohne weiteres davon ausgegangen werden, dass man Ersatz für im Rahmen der Gemeinschaft erbrachte Leistungen erhielte und im Nachhinein alles gegeneinander aufrechnen könne. Das ist grundsätzlich nicht so! Wurden keine vertraglichen Regelungen getroffen, kann es durchaus passieren, dass einer oder beide Partner nach der Trennung „im Regen stehen“. Also noch einmal: **Vorbeugen tut Not!**

Das Zusammenwohnen in der nichtehelichen Lebensgemeinschaft kann praktisch auf unterschiedliche Weise gestaltet werden. Entweder mieten beide Partner gemeinsam eine Wohnung an oder ein Partner zieht mit in die bereits vom anderen angemietete Wohnung. Denkbar ist auch, dass ein Partner in die Immobilie des anderen zieht. Schließlich kann auch eine Immobilie gemeinsam erworben und bewohnt werden.

Mieten beide Partner von vornherein **gemeinsam**, so hat dies den Vorteil, dass beide im rechtlichen Sinne Mieter sind und daher auch ein sog. Recht zum Besitz an der Wohnung haben. Beide können auch sämtliche Rechte aus dem Mietvertrag gegenüber dem Vermieter beanspruchen und sich z. B. auf das Hausrecht berufen. Auch für den Vermieter ist diese Gestaltungsform günstig und häufig sogar erwünscht. Seine Ansprüche gegen die Mieter, insbesondere auf die Zahlung des Mietzinses, kann er gegenüber beiden Partnern geltend machen. Selbstverständlich kann der Vermieter dabei den Mietzins insgesamt nur einmal verlangen. Er kann sich aber unter Umständen an den finanzkräftigeren Partner halten. Im Verhältnis zueinander haften die Partner regelmäßig hälftig, soweit sie keine andere Vereinbarung getroffen haben.

Schwierigkeiten können in diesem Fall neben der Mietzinszahlung auch für den Fall der Kündigung auftreten. Trennen sich die Partner, so muss entweder gemeinsam gekündigt werden oder mit dem Vermieter eine Abrede hinsichtlich der Entlassung eines Partners aus dem Mietverhältnis getroffen werden. Andernfalls besteht die Gefahr, dass der Ausgezogene auch noch über den Zeitraum der nichtehelichen Lebensgemeinschaft hinaus dem Vermieter für die Miete haftet. Möglicherweise hat er dann Mühe, sein Geld beim anderen wieder beizutreiben. Im Allgemeinen gilt hier, dass beide Partner verpflichtet sind, an der Auflösung des Mietverhältnisses mitzuwirken.

Im **beidseitigen Mietverhältnis** kann ein Partner vom anderen auch nicht ohne weiteres vor die Tür gesetzt werden, da beide ein Recht zum Besitz haben. Hier heißt es also, sich nach Möglichkeit friedlich zu einigen. Grundsätzlich gibt es hier auch – anders als bei der Ehewohnung (vgl. hierzu oben S. 29 ff.) – keine Möglichkeit, einem Partner die Wohnung gerichtlich zur alleinigen Nutzung zuzuweisen. Eine Ausnahme hiervon besteht lediglich dann, wenn ein Partner der nichtehelichen Lebensgemeinschaft Opfer einer vorsätzlichen und widerrechtlichen Körper-, Gesundheits- oder Freiheitsverletzung durch den anderen Partner geworden ist. Dann findet § 2 Gewaltschutzgesetz (GewSchG) Anwendung und kann im konkreten Fall zu einer sofortigen alleinigen Wohnungszuweisung führen. (Näher zum Gewaltschutzgesetz und seinem Anwendungsbereich oben S. 43 ff.)

Zieht ein **Partner** mit in die **Wohnung** des **anderen**, so bleibt es in der Regel beim **einseitigen Mietvertrag**. Der Vermieter muss jedoch grundsätzlich der Aufnahme des Partners in die Wohnung zustimmen, es sei denn, es liegt eine Überbelegung vor. Dies kann beispielsweise bei einem Einzimmerapartment der Fall sein oder wenn noch Kinder mit in eine kleine Wohnung aufgenommen werden. Ein Partner ist Alleinmieter und haftet im Verhältnis zum Vermieter auch allein für den Mietzins. Die Gestaltung der Mietzahlung im Innenverhältnis zwischen den Partnern ist diesen frei überlassen. Denkbar ist, dass die Partner einen Untermietvertrag schließen. Am

Rechtsverhältnis zum Vermieter ändert dies jedoch nichts. Für den Hauptmieter können sich hieraus für den Fall der Trennung jedoch nachteilige Folgen ergeben, so dass hier Vorsicht geboten ist.

Darüber hinaus verfügt grundsätzlich nur der Mieter allein über das Besitz- und Hausrecht. Der andere Partner hat also kein Mitspracherecht, wenn es um Wohnungsbelange geht. Dies führt auch dazu, dass der Nichtmieter im Falle der Beendigung der nichtehelichen Lebensgemeinschaft weitgehend ungeschützt ist. Faktisch kann er nämlich vom anderen auf die Straße gesetzt werden, ohne gegenüber dem Vermieter verlangen zu können, wieder in die Wohnung zu dürfen. Allerdings kann er vom Partner zumindest die Wiederaufnahme in die Wohnung für eine angemessene Räumungsfrist verlangen und diesen Anspruch im Notfall auch gerichtlich durchsetzen, es sei denn, er hat den Rauswurf provoziert. Die miet- und kündigungsschutzrechtlichen Bestimmungen sind in keinem Fall anwendbar.

Beispiel: Kathrin zieht in die von ihrem Freund angemietete Wohnung ein. Beide leben über mehrere Jahre zusammen. Markus wird der Beziehungsstress zu viel. Ohne Wissen von Kathrin kündigt er fristgemäß die Wohnung. Vier Wochen vor dem Auszugstermin eröffnet er ihr die Trennung und teilt mit, dass die Wohnung verlassen werden muss. Kathrin fällt aus allen Wolken. Sie ist nicht selbst Mieterin der Wohnung gewesen; ihr stehen daher keinerlei Rechte aus dem Mietvertrag zu. Es bedurfte auch nicht ihrer Zustimmung, die Wohnung gegenüber dem Vermieter zu kündigen. Kathrin kann hier nur versuchen, die Wohnung durch einen eigenen, neuen Mietvertrag zu übernehmen oder sie muss die Wohnung pünktlich verlassen. Ansonsten drohen ihr Räumungsmaßnahmen des Vermieters.

Zu beachten ist schließlich, dass auch bei dieser Variante das Gewaltschutzgesetz Anwendung finden kann. Es kommt also nicht darauf an, dass beide Partner Mieter sind (vgl. zum Gewaltschutzgesetz die Ausführungen auf S. 43 ff.).

Zieht ein **Partner** in die **Eigentumswohnung** oder das **Haus** des anderen Partners, ist die Situation derjenigen des einseitigen Mietvertrages vergleichbar. Der Alleininhaber der Immobilie ist allein entscheidungsbefugt in allen Angelegenheiten die Wohnung oder das Haus betreffend. Der einziehende Partner ist wie beim einseitigen

Mietverhältnis praktisch schutzlos und kann im Falle der Trennung allenfalls eine angemessene Frist zur Räumung verlangen. Miet- und kündigungsschutzrechtliche Bestimmungen finden keine Anwendung.

Erwerben die Partner **gemeinschaftlich** eine **Immobilie** und leben dort zusammen, so kann bei Beendigung der Beziehung ein Partner den anderen nicht einfach aus dem Haus werfen. Beide Partner haben jeweils gegenüber dem anderen ein Recht zum Besitz. Kann eine Einigung über die Weiternutzung nicht erzielt werden, muss notfalls die Eigentümergemeinschaft vollkommen aufgelöst werden (vgl. hierzu unten S. 213, 215). Der aus dem Haus/der Wohnung weichende Partner kann vom im Anwesen verbleibenden in der Regel eine **Nutzungsentschädigung** verlangen.

4. Unterhalt, Kranken- und Altersvorsorge

Im Rahmen von nichtehelichen Lebensgemeinschaften bestehen grundsätzlich keinerlei gegenseitige gesetzliche Unterhaltsverpflichtungen. Einzige Ausnahme sind die Regelungen des § 1615 l BGB (Unterhaltsanspruch der nichtehelichen Mutter bzw. des Vaters). Diese Verpflichtung gründet aber nicht in einer Anerkennung der nichtehelichen Lebensgemeinschaft, sondern allein in der Notwendigkeit der Kindererziehung und -betreuung. Diesbezüglich kann auf die Ausführungen auf den Seiten 148 ff. verwiesen werden.

Egal ob jung, alt, krank, gebrechlich oder arbeitslos – die Gesetzeslage ist unnachgiebig und fängt auch nicht in Härtefällen auf. Die einzige – und freilich oftmals schwierig gegenüber dem Partner durchzusetzende – Lösung ist eine klare vertragliche Vereinbarung! Wie diese im Einzelnen ausgestaltet wird, obliegt einzig und allein den persönlichen Wünschen und Ansprüchen an die Beziehung. Diese können sich im Laufe der Zeit durchaus wandeln, so dass bei jeder vertraglichen Regelung auch mitberücksichtig werden sollte, dass sich die finanzielle oder persönliche Situation der Partner ändern kann. Veränderungen können sich auch durch die vorher nicht „geplante" Geburt von Kindern ergeben.

Die Krankenversicherung sieht keine Mitversicherung aufgrund des Zusammenlebens in nichtehelicher Lebensgemeinschaft vor, so dass beide Partner allein um ihren Versicherungsschutz bemüht sein müssen. Das Gleiche gilt für die Altersvorsorge. Einen Versorgungsausgleich gibt es im Rahmen der nichtehelichen Gemeinschaft nicht, auch keine sonstige finanzielle Entschädigung für möglicherweise lebenslanges Zusammenleben. Ebenso gibt es keinen Anspruch auf Witwenrente.

Besondere Vorsicht ist deshalb geboten, wenn einer der Partner in der Gemeinschaft seine Arbeit aufgibt, um den Haushalt zu führen oder sich der Kindererziehung zu widmen. Für diesen Fall muss etwa durch Kapitallebensversicherungen oder sonstige Vermögenssicherung unbedingt Vorsorge getroffen werden.

Beispiel: Sabine und Rudi leben seit zwanzig Jahren ohne Trauschein zusammen. Aus ihrer Beziehung sind zwei Kinder hervorgegangen, die mittlerweile 17 und 15 Jahre alt sind. Sabine hat für die Kinder ihren Job aufgegeben und nur den Haushalt geführt. Rudi hat die Familie als Verwaltungsangestellter unterhalten. Das Gehalt reichte jedoch nicht aus, um große Sprünge zu machen, insbesondere nicht, um eine Altersvorsorge für Sabine aufzubauen. Beide sind stets davon ausgegangen, dass sie zusammenbleiben. Es kommt dennoch zur Trennung. Sabine meint, Rudi müsse sie doch für das Alter absichern, schließlich habe sie die gemeinsamen Kinder erzogen und nur ihretwegen auf eine Arbeit verzichtet. Ein Anspruch gegen Rudi auf Teilhabe an dessen Altersvorsorge im Wege des Versorgungsausgleichs steht Sabine nicht zu; die beiden haben nicht die Ehe miteinander geschlossen. Eine Altersvorsorge für Sabine wurde nicht aufgebaut. Sie hat gegenüber Rudi auch keinen Anspruch, dass er für sie Einzahlungen in die Rentenversicherung tätigt oder ihr anderweit eine Altersvorsorge verschafft. Sie kann nur durch eigene Arbeit versuchen, noch eine ausreichende Anwartschaft zu erwerben und erhält die Erziehungszeiten für die Kinder angerechnet.

5. Kinder in der nichtehelichen Lebensgemeinschaft

Soweit aus einer nichtehelichen Gemeinschaft Kinder hervorgehen, haben die Kinder selbst die gleiche Stellung wie eheliche Kinder. Sie haben ebenfalls einen eigenen Unterhaltsanspruch gegenüber ihren Eltern nach §§ 1601 ff. Die Berechnung des Kindesunterhalts richtet sich nach den bereits dargestellten Grundlagen. Auch in diesem Fall ist derjenige Elternteil barunterhaltspflichtig, der das Kind nicht betreut.

Darüber hinaus hat sich die rechtliche Stellung der nichtehelichen Eltern im letzten Jahrzehnt erheblich verbessert. Kam früher der Kindsmutter stets die alleinige elterliche Sorge zu, so haben die nichtehelichen Eltern heute die Möglichkeit, eine förmliche, öffentliche Erklärung abzugeben, dass sie die elterliche Sorge gemeinsam ausüben wollen (**Sorgeerklärung** gemäß § 1626 a BGB), sofern sie dies beide wünschen. Zur Abgabe einer solchen Erklärung kann aber keiner der Partner gezwungen werden! Weigert sich ein Teil, so behält nach wie vor grundsätzlich die Kindsmutter die alleinige elterliche Sorge. Im Ausnahmefall kann der Vater die alleinige Sorge auf Antrag durch das Familiengericht erhalten, wenn die Kindsmutter einer Übertragung auf den Kindsvater zustimmt und die Entscheidung dem Wohl des Kindes dient.

Wird die elterliche Sorge von beiden Partnern gemeinsam ausgeübt, so gelten hier die bereits im Zusammenhang mit der ehelichen Gemeinschaft aufgeführten Grundsätze (vgl. S. 55 ff.).

Die gemeinsam erklärte elterliche Sorge endet nicht automatisch mit dem Ende der nichtehelichen Lebensgemeinschaft.

Die Verbindung als Eltern bleibt daher auch über das Ende der partnerschaftlichen Beziehung hinaus bestehen. Die gemeinsame elterliche Sorge kann daher nicht einfach dem anderen Partner aufgekündigt werden. Vielmehr muss im Streitfall gerichtlich über die weitere Ausübung der elterlichen Sorge entschieden werden.

Unabhängig vom Vorliegen einer Sorgeerklärung hat schließlich jeder Elternteil nach § 1684 BGB ein eigenständiges **Umgangsrecht mit dem Kind**. Grundsätzlich kann es also dem ehemaligen Partner nicht verwehrt werden, Umgang mit dem gemeinsamen Kind zu pflegen. Auch das Kind selbst hat einen Anspruch auf einen Umgang mit jedem Elternteil. Das Umgangsrecht ist auch nicht altersabhängig. Es kann bereits mit einem Säugling oder Kleinkind in angemessenem Umfang gepflegt werden. Diese Möglichkeit sollte auch im Interesse des Aufbaus einer Eltern-Kind-Beziehung unbedingt wahrgenommen werden! Hinsichtlich des Umgangsrechts und den rechtlichen Möglichkeiten seiner Durchsetzung gelten im Übrigen die gleichen Grundlagen wie bei ehelichen Kindern. Insoweit kann auf die Ausführungen hierzu verwiesen werden (vgl. oben S. 73 ff.).

6. Hausrat und Neuanschaffungen

Beispiel: Luise und Peter leben seit vier Jahren in nichtehelicher Lebensgemeinschaft zusammen. Sie wirtschaften gemeinsam und leben aus einer Kasse. Luise führt den Haushalt und Peter verdient als Betriebsleiter den Lebensunterhalt. Als die beiden sich trennen, entbrennt ein Streit über den Hausrat, der zum Teil neu angeschafft wurde und den Luise stets liebevoll gepflegt hat. Sie will auch ihren „Anteil“ beim Auszug mitnehmen. Wer darf was mitnehmen bzw. für sich behalten?

Wird eine nichteheliche Lebensgemeinschaft begründet, so fangen die Partner regelmäßig nicht bei null an. Vielmehr bringt üblicherweise jeder etwas mit in die Gemeinschaft ein. Bezüglich dieser Gegenstände kann uneingeschränkt festgestellt werden, dass sie stets im Alleineigentum desjenigen bleiben, der sie mit eingebracht hat.

Um für den Fall der Beendigung der nichtehelichen Lebensgemeinschaft Auseinandersetzungen über das Eigentum zu vermeiden, empfiehlt es sich, beim „Zusammenwürfeln“ der Haushalte eine Inventarliste aufzunehmen, aus der nachvollzogen werden kann, wem was gehört.

Werden während des Bestehens der Lebensgemeinschaft neue Gegenstände angeschafft, kommt es für die Beurteilung der Eigentumsverhältnisse stets auf den konkreten Einzelfall an. Schwierigkeiten lassen sich vorbeugend vermeiden, indem auch hinsichtlich dieser neu angeschafften Gegenstände „Buch geführt wird“ und beide Partner darin übereinstimmend die Eigentumsverhältnisse festlegen. In der Praxis geschieht dies leider nicht stets, so dass bei Auseinandersetzung der nichtehelichen Lebensgemeinschaft häufig Streit über die Verteilung der angeschafften Gegenstände entbrennt.

Gehen die Partner einhellig davon aus, dass sie beide an dem neu erworbenen Gegenstand Miteigentum erlangt haben, so gibt es für die Verteilung **keine gesetzliche Hilfe** wie mittels der Hausratsverordnung bei getrennten Eheleuten. In diesem Fall ist auch nicht die Hausratsverordnung auf die nichteheliche Lebensgemeinschaft anzuwenden. Es muss daher das Miteigentum nach den allgemeinen Vorschriften über die Gemeinschaft (§§ 752 ff. BGB) aufgehoben werden. In erster Linie ist danach eine Teilung in Natur durchzuführen. Ist dies nicht möglich oder gewünscht, so bleibt zwingend nur die Möglichkeit des gemeinsamen Verkaufs und Teilung des Erlöses oder die Versteigerung der Gegenstände mit anschließender Aufteilung des Erlöses.

Beispiel: Herr Wimmer und Frau Singer haben während ihrer nichtehelichen Lebensgemeinschaft ein Sofa, zwei Weinregale und einen Fernseher zu Miteigentum erworben. Das Sofa und der Fernseher lassen sich nicht in Natur teilen, die zwei Weinregale könnten unter beiden aufgeteilt werden. Denkbar wäre auch, dass einer das Sofa und ein Weinregal übernimmt, während der andere ein Weinregal und Fernseher bekommt. Scheidet eine derartige Aufteilung jedoch am unterschiedlichen Wert oder entgegenstehenden Willen einer der Partner, weil er allein mit den Gegenständen nichts anfangen kann, so muss die Miteigentumsgemeinschaft durch gemeinsamen Verkauf oder Versteigerung der Gegenstände aufgelöst werden. Der Erlös wird dann anschließend geteilt.

Allein der Umstand, dass ein Gegenstand – abgesehen von höchstpersönlichen Gütern wie Bekleidung, Kosmetik etc. – nur von einem Partner bezahlt wurde oder eine Rechnung nur auf einen Namen lautet, besagt noch nicht zwingend etwas darüber, wer Eigentümer der Gegenstände ist. Es ist nämlich durchaus denkbar, dass der andere Partner einen gleichwertigen Beitrag für die Gemeinschaft geleistet hat und eine Übereinstimmung hinsichtlich des gemeinsamen Erwerbs vorlag. Deshalb ist genau zu untersuchen und im Zweifel von demjenigen, der das Alleineigentum für sich beansprucht, auch zu beweisen, auf wen das Eigentum übergehen sollte bzw. übergegangen ist. Es kommt dabei darauf auf den bei Übereignung des Gegenstandes bestehenden Willen an. Lässt sich dieser – wie in der Praxis fast immer – nicht aufklären bzw. beweisen, so wird man im Zweifel vom Miteigentum der Partner ausgehen. Es spricht nach § 1006 Abs. 1 BGB die Vermutung für das Miteigentum. Für die Auseinandersetzung ergeben sich dann die oben bereits beschriebenen Folgen. Allenfalls bei sehr hochwertigen und teuren Gegenständen wird man annehmen können, dass sie in das Eigentum dessen gefallen sind, der sie bezahlt hat. Einen entsprechenden Rechtsgrundsatz gibt es aber nicht. Beteiligen sich beide Partner an der Finanzierung des Gegenstandes, so wird man im Regelfall davon ausgehen können, dass hieran auch Miteigentum besteht.

Ein praktisch relevanter Fall ist die **Anschaffung eines PKW**, also eines hochwertigen Konsumguts. Hier wird man normalerweise nicht ohne weiteres davon ausgehen können, dass im Zweifel ein übereinstimmender Wille zur Begründung von Miteigentum bestand. In einem derartigen Fall muss deshalb genauestens untersucht werden, wie sich der Eigentumserwerb im Einzelnen vollzogen hat und wer das Eigentum erwerben sollte. Die Gerichte überprüfen hierzu im Streitfall vor allem, wer den Kaufpreis gezahlt hat, wer im Kfz- Brief eingetragen ist, wer die Versicherung zahlt, wer den PKW überwiegend nutzt etc. Anhand dieser Umstände kann im Einzelfall ein Rückschluss auf die Willensrichtung beim Erwerb geschlossen werden.

Es kommt in der Praxis auch häufig vor, dass ein Partner einen Gegenstand zwar mit Willen des anderen zum Alleineigentum erwirbt (oft Kfz), das Geld hierfür jedoch vom anderen stammt, indem dieser einen Kredit aufgenommen hat und die Raten hierfür trägt. Wird hier keine schriftliche Vereinbarung hinsichtlich der Rückzahlung des Geldes an den Partner getroffen, so kann man eine böse Überraschung erleben, wenn die Lebensgemeinschaft beendet wird. Für die während des Zusammenlebens bis zur Trennung bezahlten und fällig gewordenen Raten kann nämlich in der Regel kein Ersatzanspruch geltend gemacht werden! Es gilt insoweit ein **Verrechnungsverbot** für die gegenseitig während des Bestehens der Lebensgemeinschaft erbrachten Leistungen! D. h. die während des Zusammenlebens erbrachten Leistungen jedweder Art (Haushaltsführung, Betreuung der Kinder des Partners, Unterhalt etc.) des einen Partners gegenüber dem anderen, können grundsätzlich nicht im Nachhinein „in Geld aufgewogen" und vom anderen finanziell ersetzt verlangt werden. Man geht aufgrund der Unverbindlichkeit der nichtehelichen Lebensgemeinschaft vielmehr davon aus, dass jeder seinen Teil zum Zusammenleben aus Gründen der Solidarität und nicht in Erfüllung einer Rechtspflicht beigetragen hat. Als nicht verrechenbare Leistungen während des Zusammenlebens können bei fehlender – nachweisbarer – Abrede auch die Ratenzahlungen angesehen werden. Das Gleiche gilt, wenn Kreditraten für einen vom Partner aufgenommenen Kredit vom anderen Partner gezahlt werden.

Also: Entweder eine schriftliche Rückzahlungsvereinbarung für sämtliche Ratenzahlungen treffen oder die Finger von solchen Finanzierungen lassen!

7. „Gemeinsame“ Immobilien

Verfügt im Rahmen einer nichtehelichen Lebensgemeinschaft einer oder beide Partner über eine Immobilie oder wird eine solche von einem oder beiden erworben, so besteht hinsichtlich der Eigentumsverhältnisse immer Rechtsklarheit. Die Eigentumslage ergibt sich nämlich eindeutig aus dem Grundbuch. Deshalb ist es auch gleichgültig, ob der andere Partner die Immobilie mitbenutzt und bewohnt hat.

Besteht Miteigentum an einer Immobilie, so kann dieses Verhältnis auch nach der Trennung der Partner beibehalten werden. Regelmäßig ist dies jedoch nicht gewünscht. Kann keine Einigung über die Beendigung des Miteigentümerverhältnisses erzielt werden, so gelten auch hier die Regeln des § 753 BGB über den Pfandverkauf. Das Anwesen wird also unter Mitwirkung des Gerichtsvollziehers zwangsversteigert und der Erlös geteilt. Dass es wirtschaftlich weitaus sinnvoller ist, zu einer anderweitigen Auflösung des Miteigentums zu gelangen, liegt auf der Hand.

Die wahren Probleme liegen aber nicht bei den Eigentumsverhältnissen, sondern tauchen dann auf, wenn **nur ein Partner im Grundbuch eingetragen** ist, **beide** jedoch die **Immobilie finanziert** haben oder **Aus-** und **Umbauten** an ihr **vorgenommen** haben. Die finanzielle und/oder tatkräftige **Beteiligung** eines Partners macht ihn **nicht** zum **Eigentümer;** er kann sich daher auch notfalls nicht im Wege der Zwangsversteigerung das Eingebrachte wiederholen.

Was die gemeinsame Finanzierung anbelangt, so kann auf die vorhergehenden Ausführungen zum Neuerwerb von Gegenständen hingewiesen werden. Ein Ausgleichsanspruch für etwaig während des Zusammenlebens getilgte Raten besteht grundsätzlich nicht. Erst ab Trennung kann vom anderen Partner, der Alleineigentümer ist, verlangt werden, dass er auch die finanziellen Lasten allein übernimmt. Dabei können sich freilich im Einzelfall Schwierigkeiten ergeben, wenn der andere finanziell nicht allein in der Lage ist, sämtliche Zahlungen zu bestreiten. Hier muss unbedingt Sorge dafür getragen werden, dass man auch gegenüber dem Finanzierungsinstitut von der Haftung für gemeinsame Verbindlichkeiten freigestellt wird. Andernfalls besteht nämlich eine Rückgriffsmöglichkeit der Bank.

> Legen Sie die Ausgleichsmodalitäten für den Fall der Trennung unbedingt vorher schriftlich fest und lassen Sie diese von fachkundiger Stelle auf ihre „Wasserdichtheit" überprüfen!

Nur im **Ausnahmefall** wird dem Nichteigentümer-Partner von den Gerichten ein **Ausgleichsanspruch** für geleistete Zahlungen zugebilligt. Voraussetzung dafür ist jedoch, dass die Partner entweder ausdrücklich einen **Gesellschaftsvertrag** geschlossen haben, der auf die „gemeinsame Wertschöpfung" der Immobilie ausgerichtet ist, oder zumindest durch ihr Verhalten und ihre Handlungen auch für Dritte deutlich geworden ist, dass eine gemeinsame Wertschöpfung gewollt war. Es muss also erkennbar sein, dass etwas für beide Partner geschaffen werden sollte, nämlich etwas, von dem beide längerfristigen Nutzen haben sollten. Man spricht hier von einer so genannten „**Innengesellschaft**". Also:

Nach objektiver Betrachtung muss derjenige, der nicht Eigentümer geworden ist, **wesentliche Beiträge** erbracht haben. Hat beispielsweise der Nichteigentümer sich nur an den laufenden Kredittilgungen beteiligt, reicht dies für das Entstehen von Ausgleichszahlungen nicht aus. Seine Stellung wird vielmehr als „mieterähnlich" angesehen; er geht leer aus.

Nach subjektiver Betrachtung müssen die Partner die **Absicht** gehabt haben, einen **gemeinsamen Wert zu schaffen.**

Die Grundsätze der Innengesellschaft können grundsätzlich nicht nur auf die Unterstützung bei Erwerb von Immobilien angewandt werden, sondern auch beim Aufbau von Gewerbebetrieben oder größeren Geld- und Wertpapierbeständen.

Ein Ausgleich kann regelmäßig nur in Form einer Abfindung in Geld verlangt werden. Man kann also grundsätzlich nicht erwarten, dass man im Nachhinein einen Miteigentumsanteil erhält. Die Höhe der Abfindung richtet sich nach dem Wert des jeweiligen Vermögensgegenstandes im Zeitpunkt der Trennung. Üblicherweise werden Ausgleichsquoten gebildet.

Beispiel: Franziska und Michael lebten in einem Eigenheim zusammen, das von Michael für 150 000 Euro gekauft worden war. Er ist allein im Grundbuch eingetragen. Franziska hat zum Kaufpreis 50 000 Euro beigetragen. Bei der Trennung war die Immobilie 300 000 Euro wert. In diesem Fall könnte Franziska von Michael 100 000 Euro Ausgleichszahlung verlangen. Franziska hat $^1/_3$ zum Kaufpreis beigetragen. Daher steht ihr auch $^1/_3$ des Wertes zum Zeitpunkt der Trennung zu.

Dass man nicht vorsichtig genug sein kann, mag abschließend noch nachfolgendes Beispiel verdeutlichen, dem eine Entscheidung des Bundesfinanzhofes zugrunde liegt:

Beispiel: Herr Müller und Frau Meier lebten in nichtehelicher Lebensgemeinschaft zusammen. Herr Müller hatte ein ihm allein gehörendes Grundstück mit in die Beziehung eingebracht. Nach Jahren des Zusammenlebens entschlossen sich die Partner, das Grundstück zu bebauen. Beide Partner investierten ihre Einkünfte und ihr Vermögen in den Hausbau; beide erbrachten auch diverse Eigenleistungen. Eine Änderung im Grundbuch wurde trotz des gemeinsamen Baus des Hauses nicht vorgenommen. Auch das auf dem Grundstück erbaute Haus stand damit automatisch im Alleineigentum von Herrn Müller. Um sich gegenseitig finanziell abzusichern, setzten Herr Müller und Frau Meier sich gegenseitig als Alleinerben ein. Durch einen tragischen Verkehrsunfall kam plötzlich Herr Müller ums Leben. Frau Meier wurde Alleinerbin. Nicht bedacht hatten die Partner jedoch, dass die Eltern des Herrn Meier nunmehr ihren Pflichtteilsanspruch am gesamten Vermögen – also dem kompletten Haus – geltend machten und zudem für Frau Meier beträchtliche Erbschaftssteuer nach der schlechtesten Steuerklasse anfiel. Es wurde nämlich vom Finanzamt – zu Recht – nicht berücksichtigt, dass Frau Meier am Hausbau durch persönliche und wirtschaftliche Leistung beteiligt war. Ein finanzieller Ausgleichsanspruch stand ihr aufgrund des Verrechnungsverbots in der nichtehelichen Lebensgemeinschaft nicht zu.

8. Mitarbeit im Geschäft des anderen

Es soll zunächst noch einmal klargestellt werden, dass grundsätzlich für im Rahmen einer nichtehelichen Lebensgemeinschaft im Nachhinein keine Ausgleichsansprüche geltend gemacht werden können. Ausnahmen können sich jedoch u. a. durch die Mitarbeit im Geschäft/Betrieb des anderen Partners ergeben. Um Schwierigkeiten von vornherein vorzubeugen gilt natürlich auch hier der Rat, entsprechend vorzubeugen. Ohne weiteres können im Rahmen der nichtehelichen Lebensgemeinschaft Dienst- und Arbeitsverträge mit entsprechender – angemessener – Vergütung geschlossen werden. Diese Lösung hat insbesondere den Vorteil, dass der mitarbeitende Partner wirtschaftlich selbständig bleibt, problemlos krankenversichert ist und etwas für seine Altersvorsorge tut.

In der juristischen Praxis sieht das Bild leider oftmals anders aus. Ein Partner arbeitet über Jahre hinweg ohne (schriftlichen) Arbeitsvertrag ohne oder mit viel zu geringer Entlohnung.

Beispiel: Frau Tief und Herr Protzner leben in nichtehelicher Gemeinschaft mehrere Jahre zusammen. Herr Protzner ist Bauunternehmer. Frau Tief erledigt das gesamte Terminmanagement und überwacht auch die Buchführung. Sie arbeitet jeden Tag mindestens acht Stunden. Beiden Partnern geht es wirtschaftlich gut. Herr Protzner hat Frau Tief Kontovollmacht eingeräumt. Sie führt mit diesem Geld den Haushalt und kann auch ihre persönlichen Interessen befriedigen. Sie ist aber sparsam, weil sie möchte, dass sich das Geschäft gut entwickelt. Sie glaubt, dass auch ihr dies letztlich zugute kommt. Nach der Trennung sperrt Herr Protzner sein Konto. Frau Tief möchte auf keinen Fall mehr für ihn arbeiten, will aber jetzt Ersatz für ihre jahrelange Schufterei.

Achtung: Grundsätzlich können hier **keine Nachforderungen** gestellt werden! Es kann allenfalls behauptet – und muss dann auch nachgewiesen – werden, dass ein stillschweigender Arbeitsvertrag vorliegt, und dass aus diesem Grund auch eine angemessene Vergütung erfolgen muss. Allerdings wird man sich dann auch – zu Recht – vor dem Gericht fragen lassen müssen, warum denn der Lohn erst nach Beendigung der nichtehelichen Lebensgemeinschaft eingefordert wird.

Man kann hieran sehen, dass es nur im Einzelfall zu einer nachträglichen Entlohnung für die erbrachten Arbeitsleistungen kommt. Hinzu tritt der Umstand, dass Kindererziehung, Haushaltsführung etc. ohnehin nicht ausgeglichen werden.

Nachträgliche Lohnausgleichsansprüche können aber im Einzelfall beispielsweise dann bestehen, wenn der Partner zwar tatsächlich keinen oder nur geringen Lohn gezahlt, aber die Rentenversicherung getragen und den Lohn „steuerlich“ als Betriebsausgabe abgesetzt hat. Hier müsste nämlich der Betriebsinhaber nachweisen, dass es sich nur um ein Scheinarbeitsverhältnis gehandelt hat. Schließlich sind Lohnausgleichsansprüche auch dann denkbar, wenn der mitarbeitende Partner seine Arbeit als Gegenleistung für eine vom Partner versprochene Zukunftsleistung erbracht hat. Dies kann der Fall zum Beispiel bei versprochener Heirat oder Erbeinsetzung sein.

Schließlich können ausnahmsweise Ausgleichsansprüche für geleistete Arbeit nach den Grundsätzen der Innengesellschaft (vgl. oben S. 216) dann bestehen, wenn gemeinsam ein dem anderen Partner gehörendes Unternehmen aufgebaut wird.

Beispiel: Alois zieht zu Maria auf ein ihr gehörendes Grundstück. Dort baut er eine Computerfirma auf. Maria arbeitet 14 Jahre lang im Betrieb mit. Nach der Trennung kann Maria berechtigterweise einen Ausgleich, eventuell sogar eine Beteiligung am Unternehmen erwarten.

Fazit: Mitarbeit im Geschäft des anderen sollte von beiden Seiten gut durchdacht werden!

9. „Gemeinsame“ Konten und Schulden

Von einem gemeinsamen (Spar- oder Giro-)Konto im rechtlichen Sinne kann bei der nichtehelichen Lebensgemeinschaft – wie im Übrigen auch bei der Ehe – nur dann ausgegangen werden, wenn ein so genanntes (seltenes) „Und-Konto“ oder ein „Oder-Konto“ existiert. Die Unterschiede zwischen beiden Kontenarten liegen darin begründet, dass bei der ersten Art nur beide Inhaber gemeinsam verfügen können, bei der zweiten Variante jeder allein. In beiden Fällen sind die Partner während und nach Beendigung der Beziehung bei einem Guthaben auf dem Konto Gesamtgläubiger gegenüber der Bank, bei Schulden entsprechend Gesamtschuldner. Guthaben oder Schulden sind daher nach der Trennung (man sollte den Kontenstand kontrollieren!) anteilig zu verteilen. Im Zweifel, d. h. wenn keine andere Abrede nachgewiesen werden kann, partizipieren oder haften beide Partner jeweils hälftig. Es empfiehlt sich, gemeinsame Konten möglichst rasch nach der Trennung aufzuheben. Wichtig ist insoweit auch zu wissen, dass beim Tod eines der Konteninhaber das Restguthaben nicht automatisch auf den anderen Partner übergeht!

Ein gemeinsames Spar- oder Girokonto im Rechtssinne besteht hingegen nicht, wenn einer der Partner als Kontoinhaber fungiert und dem anderen Partner eine Kontovollmacht eingeräumt ist. Hier ist alleiniger Gläubiger und Schuldner gegenüber der Bank der Kontoinhaber. Dies gilt auch dann, wenn Gelder des anderen Partners auf das Konto geflossen sind, z. B. monatliche Lohnzahlungen. Einen Ausgleichsanspruch gibt es insoweit für Einzahlungen **vor** der Trennung nicht!

Mit der endgültigen Trennung der Partner erlischt zwar die Vollmacht im Innenverhältnis zwischen den Partnern. Im Verhältnis zur Bank besteht die Vollmacht aber so lange fort, bis ihr Erlöschen der Bank angezeigt worden ist. Dies bedeutet, dass Abhebungen dem nach Trennung eigentlich „vollmachtslosen" Partner durchaus bis zum offiziellen Widerruf noch möglich sind. Wird in diesem Zeitraum ohne Absprache Geld abgehoben, ist dies in der Regel rechtsmissbräuchlich und kann Schadensersatzansprüche auslösen.

Ein praktisch größeres Ärgernis nach Aufhebung der ehelichen Lebensgemeinschaft bilden regelmäßig gemeinsame Schulden. Bei der Aufnahme größerer Geldsummen verpflichtet sich häufig auch der Partner der nichtehelichen Gemeinschaft auf Drängen der Bank mit, für den Kredit zu haften. Wurde das Geld für gemeinschaftliche Belange verwendet, so ist leicht nachvollziehbar, dass beide Partner auch nach Beendigung der Beziehung dafür geradestehen müssen. Hat z. B. nur einer der Partner während des Zusammenlebens die Ratenzahlungen erbracht, so kann er die bereits verauslagten Anteile des anderen Partners im Nachhinein nicht verlangen. Ab endgültiger Trennung hat er jedoch einen Anspruch gegen den anderen, dass dieser der gemeinsamen Verpflichtung anteilig nachkommt.

Wurden die Schulden nur für Zwecke eines Partners aufgenommen, so gilt grundsätzlich zunächst das, was bereits oben im Zusammenhang mit Neuanschaffungen ausgeführt wurde. Bei Kreditverträgen sollte darüber hinaus stets auch anwaltlich geprüft werden, ob der mithaftende Partner durch diese Haftung nicht bereits bei Vertragsschluss finanziell völlig überfordert war, weil er über kein Einkommen verfügt, mit welchem er den Kredit zurückführen könnte, oder ein sonstiger Grund vorliegt, der die Mithaftung rechtsmissbräuchlich erscheinen lässt.

Beispiel: Herr Fohlen betreibt eine Diskothek. Er möchte den Laden wieder richtig in Schwung bringen und muss dafür einen kostspieligen Umbau vornehmen. Herr Fohlen lebt mit Frau Fiebig zusammen. Sie ist Arzthelferin und erwartet ein Kind von Herrn Fohlen. Die Bank bewilligt Herrn Fohlen das benötigte Darlehen von 250 000 Euro nur unter der Voraussetzung, dass auch Frau Fiebig den Vertrag mit unterzeichnet. Angesichts ihrer Schwangerschaft unterschreibt diese. Kurz nach der Geburt des Kindes trennt sich das Paar. Herr Fohlen gerät in finanzielle Schwierigkeiten. Die Bank verlangt nun auch von Frau Fiebig Zahlungen.

Macht schließlich während des Zusammenlebens ein Partner alleine Schulden für eigene Zwecke, so wird durch das Zusammenleben in nichtehelicher Lebensgemeinschaft keine „automatische" Mithaftung begründet.

Darlehen an den jeweils anderen sollten immer schriftlich und mit Rückzahlungsvereinbarung fixiert werden. Andernfalls läuft man Gefahr, dass im Fall der Trennung eine Schenkung oder Ähnliches behauptet wird. Derjenige, der sein Geld zurückhaben möchte ist dann nämlich nachweispflichtig, dass es sich um ein Darlehen handelte.

10. Vollmachtserteilung

In der nichtehelichen Lebensgemeinschaft handelt grundsätzlich jeder rechtsgeschäftlich für sich selbst und muss entsprechend auch die Folgen hiervon tragen. So genannte „Schlüsselgewaltgeschäfte" wie bei Eheleuten gibt es nicht (vgl. hierzu oben S. 10f.); die Vorschrift des § 1357 BGB greift nicht! D. h. grundsätzlich ist keiner der Partner berechtigt, Geschäfte zur angemessenen Deckung des partnerschaftlichen Lebensbedarfs auch mit Wirkung für und gegen den anderen zu tätigen.

Beispiel: Ariane und Thomas leben seit zehn Jahren in nichtehelicher Lebensgemeinschaft zusammen. Thomas ist Alleinverdiener, Ariane kümmert sicht um den Haushalt und verfügt über kein Einkommen. Anlässlich des 10. Jahrestags wollen beide gemeinsam mit ihren Freunden feiern. Aus diesem Grund bestellt Ariane beim befreundeten Metzgermeister Adam, der die Lebensumstände des Paares kennt, ein großes Büffet. Das Fest wird rauschend gefeiert. Noch vor der Bezahlung des Büffets an Adam trennt sich das Paar. Ariane und Thomas streiten, wer die Rechnung bezahlen muss. Ariane weigert sich, weil sie nicht weiß, wovon sie das bezahlen soll und behauptet, Thomas müsse bezahlen, weil er immer alles bezahlt habe. Dieser meint, er habe mit der Bestellung nichts am Hut, jedenfalls will er nicht die ganze Rechnung übernehmen. Auch wenn die Situation mit den Schlüsselgewaltgeschäften unter Eheleuten vergleichbar ist, findet § 1357 BGB auf die nichteheliche Lebensgemeinschaft keine Anwendung. Aus diesem Grund kann nicht davon ausgegangen werden, dass beide Partner durch das Geschäft gleichermaßen verpflichtet sind, zu bezahlen. Klar ist aber, dass einer von beiden die Rechnung begleichen muss. Es liegt daher nahe, anzunehmen, Ariane müsse zahlen, da sie die Bestellung aufgegeben hat. Grundsätzlich ist das auch so! Allerdings kann man im Beispielsfall wohl die Grundsätze der so genannten Duldungs- oder Anscheinsvollmacht anwenden. Adam ging nämlich aufgrund der Kenntnis der Lebenssituation von Ariane und Thomas wohl gutgläubig davon aus, dass Thomas wie immer die Rechnung begleichen würde, auch wenn Ariane die Bestellung vorgenommen hat. Thomas hatte Kenntnis von der Bestellung durch Ariane und ist hiergegen nicht eingeschritten bzw. hat gegenüber Adam nicht deutlich gemacht, dass er die Rechnung nicht bezahlen werde. Es kann also dazu kommen, dass Thomas die Rechnung an Adam bezahlen muss. Allerdings wird man Thomas hier voraussichtlich nach den Grundsätzen des Auftragsrechts bzw. der so genannten Geschäftsführung ohne Auftrag auch einen teilweisen Ersatzanspruch gegen Ariane zubilligen, da er mit der Bezahlung (auch) ein Geschäft von ihr getätigt hat, denn beide haben die Feier gemeinsam veranstaltet. Es ist jedoch Vorsicht geboten: Die Grundsätze der Duldungs- und Anscheinshaftung greifen nur in begrenzten Fällen ein. Sie basieren auf dem Vertrauensschutz des Geschäftspartners. Hätte Adam von der Lebenssituation des Paares keine Kenntnis gehabt, hätte Ariane die Rechnung voll begleichen und versuchen müssen, von Thomas nach Auftragsrecht Ersatz zu erlangen.

Es können aber im Einzelfall dem anderen Partner Vollmachten erteilt werden. Erwähnt wurde bereits die von einem Kontoinhaber eingeräumte Kontovollmacht. Denkbar sind aber auch Generalvollmachten, Postvollmachten, Vollmachten für medizinische Notfälle etc. Es gibt zweifellos Vollmachten, die im Rahmen einer nichtehelichen Lebensgemeinschaft sinnvoll sind. Wie auch sonst gilt jedoch auch hier der **Grundsatz:** Die rechtlichen Konsequenzen und die möglichen Missbrauchsmöglichkeiten sollten vor Vollmachtserteilung sorgfältig durchdacht und Vor- und Nachteile gegeneinander abgewogen werden.

11. Erbrecht

Da Partner einer nichtehelichen Lebensgemeinschaft nicht verheiratet sind und regelmäßig auch nicht in einem Verwandtschaftsverhältnis zueinander stehen, **gilt für sie das gesetzliche Erbrecht nicht!**

Ausschließlich durch Testament oder Erbvertrag können die Partner einer nichtehelichen Lebensgemeinschaft sich erbrechtlich bedenken. Wie der Beispielsfall oben zum Immobilienerwerb aufgezeigt hat (S. 217), ist bei jeder erbrechtlichen Lösung zu beachten, dass es zumeist mindestens einen Pflichtteilsberechtigten gibt und beim Erbfall innerhalb der nichtehelichen Lebensgemeinschaft für den begünstigten Partner die schlechteste Steuerklasse gilt. Verfehlt sein kann es auch, unwiderrufliche erbrechtliche Verfügungen zu treffen. Man weiß nämlich nie, ob die auf Dauer angelegte Beziehung tatsächlich dauerhaft hält. Da die erbrechtlichen Gestaltungsmöglichkeiten äußert vielfältig und zudem steuerrechtliche Verquickungen vorhanden sind, kann daher hier nur angeraten werden, sich vor Testamentsfertigung oder Abschluss eines Erbvertrages fachkundigen Rat einzuholen.

Anhang

1. Düsseldorfer Tabelle (Stand: 1. 7 2005)[1)]

A. Kindesunterhalt

	Nettoeinkommen des Barunterhalts-pflichtigen (Anm. 3, 4)	Altersstufen in Jahren (§ 1612 a Abs. 3 BGB)				Vom-hun-dertsatz	Bedarfs-kontroll-betrag (Anm. 6)
		0–5	6–11	12–17	ab 18		
		Alle Beträge in Euro					
1.	bis 1300	204	247	291	335	100	770/890
2.	1300–1500	219	265	312	359	107	950
3.	1500–1700	233	282	332	382	114	1000
4.	1700–1900	247	299	353	406	121	1050
5.	1900–2100	262	317	373	429	128	1100
6.	2100–2300	276	334	393	453	135	1150
7.	2300–2500	290	351	414	476	142	1200
8.	2500–2800	306	371	437	503	150	1250
9.	2800–3200	327	396	466	536	160	1350
10.	3200–3600	347	420	495	570	170	1450
11.	3600–4000	368	445	524	603	180	1550
12.	4000–4400	388	470	553	637	190	1650
13.	4400–4800	408	494	582	670	200	1750
	über 4800	nach den Umständen des Falles					

Anmerkungen:

1. Die Tabelle hat keine Gesetzeskraft, sondern stellt eine Richtlinie dar. Sie weist monatliche Unterhaltsrichtsätze aus, bezogen auf einen gegenüber einem Ehegatten und zwei Kindern Unterhaltspflichtigen.

Bei einer größeren/geringeren Anzahl Unterhaltsberechtigter sind

1) Die neue Tabelle nebst Anmerkungen beruht auf Koordinierungsgesprächen, die zwischen Richtern der Familiensenate der Oberlandesgerichte Düsseldorf, Köln und Hamm sowie der Unterhaltskommission des Deutschen Familiengerichtstages e. V. unter Berücksichtigung des Ergebnisses einer Umfrage bei allen Oberlandesgerichten stattgefunden haben.

Ab- oder Zuschläge durch Einstufung in niedrigere/höhere Gruppen angemessen. Anmerkung 6 ist zu beachten. Zur Deckung des notwendigen Mindestbedarfs aller Beteiligten – einschließlich des Ehegatten – ist gegebenenfalls eine Herabstufung bis in die unterste Tabellengruppe vorzunehmen. Reicht das verfügbare Einkommen auch dann nicht aus, erfolgt eine Mangelberechnung nach Abschnitt C.

2. Die Richtsätze der 1. Einkommensgruppe entsprechen dem *Regelbetrag in Euro* nach der Regelbetrag-VO West in der ab 1. 7. 2005 geltenden Fassung. Der Vomhundersatz drückt die Steigerung des Richtsatzes der jeweiligen Einkommensgruppe gegenüber dem Regelbetrag (= 1. Einkommensgruppe) aus. Die durch Multiplikation des Regelbetrages mit dem Vomhundertsatz errechneten Richtsätze sind entsprechend § 1612 a II BGB aufgerundet.

3. *Berufsbedingte Aufwendungen*, die sich von den privaten Lebenshaltungskosten nach objektiven Merkmalen eindeutig abgrenzen lassen, sind vom Einkommen abzuziehen, wobei bei entsprechenden Anhaltspunkten eine Pauschale von 5 % des Nettoeinkommens – mindestens 50 Euro, bei geringfügiger Teilzeitarbeit auch weniger, und höchstens 150 Euro monatlich – geschätzt werden kann. Übersteigen die berufsbedingten Aufwendungen die Pauschale, sind sie insgesamt nachzuweisen.

4. Berücksichtigungsfähige *Schulden* sind in der Regel vom Einkommen abzuziehen.

5. Der *notwendige Eigenbedarf (Selbstbehalt)*

- gegenüber minderjährigen unverheirateten Kindern,
- gegenüber volljährigen unverheirateten Kindern bis zur Vollendung des 21. Lebensjahres, die im Haushalt der Eltern oder eines Elternteils leben und sich in der allgemeinen Schulausbildung befinden,

beträgt beim nicht erwerbstätigen Unterhaltspflichtigen monatlich 770 Euro, beim erwerbstätigen Unterhaltspflichtigen monatlich 890 Euro. Hierin sind bis 360 Euro für Unterkunft einschließlich umlagefähiger Nebenkosten und Heizung (Warmmiete) enthalten. Der Selbstbehalt kann angemessen erhöht werden, wenn dieser Betrag im Einzelfall erheblich überschritten wird und dies nicht vermeidbar ist.

Der *angemessene Eigenbedarf*, insbesondere gegenüber anderen volljährigen Kindern, beträgt in der Regel mindestens monatlich 1100 Euro. Darin ist eine Warmmiete bis 450 Euro enthalten.

6. Der *Bedarfskontrollbetrag* des Unterhaltspflichtigen ab Gruppe 2 ist nicht identisch mit dem Eigenbedarf. Er soll eine ausgewogene Verteilung des Einkommens zwischen dem Unterhaltspflichtigen und den unterhaltsberechtigten Kindern gewährleisten. Wird er unter Berücksichtigung auch des Ehegattenunterhalts (vgl. auch B V und VI) unterschritten, ist der Tabellenbetrag der nächst niedrigeren Gruppe, deren Bedarfskontrollbetrag nicht unterschritten wird, anzusetzen.

7. Bei *volljährigen Kindern*, die noch im Haushalt der Eltern oder eines Elternteils wohnen, bemisst sich der Unterhalt nach der 4. Altersstufe der Tabelle.

Der angemessene Gesamtunterhaltsbedarf eines *Studierenden*, der nicht bei seinen Eltern oder einem Elternteil wohnt, beträgt in der Regel monatlich 640 Euro. Dieser Bedarfssatz kann auch für ein Kind mit eigenem Haushalt angesetzt werden.

8. Die *Ausbildungsvergütung* eines in der Berufsausbildung stehenden Kindes, das im Haushalt der Eltern oder eines Elternteils wohnt, ist vor ihrer Anrechnung in der Regel um einen ausbildungsbedingten Mehrbedarf von monatlich 90 Euro zu kürzen.

9. In den Unterhaltsbeträgen (Anmerkungen 1 und 7) sind *Beiträge zur Kranken- und Pflegeversicherung* nicht enthalten.

10. Das auf das jeweilige Kind entfallende *Kindergeld* ist nach § 1612 b I BGB grundsätzlich zur Hälfte auf den Tabellenunterhalt anzurechnen. Die Anrechnung des Kindergeldes unterbleibt, soweit der Unterhaltspflichtige außerstande ist, Unterhalt in Höhe von 135 % des Regelbetrages (vgl. Abschnitt A Anm. 2) zu leisten, soweit das Kind also nicht wenigstens den Richtsatz der 6. Einkommensgruppe abzüglich des hälftigen Kindergeldes erhält (§ 1612 b V BGB).

Das bis zur Einkommensgruppe 6 anzurechnende Kindergeld kann nach folgender Formel berechnet werden: Anrechnungsbetrag = $^1/_2$ des Kindergeldes + Richtsatz der jeweiligen Einkommensgruppe – Richtsatz der 6. Einkommensgruppe (135 % des Regelbetrages). Bei einem Negativsaldo entfällt die Anrechnung. Die Einzelheiten ergeben sich aus der Anlage zu dieser Tabelle.

B. Ehegattenunterhalt

I. *Monatliche Unterhaltsrichtsätze des berechtigten Ehegatten ohne unterhaltsberechtigte Kinder (§§ 1361, 1569, 1578, 1581 BGB):*

1. gegen einen *erwerbstätigen Unterhaltspflichtigen*:
   a) wenn der Berechtigte kein Einkommen hat:
   $^3/_7$ des anrechenbaren Erwerbseinkommens zuzüglich $^1/_2$ der anrechenbaren sonstigen Einkünfte des Pflichtigen, nach oben begrenzt durch den vollen Unterhalt, gemessen an den zu berücksichtigenden ehelichen Verhältnissen;
   b) wenn der Berechtigte ebenfalls Einkommen hat:

$^3/_7$ der Differenz zwischen den anrechenbaren Erwerbseinkommen der Ehegatten, insgesamt begrenzt durch den vollen ehelichen Bedarf; für sonstige anrechenbare Einkünfte gilt der Halbteilungsgrundsatz;

c) wenn der Berechtigte erwerbstätig ist, obwohl ihn keine Erwerbsobliegenheit trifft:
gemäß § 1577 II BGB;

2. gegen einen *nicht erwerbstätigen Unterhaltspflichtigen* (z. B. Rentner):
wie zu 1 a, b oder c, jedoch 50 %.

II. Fortgeltung früheren Rechts:

1. Monatliche Unterhaltsrichtsätze des nach dem Ehegesetz berechtigten Ehegatten *ohne unterhaltsberechtigte Kinder*:
   a) §§ 58, 59 EheG:
   in der Regel wie I,
   b) § 60 EheG:
   in der Regel $^1/_2$ des Unterhalts zu I,
   c) § 61 EheG:
   nach Billigkeit bis zu den Sätzen I.
2. Bei Ehegatten, die vor dem 3. 10. 1990 in der früheren DDR geschieden worden sind, ist das DDR/FGB in Verbindung mit dem Einigungsvertrag zu berücksichtigen (Art. 234 § 5 EGBGB).

III. Monatliche Unterhaltsrichtsätze des berechtigten Ehegatten, wenn die ehelichen Lebensverhältnisse durch Unterhaltspflichten gegenüber Kindern geprägt werden:
Wie zu I bzw. II 1, jedoch wird grundsätzlich der Kindesunterhalt (Tabellenbetrag ohne Abzug von Kindergeld) vorab vom Nettoeinkommen abgezogen. Führt dies zu einem Missverhältnis zwischen Kindes- und Ehegattenunterhalt, ist der Ehegattenunterhalt nach den Grundsätzen der Entscheidung des *BGH* v. 22. 1. 2003 (FamRZ 2003, 363 ff.) zu ermitteln.

IV. *Monatlicher notwendiger Eigenbedarf (Selbstbehalt) gegenüber dem getrennt lebenden und dem geschiedenen Berechtigten:*

1. wenn der Unterhaltspflichtige *erwerbstätig* ist: 890 Euro,
2. wenn der Unterhaltspflichtige *nicht erwerbstätig* ist: 770 Euro.

Dem geschiedenen Unterhaltspflichtigen ist nach Maßgabe des § 1581 BGB u. U. ein höherer Betrag zu belassen.

V. *Monatlicher notwendiger Eigenbedarf (Existenzminimum) des unterhaltsberechtigten Ehegatten einschließlich des trennungsbedingten Mehrbedarfs in der Regel:*

1. falls erwerbstätig: 890 Euro,
2. falls nicht erwerbstätig: 770 Euro.

VI. Monatlicher notwendiger Eigenbedarf (Existenzminimum) des Ehegatten, der in einem *gemeinsamen Haushalt mit dem Unterhaltspflichtigen lebt:*
1. falls erwerbstätig: 650 Euro,
2. falls nicht erwerbstätig: 560 Euro.

VII. Monatlicher notwendiger Eigenbedarf (Existenzminimum) des Ehegatten, der in einem *gemeinsamen Haushalt mit dem Unterhaltspflichtigen lebt, gegenüber nicht privilegierten volljährigen Kindern:*
falls erwerbstätig oder nicht erwerbstätig: 800 Euro.

Anmerkungen zu I–III: Hinsichtlich *berufsbedingter Aufwendungen* und *berücksichtigungsfähiger Schulden* gelten Anmerkungen A. 3 und 4 – auch für den erwerbstätigen Unterhaltsberechtigten – entsprechend. Diejenigen berufsbedingten Aufwendungen, die sich nicht nach objektiven Merkmalen eindeutig von den privaten Lebenshaltungskosten abgrenzen lassen, sind pauschal im Erwerbstätigenbonus von $^1/_7$ enthalten.

C. Mangelfälle

Reicht das Einkommen zur Deckung des Bedarfs des Unterhaltspflichtigen und der gleichrangigen Unterhaltsberechtigten nicht aus (sog. Mangelfälle), ist die nach Abzug des notwendigen Eigenbedarfs (Selbstbehalt) des Unterhaltspflichtigen verbleibende Verteilungsmasse auf die Unterhaltsberechtigten im Verhältnis ihrer jeweiligen Bedarfssätze gleichmäßig zu verteilen.

Der Einsatzbetrag für den *Kindesunterhalt* entspricht dem Existenzminimum. Dies ist zurzeit der Tabellenbetrag der 6. Einkommensgruppe gemäß § 1612b V BGB.

Der Einsatzbetrag für den *Ehegattenunterhalt* wird ebenfalls mit dem Existenzminimum angesetzt. Dies entspricht bei getrennt lebenden oder geschiedenen Ehegatten dem notwendigen Eigenbedarf gemäß B V der Düsseldorfer Tabelle und bei dem mit den unterhaltspflichtigen zusammenlebenden Ehegatten dem Selbstbehalt gemäß B VI der Düsseldorfer Tabelle.

Das im Rahmen der Mangelfallberechnung gefundene Ergebnis ist zu korrigieren, wenn die errechneten Beträge über den ohne Mangelfall ermittelten Beträgen liegen (*BGH* Urteil v. 22. 1. 2003, FamRZ 2003, 363 ff.).

Beispiel: Bereinigtes Nettoeinkommen des Unterhaltspflichtigen (M): 1300 Euro. Unterhalt für zwei unterhaltsberechtigte Kinder im Alter von

7 Jahren (K 1) und 5 Jahren (K 2), die bei der ebenfalls unterhaltsberechtigten geschiedenen nicht erwerbstätigen Ehefrau und Mutter (F) leben. F bezieht das Kindergeld.

Notwendiger Eigenbedarf des M: 890 Euro,
Verteilungsmasse: 1300 Euro – 890 Euro = 410 Euro,
Notwendiger Gesamtbedarf der Unterhaltsberechtigten:
334 Euro (K 1) + 276 Euro (K 2) + 770 Euro (F) = 1380 Euro.
Unterhalt:
K 1: 334 × 410 : 1380 = 99,23 Euro
K 2: 276 × 410 : 1380 = 82,00 Euro
F: 770 × 410 : 1380 = 228,77 Euro.

Eine Korrektur dieser Beträge ist nicht veranlasst. Kindergeld wird nicht angerechnet (§ 1612 b V BGB).

D. Verwandtenunterhalt und Unterhalt nach § 1615 l BGB

1. *Angemessener Selbstbehalt gegenüber den Eltern*: mindestens monatlich 1400 Euro (einschließlich 450 Euro Warmmiete) zuzüglich der Hälfte des darüber hinausgehenden Einkommens. Der angemessene Unterhalt des mit dem Unterhaltspflichtigen zusammenlebenden Ehegatten bemisst sich nach den ehelichen Lebensverhältnissen (Halbteilungsgrundsatz), beträgt jedoch mindestens 1050 Euro (einschließlich 350 Euro Warmmiete).
2. *Bedarf der Mutter und des Vaters eines nichtehelichen Kindes* (§ 1615 l I, II, V BGB): nach der Lebensstellung des betreuenden Elternteils, in der Regel mindestens 770 Euro.
   Angemessener Selbstbehalt gegenüber der Mutter und dem Vater eines nichtehelichen Kindes (§§ 1615 l III Satz 1, V, 1603 I BGB): mindestens monatlich falls erwerbstätig: 995 Euro, falls nicht erwerbstätig: 935 Euro.

Anlage zu Teil A Anmerkung 10 der Düsseldorfer Tabelle – Stand 1. 7. 2005

Kindergeldanrechnung nach § 1612 b V BGB

1. Anrechnung des (hälftigen) Kindergeldes für das 1. bis 3. Kind von je 77 Euro

Einkommens-gruppe	0–5 Jahre	6–11 Jahre	12–17 Jahre
1 = 100 %	204 – 5 = 199	247 – 0 = 247	291 – 0 = 291
2 = 107 %	219 – 20 = 199	265 – 8 = 257	312 – 0 = 312

Einkommens-gruppe	0–5 Jahre	6–11 Jahre	12–17 Jahre
3 = 114 %	233 - 34 = 199	282 - 25 = 257	332 - 16 = 316
4 = 121 %	247 - 48 = 199	299 - 42 = 257	353 - 37 = 316
5 = 128 %	262 - 63 = 199	317 - 60 = 257	373 - 57 = 316
6 = 135 %	276 - 77 = 199	334 - 77 = 257	393 - 77 = 316

2. Anrechnung des (hälftigen) Kindergeldes für das 4. Kind und jedes weitere Kind von je 89,50 Euro:

Einkommens-gruppe	0–5 Jahre	6–11 Jahre	12–17 Jahre
1 = 100 %	204 - 17,50 = 186,50	247 - 2,50 = 244,50	291 - 0 = 291
2 = 107 %	219 - 32,50 = 179,50	265 - 20,50 = 244,50	312 - 8,50 = 303,50
3 = 114 %	233 - 46,50 = 179,50	282 - 37,50 = 244,50	332 - 28,50 = 303,50
4 = 121 %	247 - 60,50 = 179,50	299 - 54,50 = 244,50	353 - 49,50 = 303,50
5 = 128 %	262 - 75,50 = 179,50	317 - 72,50 = 244,50	373 - 69,50 = 303,50
6 = 135 %	276 - 89,50 = 179,50	334 - 89,50 = 244,50	393 - 89,50 = 303,50

Das anzurechnende Kindergeld kann auch nach folgender Formel berechnet werden:
Anrechnungsbetrag = $^1/_2$ des Kindergeldes + Richtsatz der jeweiligen Einkommensgruppe – Richtsatz der 6. Einkommensgruppe (135 % des Regelbetrages). Bei einem Negativsaldo entfällt die Anrechnung. Ab Einkommensgruppe 6 wird stets das Kindergeld zur Hälfte auf den sich aus der Tabelle ergebenden Unterhalt angerechnet (§ 1612b I BGB).

2. Berliner Tabelle ab 1. Juli 2005 als Vortabelle zur Düsseldorfer Tabelle

– mit den Kindergeldabzugstabellen für das alte Bundesgebiet und für das Beitrittgesgebiet –

Die Tabelle geht aus von den in Art. 1 § 2 der Vierten Verordnung zur Änderung der Regelbetrag-VO v. 8. April 2005 festgesetzten Regelbeträgen ab 1. Juli 2005 für das *in Art. 3 des Einigungsvertrages genannte Gebiet* (BGBl. I 2005, 1055) und nennt in Ergänzung der *Düsseldorfer Tabelle* (Stand: 1. Juli 2005) die monatlichen Unterhaltsrichtsätze der im Beitrittsteil des Landes Berlin wohnenden unverheirateten Kinder, deren Unterhaltsschuldner gegenüber insgesamt drei Personen (einem

Ehegatten und zwei Kindern) unterhaltspflichtig ist und ebenfalls im Beitrittsteil wohnt.

Die Vomhundertsätze Ost ab Gruppe b) sind gemäß § 1612a II S. 1 BGB zu errechnen (z. B. 196 Euro : 188 Euro = 104,2 %). Die **135 %-Grenze Ost** für die Kindergeldanrechnung nach § 1612b V BGB beträgt in den drei Altersstufen **254 Euro** bzw. **308 Euro** bzw. **364 Euro.**

Die **150 %-Grenze Ost** für das Vereinfachte Verfahren (§ 654 I ZPO) beläuft sich in den drei Altersstufen auf **282 Euro** bzw. **342 Euro** bzw. **404 Euro**.

Altersstufen in Jahren (Der Regelbetrag einer höheren Altersstufe ist ab dem Beginn des Monats maßgebend, in den der 6. bzw. 12. Geburtstag fällt.)		**0–5** (Geburt bis 6. Geburtstag)	**6–11** (6. bis 12. Geburtstag)	**12–17 [–20*]** (12. bis 18. Geburtstag) *[18. bis 21. Geburtstag, wenn noch in der allg. Schulausbildung und im Elternhaushalt lebend]	**Vomhundertsatz Ost**	**Vomhundertsatz West**
Nettoeinkommen des Barunterhaltspflichtigen		**Alle Beträge in Euro**				
Gruppe						
a)	bis 1000	188	228	269	**100**	
b)	1000–1150	196	238	280		
	ab 1150	wie Düsseldorfer Tabelle (aber ohne 4. Altersstufe und ohne Bedarfskontrollbetrag)				
1	bis 1300	204	247	291		**100**
2	1300–1500	219	265	312		107
3	1500–1700	233	282	332		114
4	1700–1900	247	299	353		121
5	1900–2100	262	317	373		128
6	2100–2300	276	334	393		**135**
7	2300–2500	290	351	414		142
8	2500–2800	306	371	437		**150**
9	2800–3200	327	396	466		160
10	3200–3600	347	420	495		170
11	3600–4000	368	445	524		180
12	4000–4400	388	470	553		190
13	4400–4800	408	494	582		200
über 4800		nach den Umständen des Falles				

Anmerkungen zur Berliner Tabelle:

I.	Der notwendige monatliche *Selbstbehalt* des Unterhaltspflichtigen beträgt gegenüber *minderjährigen Kindern und gleichgestellten volljährigen Schülern (s. o.*)*	**in Berlin:**
	1. wenn der Unterhaltspflichtige erwerbstätig ist:	890 Euro
	2. wenn der Unterhaltspflichtige nicht erwerbstätig ist:	770 Euro
II.	Der angemessene monatliche *Selbstbehalt* des Unterhaltspflichtigen beträgt gegenüber *volljährigen Kindern*	1100 Euro
III.	Der angemessene monatliche *Selbstbehalt* des Unterhaltspflichtigen beträgt gegenüber dem *getrennt lebenden* und dem *geschiedenen Ehegatten*	
	1. wenn der Unterhaltspflichtige erwerbstätig ist:	995 Euro
	2. wenn der Unterhaltspflichtige nicht erwerbstätig ist:	935 Euro
IV.	Der angemessene *Bedarf* (samt Wohnbedarfs und üblicher berufsbedingter Aufwendungen, aber ohne Beiträge zur Kranken- und Pflegeversicherung) eines *volljährigen Kindes*, welches nicht gemäß § 1603 II S. 2 BGB gleichgestellt ist, beträgt in der Regel monatlich:	640 Euro
V.	Der angemessene *Selbstbehalt* des Unterhaltspflichtigen gegenüber *seinen Eltern* und gegenüber *volljährigen Enkeln* beträgt mindest monatlich:	1400 Euro
	zuzüglich der Hälfte des darüber hinausgehenden Einkommens	
VI.	Der angemessene *Selbstbehalt* des Unterhaltspflichtigen gegenüber der *Mutter* oder dem *Vater* i. S. von § 1615 l BGB beträgt mindestens monatlich:	
	1. wenn der Unterhaltspflichtige erwerbstätig ist:	995 Euro
	2. wenn der Unterhaltspflichtige nicht erwerbstätig ist:	935 Euro
	Der Bedarf der Mutter bzw. des Vaters eines nichtehelichen Kindes besteht in der Regel mindestens in Höhe der in Anmerkung I. genannten Beträge.	
VII.	Der Einsatzbetrag im Mangelfall beträgt bei dem mit dem Unterhaltspflichtigen zusammenlebenden Ehegatten	
	1. bei Erwerbstätigkeit des Ehegatten:	650 Euro
	2. bei Nichterwerbstätigkeit des Ehegatten:	560 Euro

Die *Berliner Tabelle* ist nur anzuwenden, wenn sowohl der Unterhaltsgläubiger als auch der Unterhaltsschuldner in Berlin wohnen. Die in den Anmerkungen genannten Selbstbehalte und Bedarfssätze sind in ganz Berlin gleich hoch, da durch § 20 II SGB II für die alten Bundesländer einschließlich Berlin (Ost) inzwischen die gleichen Regelleistungen zur Sicherung des Lebensunterhalts festgesetzt worden sind. Wohnt der Unterhaltspflichtige außerhalb Berlins, ist auf den an seinem Wohnsitz geltenden abweichenden Selbstbehalt abzustellen. Für die im früheren Ostteil Berlins wohnenden Kinder gelten bis auf Weiteres die Regelbeträge Ost wie im sonstigen Beitrittsgebiet.

Die grundsätzlich hälftige **Anrechnung von Kindergeld** auf den Tabellenunterhalt erfolgt nur noch insoweit, als das hälftige Kindergeld zusammen mit dem geschuldeten Tabellenbedarfsbetrag der Düsseldorfer Tabelle [DT] bzw. der Berliner Tabelle [BT] den jeweils geltenden **135 %igen Regelbetrag** übersteigt (§ 1612 b I und V BGB). Der Kindergeldabzug berechnet sich mit folgender **Formel**:

Hälftiges Kindergeld (dieses beträgt ab 1. Januar 2002 **77 Euro** für das 1. bis 3. Kind sowie **89,50 Euro** für das 4. und jedes weitere Kind, BGBl. 2001 I, 2074, 2077 f.) **+ Unterhaltsbedarfsbetrag – 135 %iger Regelbetrag West bzw. Ost** (nach dem Wohnsitz des Kindes und seiner Altersstufe) **= anzurechnendes Kindergeld** (bei einem Negativsaldo entfällt die Anrechnung).

Daraus ergibt sich die folgende **Kindergeldabzugstabelle** (Tabellenbedarfsbetrag – Kindgeldabzug = Zahlbetrag) für das **alte Bundesgebiet** bis zur Gruppe 6 der DT (135 %-Grenze West):

Kind	**Gruppe der DT**	**1. Altersstufe**	**2. Altersstufe**	**3. Altersstufe**
1. – 3. Kind	**1** [bis 1300]	**204 – 5 = 199**	**247 – 0 = 247**	**291 – 0 = 291**
ab 4. Kind	1	204 – 17,50 = 186,50	247 – 2,50 = 244,50	291 – 0 = 291
1. – 3. Kind	**2** [1300–1500]	**219 – 20 = 199**	**265 – 8 = 257**	**312 – 0 = 312**
ab 4.	2	219 – 32, 50 = 186,50	265 – 20,50 = 244,50	312 – 8,50 = 303,50
1. – 3. Kind	**3** [1500–1700]	**233 – 34 = 199**	**282 – 25 = 257**	**332 – 16 = 316**
ab 4. Kind	3	233 – 46,50 = 186,50	282 – 37,50 = 244,50	332 – 28,50 = 303,50
1. – 3. Kind	**4** [1700–1900]	**247 – 48 = 199**	**299 – 42 = 257**	**353 – 37 = 316**

Kind	**Gruppe der DT**	**1. Altersstufe**	**2. Altersstufe**	**3. Altersstufe**
ab 4. Kind	4	247 – 60,50 = 186,50	299 – 54,50 = 244,50	353 – 49,50 = 303,50
1. – 3. Kind	**5** [1900–2100]	**262 – 63 = 199**	**317 – 60 = 257**	**373 – 57 = 316**
ab 4. Kind	5	262 – 75,50 = 186,50	317 – 72,50 = 244,50	373 – 69,50 = 303,50
1. – 3. Kind	**6** [2100–2300]	**276 – 77 = 199**	**334 – 77 = 257**	**393 – 77 = 316**
ab 4. Kind	6	276 – 89,50 = 186,50	334 – 89,50 = 244,50	393 – 89,50 = 303,50

Nach der Formel ergibt sich für das **Beitrittsgebiet** bis zur 135 %-Grenze Ost folgende **Kindergeldabzugstabelle:**

Kind	**Gruppe der BT**	**1. Altersstufe**	**2. Altersstufe**	**3. Altersstufe**
1. – 3. Kind	**a)** [bis 1000]	**188 – 11 = 177**	**288 – 0 = 228**	**269 – 0 = 269**
ab 4. Kind	a)	188 – 23,50 = 164,50	228 – 9,50 = 218,50	269 – 0 = 269
1. – 3. Kind	**b)** [1000–1150]	**196 – 19 = 177**	**238 – 7 = 231**	**280 – 0 = 280**
ab 4. Kind	b)	196 – 31,50 = 164,50	238 – 19,50 = 218,50	280 – 5,50 = 274,50
1. – 3. Kind	**1** [bis 1300]	**204 – 27 = 177**	**247 – 16 = 231**	**291 – 4 = 287**
ab 4. Kind	1	204 – 39,50 = 164,50	247 – 28,50 = 218,50	291 – 16,50 = 274,50
1. – 3. Kind	**2** [1300–1500]	**219 – 42 = 177**	**265 – 34 = 231**	**312 – 25 = 287**
ab 4. Kind	2	219 – 54,50 = 164,50	265 – 46,50 = 218,50	312 – 37,50 = 274,50
1. – 3. Kind	**3** [1500–1700]	**233 – 56 = 177**	**282 – 51 = 231**	**332 – 45 = 287**
ab 4. Kind	3	233 – 68,50 = 164,50	282 – 63,50 = 218,50	332 – 57,50 = 274,50
1. – 3. Kind	**4** [1700–1900]	**247 – 70 = 177**	**299 – 68 = 231**	**353 – 66 = 287**
ab 4. Kind	4	247 – 82,50 = 164,50	299 – 80,50 = 218,50	353 – 78,50 = 274,50

Kind	Gruppe der BT	1. Altersstufe	2. Altersstufe	3. Altersstufe
1. – 3. Kind	**135 %-Grenze Ost**	**254 – 77 = 177**	**308 – 77 = 231**	**364 – 77 = 287**
ab 4. Kind	135 %-Grenze Ost	254 – 89,50 = 164,50	308 – 89,50 = 218,50	364 – 89,50 = 274,50

(Verfasst in Abstimmung mit der Unterhaltskommission des DFGT und mit dem Kammergericht und mitgeteilt von RiAG *Rudolf Vossenkämper*, Berlin)

Sachverzeichnis